제국의 어린이들

제국의 어린이들

일제 강점기 조선 반도의
어린이들이 쓴 삶의 풍경

이영은 지음

제국의 어린이들

발행일	2025년 8월 15일 초판 1쇄
	2025년 9월 20일 초판 2쇄
지은이	이영은
펴낸이	정무영, 정상준
펴낸곳	(주)을유문화사
창립일	1945년 12월 1일
주소	서울시 마포구 서교동 469-48
전화	02-733-8153
팩스	02-732-9154
홈페이지	www.eulyoo.co.kr
ISBN	978-89-324-7569-1 03910

* 이 책의 전체 또는 일부를 재사용하려면 저작권자와 을유문화사의 동의를 받아야 합니다.
* 책값은 뒤표지에 있습니다.
* 잘못된 책은 구입하신 곳에서 바꾸어 드립니다.

차례

일러두기 …… 6
들어가며 …… 7

I. 비전쟁 …… 19
　(I) 자연 …… 35
　(II) 가족 …… 63
　(III) 동물 …… 91
　(IV) 놀이 …… 125
　(V) 일상 …… 155
　(VI) 학교 …… 189

II. 전쟁 …… 217

끝맺으며 …… 299
참고문헌 …… 315

일러두기

1. 이 책에 실린 어린이 작문들은 대개 경성일보사 경일소학생신문편 『총독상 모범 문집』(조선도서출판주식회사, 1939년)과 경성일보사 경일소학생신문편 『총독상 모범 문집』(조선도서출판주식회사, 1940년)에 수록된 것들이다. 그 외의 경우 출처를 명기했다.

2. 본문 각주는 이 책의 저자가 썼다. 어린이들의 작문 속 ( ) 표기는 작자 본인이 쓴 것이고, [ ]는 이 책의 저자가 추가한 것이다.

3. 작문 속 등장하는 인명, 지명, 상호명, 학교명, 신문명, 노래 제목 등은 상황에 따라 독자의 이해를 고려해 한자음 또는 일본어 발음을 우리말로 옮겨 실었다. 또한 일본어 표기에 관해서는 국립국어원 외래어표기법 규정을 따르지 않고, 최대한 원래의 음가를 반영하여 표기했다.

    예) 인명: 남(南)총독 → 미나미 총독
    지명: 게이죠(京城) → 경성
    혼마치(本町) → 본정
    상호명: 삼월 백화점(三越デパート) → 미츠코시 백화점
    학교명: 히노데소학교(日出小学校) → 일출소학교
    신문명: 조일신문(朝日新聞) → 아사히신문
    노래 제목: 아이바신군가(愛馬進軍歌) → 애마진군가

4. 작자의 이름은 조선인인 경우 한자 음독으로 표기했지만, 일본인의 경우 음독이 여러 가지이기 때문에 가장 보편적이라고 생각되는 발음으로 표기했다. 따라서 실제 발음과 다를 수 있다.

5. 이름 뒤에 붙이는 일본식 호칭은 한국어로 번역하지 않고, 일본어 원어를 살려 짱, 상, 군 등으로 표기했다.

6. 당시 사용하던 일본어가 현재 한국에서도 쓰이는 경우 그대로 사용했다.

    예) 몸빼, 바께쓰 등

7. 한 작문 안에 '~했습니다'의 경어체와 '~했다'의 평어체가 섞여 있을 경우, 첫 등장체에 맞추어 고쳐 번역했다.

8. 노래와 시 제목, 단행본 내 소제목, 작문은 「 」, 책이나 신문 및 잡지명, 영화 제목은 『 』를 사용했다.

들어가며

안개 낀 새벽, 저 멀리 가로등 불빛 하나가 반짝이고, 길가 한 초가집에서 소년이 걸어 나온다.
"할머니! 그럼 댕겨 올게요!"
양 손을 좌우로 흔들며 씩씩하게 길을 나선다.
학생모 차림에 보자기 도시락과 물통을 멘 소년이 안개 자욱한 들길을 숨가쁘게 걸어간다. 어느 덧 해는 떠올라 심은 지 얼마 안 된 작은 가로수들이 그림자를 만들고, 흙으로 다져진 도로에 놓인 돌멩이 하나가 소년의 발에 걸린다. 발로 쳐 내는 소년의 시야에 들어오는 건 철사로 둘러쳐진 학교 교정. 재빨리 울타리 앞으로 뛰어간다. 하늘 높게 펄럭이는 일장기 아래 선생님과 학생들이 모여 아침 체조 중이다. 흐뭇하게 바라보는 소년. 갑자기 얼굴빛이 어두워지더니 철사 울타리를 부여잡고 있던 손을 떼며 발걸음을 옮긴다. 한 걸음, 한 걸음, 천천히 걷다가 다시 한번 뒤돌아본다. 소년은 이제 먼 길을 걸을 참이다.
이는 한국영화사 최초의 아동 영화이자 제1회 조선총독상 글짓기 경연대회에서 학무국장상을 수상한 동명의 작문을 원작으로 한 영화 『수업료』다. 영화 속 소년은 친척 집에 가는 중이다. 아버지 어머니는 행상에 나가 5개월째 소식이 없고, 함께 사는 할머니는 병으로 몸져눕는 바람에 끼니를 거르면서 힘겹게 생활하고 있다. 그러나 소년은 학교를 그만두고 싶지 않다. 수업료가 석 달째 밀려 있다는 사실이 부끄러워 등교하지 못하고 있을 뿐이다. 소식을 들은 부잣집 친구의 누나가 할머니 약도 지어 오고, 가정 방문으로 찾아온 일본인 담임 선생님이 할머니에게 수업료도 전달하지만, 그 돈으로 밀린 집세를 내는 바람에 소년은 여전히 학교에 가지 못한다. 안타까워하시던 할머니가 결국 형편 좋은 친척집에 가서 수업료를 부탁해 보라 하신다. 소년도 마음을 굳히고 전날 밤 만반의 채비를 해서 새벽에 집을 나선다. 그러고는 수원에서 평택까지 60리(약 24킬로미터)나 되는 길을 혼자 하루 종일 걸어간다. 다시 학교로 돌아가기 위해서.

1937년 중일 전쟁 발발 이후, 1938년 식민지 조선에도 일본 본토와 같은 국가총동원령이 내려진다. 이때 일본 식민기구는 내선일체(內鮮一体: 내지의 일본과 외지의 조선은 하나다)라는 국시 아래 일본어 교육을 강조한 제3차 교육령에 따라 조선에 거주하는 일본인과 조선인 소학생 전체를 상대로 글짓기 경연대회라는 큰 이벤트를 연다. 일본 식민기구 산하 경성일보사의 일본어 어린이 신문『경일소학생신문(京日小学生新聞)』이 주최한 이 행사는 1938년부터 1944년까지 총 7회에 걸쳐 개최되었다. 조선총독부 학무국장 시오하라 토키사부로(塩原時三郎)를 필두로 조선총독부 학무과장, 편집과장, 시학관, 경성제국대학 법문학부장, 교수, 경성사범학교장, 경성여자사범학교장, 경성일보사 편집국장, 학예부장, 소학부장 등 일본인 지배층 지식인들의 심사를 거쳐 우수작들이 선정되었으며, 특히 제1회와 제2회의 우수작들은 『총독상 모범 문집』이라는 단행본으로 출판되었다.* 그 이후 대회의 작문들은 아직까지 확인이 불가능하며, 당시의 신문기사를 통해 총독상과 학무국장상 수상자와 작품명만 확인할 수 있을 뿐이다. 하지만 한 가지 확실한 점은, 1944년에 열린 마지막 대회까지 모든 대회를 통틀어 「수업료」만큼 대중의 인기를 얻은 작품은 없었다는 것이다.

어쩌면 당시 이 작품은 일본 식민기구가 가장 내세울 만한 자랑거리였는지 모른다. 비록 조선인 어린이한테만 수업료를 징수하는(조선에 사는 일본인 어린이는 수업료를 내지 않았다) 교육 차별 현실이 드러나 있긴 하지만, 그보다도 이전까지는 일본 교육 제도에 편입되기를 반대했던 조선인들이 드디어 이 새로운 교육에 적극적으로 참여하고 있다는 사실을 보여 주는 글이었기 때문이다. 이로써 「수업료」는 일본 식민기구 교육 정책의 성공을 알리는 상징적인 작품

---

* 제1회 조선총독상 글짓기 대회는 1938년 11월에 개최되었고, 수상작을 수록한 문집은 1939년 6월에 출간되었다. 5만여 편의 응모작 가운데 300편이 선발되었는데, 그중 재조 일본인이 170명, 조선인은 117명이었다(중복 수상자 있음). 제2회 대회는 1939년 12월 말에 투고를 받기 시작했고, 수상작 문집은 1940년 8월에 출간되었다. 7만여 편의 응모작 가운데 111편이 선발되었다(재조 일본인 59명, 조선인 51명, 중복 수상자 있음). 따라서 이 두 대회의 작문들은 대개 1938년과 1939년 무렵을 반영한다.

으로 평가받으며 영화로 제작되기에 이른다. 일본 식민기구 경무국의 기획하에 조선 영화의 판로를 확장하고 싶었던 조선인 영화인들이 스스로 제작에 참여했고, 일본 시장을 겨냥하기 위해 각본은 일본인에게 맡겨졌다.

영화 완성 후『수업료』는 조선 영화 중에는 최초로 검열 수수료를 면제받는 혜택을 누렸다. 이후 1940년 4월 12일 대륙극장(옛 단성사)에서 관계자 시사회를 열었고, 4월 22일에는 명치좌(현 국립극단 명동예술극장)에서 일반에 최초로 공개되었다. 당시 조선 영화 제작비가 1만 엔에서 1만 5천 엔 하던 시기,『수업료』는 경성 개봉만으로 9천 엔의 수익을 거두어들이며 현지 상영만으로도 제작비의 상당 부분을 회수하는 성공을 이룬다.

이에 고무된 조선의 영화사 측은 곧바로 일본 개봉을 서둘렀다. 5월부터 일본 배급사에서 영화 잡지 등에 광고를 게재하고 시사회까지 열지만, 결국 일반 극장 개봉은 성사되지 못했다. 다른 조선 영화들처럼 오락성이 부족해 흥행 면에서 불이익을 볼 것 같아 개봉을 취소한다는 해명이 따라붙었지만, 그와 별개로 일본 문부성은『수업료』를 아동 영화로 인정하지 않았으며 추천 상영하지도 않았다. 무상교육으로 높은 취학률을 자랑하는 일본에서 수업료 때문에 학업을 이어갈 수 없는 식민지 어린이를 자국민에게 소개하는 건 다소 머쓱한 일이기 때문이었을 것이다.

앞서 언급했듯『수업료』는 정부의 내선일체 강령을 따른 영화였지만, 그 안에는 차별로 인한 차이가 드러나 보일 수밖에 없었다. 이 영화는 일본과 조선의 경계 혹은 차이를 금붕어와 송사리로 표현한다. 조선에 사는 일본인을 상대로 조선인이 "킹교! 킹교!" 외치며 팔러 다니는 어여쁜 물고기는 관상용으로 교배를 거듭한 것이다. 한편 조선인 어린이는 금붕어 대신 수원천에서 송사리를 잡아 키운다. 수심 얕고 잔잔한 물에 무리 지어 사는 이 작은 물고기는 금붕어와 강렬한 대조를 이룬다.

앞으로 책장을 넘겨 읽게 될 일본인과 조선인 어린이의 글들은 같은 일본어로 쓰여 있음에도 마치 금붕어와 송사리처럼 양국의 경계를 드러내 보여 줄 것이다. 그러나 이렇게 달라 보이는 둘은 분명한 공통점을 갖고 있다. 바로 식민지 시대라는 시간적 배경, 그리고 조선 반도라는 공간적 배경이다.

유난히 추웠던 조선 반도에 바람이 쌩쌩 불지 않고 퓨퓨(ピューピュー) 불던 시대, 기관총을 빵야빵야 쏘지 않고 파치파치(パチパチ) 쏘던 시대, 비행기가 윙윙 날지 않고 부부(ブーブー) 날던 시대를 살아가던 아이들의 이야기가 여기에 담겨 있다.

가장 먼저 소개하고 싶은 글은 앞서 언급했던 것처럼 조선총독상 글짓기 경연대회를 통해 가장 유명해진 어린이, 전라남도 광주 북정공립심상소학교에 다니던 4학년 우수영 어린이의 「수업료」이다. 1938년 제1회 조선총독상 글짓기 경연대회의 심사위원이면서 순수철학 연구로 일본에서도 명성이 높았던 경성제국대학 법무학부장 미야모토 와키치(宮本和吉)는 「수업료」를 이렇게 평가했다. "「수업료」는 나에게 감동을 준 글이다. 문장도 훌륭하며 문학적인 감각, 천부적인 재능을 가지고 있다. 글재주는 뛰어나지만, 일반인들이 보기에는 어떨까 싶을 정도였다. 그렇다 하더라도 그 긴 문장을 조금의 무너짐 없이 아주 잘 정리해 간 점에 감탄하지 않을 수 없었다." 미야모토는 그다음 해 대회의 심사평에서도 이전 해의 입상자 가운데 유일하게 우수영 어린이를 언급한다. "작년의 심사에 종사한 사람으로서 조금 서운했던 것은 화제의 작문 「수업료」의 작자 우수영군이 응모하지 않은 것이다. 그가 이번 1년간 어느 정도 성장했는지는 우리뿐 아니라 일반인들도 궁금해할 것이라고 생각한다. 학교 측 입장에서 보자면 작년의 영예를 더럽히지 않기 위해 진중을 기했을지도 모르겠다. 듣는 바에 의하면 학교의 글짓기 주임이 그 후에 전학을 갔다고 하는데, 이는 지도자의 마음가짐 여하가 글짓기의 진흥과 아동의 성장에 얼마나 큰 영향을 미치는지에 대하여 깊이 생각하게 만드는 지점이다." 역시 「수업료」는 조선인 어린이가 쓴 작품 가운데 일본인 지식인들이 가장 아끼던 작문임에 틀림이 없어 보인다.

제1회 조선총독상 글짓기 경연대회 학무국장상

수업료

전라남도광주북정공립심상소학교(全羅南道光州北町公立尋常小学校)
제4학년 우수영(禹壽榮)

요즘에는 그렇지 않지만, 며칠 전만 해도 저는 수업료 납입일이 다가오면, 왠지 마음이 불안하여 재밌게 놀 수도 제대로 공부할 수도 없었습니다. 결국 납입일이 찾아왔습니다. 선생님께서 수업료를 걷으신 후에 "수업료 안 가져온 사람 일어나 봐." 하고 말씀하셨습니다. 갑자기 머리가 하얘졌지만, 결국 자리에서 머쓱하게 일어났습니다. 일어난 아이들에게 이유를 차례대로 묻는 동안, 수업료 때문에 선생님한테 애써 매일매일 받은 칭찬이 완전히 사라질 수도 있겠다는 생각이 들었습니다. 그러자 선생님의 얼굴을 보는 것조차 무서워졌습니다. 이렇게 생각하던 사이, 어느새 저의 차례가 되었습니다. 한번은 목소리가 작다고 혼이 난 적도 있습니다. 한번은 선생님께서 "너만 내면 우리 반은 완납이야." 하고 말씀하신 적이 있는데, 그럴 때면 선생님과 친구들에게 너무 미안해져서 교실에서 도망쳐 나오고 싶을 정도였습니다. 대체로 저희 반에는 매번 수업료를 내지 못해서 일어나는 학생이 대여섯 명 되는데, 저는 올해 봄부터 5개월을 연달아 일어났습니다. 저와 친한 김영덕군도 최근 2, 3개월 동안 계속 일어났습니다. 김군이 3학년때는 늦게

내는 편이 아니었는데, 형이 얼마 전부터 일을 그만두면서 늦어지게 되었다고 합니다.

저희 할머니는 항상 월초가 되면 입버릇처럼 "이번 달은 어떻게 사나?" "애비가 좀 보내오면 좋을 텐데." 하고 걱정하시는데, 사실 하루에 한 끼도 때울 수 없는 형편이라 쉽게 목돈을 만들 수도 없고, 아버지가 보내온다던 돈 역시 한 번도 받지 못했습니다. 그래서 저는 납입일이 되면 창피해서 학교를 가지 않은 적이 한두 번 있었습니다. 어느 때의 일입니다. 저희 아버지와 어머니는 놋쇠 젓가락과 수저 등을 만들어 마을을 돌아다니며 행상을 하시는데, 올해 봄, 집을 나가 5개월이 가깝도록 오지 않고 편지 한 장도 부쳐 오지 않았습니다. 집에는 올해 일흔다섯 살이 된 할머니와 저뿐입니다. 할머니는 연세도 많으신데, 매일 고물을 주우러 나가시고, 식사를 거를 때도 많아 결국 병이 나셨습니다. 지금까지는 할머니께서 매일 주워 오신 고물을 팔아서 쌀을 사고, 저는 매일 학교에서 돌아오면 나무를 해 와서 겨우 생활해 왔는데, 이렇게 해서는 더 이상 방도가 없었습니다. 저는 창피한 것도 잊은 채 종종 남의 집에 밥을 얻으러 가게 되었습니다. 그것을 알게 된 야나기상이라는 부자가 자기 아이의 공부를 가르쳐 달라며 가끔 밥이나 반찬을 보내 주셨습니다. 그러던 중, 걱정되는 수업료 납입일이 돌아왔습니다. 이번 달로 3개월분이 미납되었는데, 이번에도 수업료를 마련하지 못하게 되자 저는 더 이상 송구스러워서 학교에 가고 싶지 않았습니다. 그것을 아신 할머니께서 저를 베개맡으로 부르시더니 "장성*에 있는 숙모집에 가서 수업료 돈을 조금 받아 오너라." 하고 말씀하셨습니다. 저는 그 이야기를 듣고, 할머니는 자기의 병도, 끼니도, 재촉하는 월세도 다 잊으시고 수업료만 걱정하신다는 생각이 들었고, 그러자 갑자기 양쪽 눈에서 눈물이 넘쳐 흘러나왔습니다. 이럴 때 아버지와 어머니가 계셨으면 하고 생각하니 더 슬퍼져 결국 큰 소리로 울어 버렸습니다. 할머니의 눈에서도 커다란 눈물이 두세 방울 떨어졌습니다.

그런데 장성까지는 6리**나 되었습니다. 저는 여러 가지로 생각한 끝에 장성에 가기로 결심했습니다. 곧바로 마음을 다잡고, 친구들에게 들키지 않도록 몰래 집을 나와 장성으로 향했습니다. 길은 언젠가 할머니와 같이 갔던 적이 있어서 잘 알고 있었습니다. 하늘은 맑았고 가을바람이 살랑살랑 불어왔습니다. 오고 가는 사람이 많아서 외롭지 않았지만, 단지 자동차가 지나갈 때 심한 먼지를 내거나, 자동차에 타고 있던 저만 한 아이가 카라멜 빈 상자를 던져 준 것은 속이 상했습니다. 처음에는 아주 힘차게 걸어갔는데, 중간까지 가니 점점 다리가 아파 와서 잘 걸을 수가 없었습니

---

* 장성(長城): 현 전라남도 장성군. 전라남도 최북단에 위치하며 남쪽이 광주와 접해 있어 광주의 영향을 크게 받고 있으며 수도권에서 광주로 이동할 때 제일 먼저 맞이하는 곳이기도 하다.

** 6리: 여기서 1리는 일본에서 쓰던 단위로, 우리로 치면 10리이다. 10리는 3.9킬로미터이며 60리는 23.4킬로미터 정도이다. 현재 장성에서 광주까지는 차로 20~30킬로미터 정도의 거리이며 약 20분 정도가 소요되는데, 도보(성인 걸음)로는 약 6~7시간이 걸릴 것으로 예상된다.

다. 하지만 이것이 선생님께서 말씀해 주신 '인고단련*이구나.' 하고 생각하며, 앞으로 계속해서 걸어 나갔습니다. 장성의 숙모집에 도착한 건 오후 5시 정도였습니다. 이 숙모는 먼 친척에 속하는데, 정말로 친절하게 대해 주셨습니다. 집안 일을 전부 말씀드리니, 숙모는 울음을 터뜨릴 뻔했습니다. 그날 밤은 숙모집에서 자고, 다음 날 아침에 2엔 50전과 쌀 석 되 정도를 받았고, 거기에 자동차까지 태워 주셔서 광주로 돌아왔습니다.

집에 도착하니, 할머니는 저를 많이 걱정하신 듯 매우 기뻐하셨습니다. 할머니의 병세도 조금 좋아져서, 눕고 일어나는 것도 자유로워졌습니다. 그렇게 3일 전에 3개월분의 수업료를 가지고 학교에 갔습니다. 학교에 가니 무언가 마음이 너무 후련해 선생님도 친구들도 한결 더 반가워 보였습니다. 그날 방과 후, 청소를 끝내자 선생님께서 저를 교실로 부르셨습니다. 교실은 고요했고 서쪽 창문에는 저녁 노을이 가득 내리비추고 있었습니다. '무슨 일이시길래?' 하고 의아해하면서 선생님 앞으로 조용히 가니, 선생님은 부드러운 목소리로 다음과 같이 말씀하셨습니다. "우군, 너의 집안 사정은 이미 선생님이 잘 알고 있어. 너는 학교에서 공

---

* 인고단련(忍苦鍛鍊): 괴로움을 참고 몸을 수련한다는 의미로, 전쟁이 발발하여 심신이 고되지만 참고 단련해서 전쟁에서 승리하자는 취지로 사용되던 문구다. 중일 전쟁 발발 이후인 1937년에 조선총독부가 국민들에게 암기, 제창시켰던 황국 신민 맹세에도 등장하는데, 그중 어린이용 맹세에는 "우리는 인고단련하여 훌륭하고 강한 국민이 되겠습니다", 성인용에는 "우리 황국 신민은 인고단련하고 힘을 길러 황도를 선양하겠다"고 되어 있다.

부도 잘하고 학교를 위해 열심히 일하지만, 집에 돌아가서도 착한 일을 한다지? 친구들한테 들으니까, 할머니께서 편찮으셔서 남의 집에 밥을 얻으러 다닌다더구나. 맞니?" 선생님이 이렇게 말씀하시고는 한동안 저의 얼굴을 조용히 바라보셨습니다. 저는 별로 슬프지도 창피하지도 않았지만, 저도 모르게 눈에서 눈물이 주르륵 흘러나왔습니다. 잠시 후, 선생님께서 저금통 같은 것을 교탁 안에서 꺼내며 이야기를 이어 가셨습니다. "울 필요 없어! 너는 진짜로 훌륭한 학생이야. 그런 건 하나도 창피한 게 아니에요. 학급 친구들이 어제 너를 위해 회의를 열고, 이 '우정통'이라는 것을 만들어 주었단다. 이제부터 친구들이 1전이나 2전씩 남은 돈을 여기에 저금해 너의 수업료를 내 준다고 하더라." 이 이야기를 듣고, 저는 정말로 어떻게 하면 좋을지 몰랐습니다. 그저 제 눈앞에 친구들 얼굴이 하나하나 마치 신처럼 소중히 떠올랐습니다. 오늘 아침 친구들은 저에게 이러한 이야기를 해 주지 않았습니다. 그렇게 생각하니 친구들이 더 아름답고 소중하게 느껴졌습니다. '우정통'은 커다란 배 정도 크기로 검은색 자기로 되어 있었습니다. 그 위에는 '우정통'이라는 글씨가 선명하게 쓰여 있었습니다.

집에 돌아와 할머니께 말씀드리자 매우 감동하시며, 친구들과 선생님을 몇 번이고 칭찬하셨습니다. 그리고 이삼일이 지나, 아버지에게서 기쁜 소식의 편지가 왔습니다. 돈 5엔도 함께 왔습니다. 그리고 추석에는 돌아와서 양복도 한 벌 사 주신다고 하셨습니다. 계시는 곳은 전라북도의 어느 시골 마을이라고 합니다. 어머니가 그동안 편찮으셨던 데다 물건도 안 팔려서, 돈이 생기면 편지를 하려고 했다고 쓰여 있었습니다. 다음 날 선생님께도 이 사실을 말씀드리니 기뻐해 주셨습니다. 그 후, 아버지와 어머니가 돌아오신 것은 추석 3일 전입니다. 최근에는 전쟁 때문에 쇠붙이를 구하지 못하여 놋쇠 젓가락과 숟가락 등을 만들지 못한다고 합니다. 그래서 행상에 나가지 못하는데, 어떠한 일이라도 열심히 하셔서 수업료를 만들어 주신다고 합니다. 그래서 저는 요즘 수업료 걱정 없이 2학기에도 최고의 성적을 받기 위해 열심히 공부하고 있습니다.

I 비전쟁

어린이 세기의 개막

20세기의 개막은 어린이 세기의 개막이라고도 했다. 스웨덴의 사상가 엘렌 케이(Ellen Karolina Sofia Key)는 1900년 『어린이의 세기(Barnets Århundrade)』를 집필했다. 여기서 그녀는 부인의 지위 향상을 여성 해방이 아닌 모성의 실현으로 보았고, 모성과 깊게 관계된 어린이의 건전한 발달이 세계의 미래를 좌우한다고 주장했다. 루소와 니체의 영향을 받은 이 여성의 사상적 지침은 전 세계 교육 운동에 큰 영향을 미쳤고, 동아시아에서는 유일하게 근대화에 성공한 일본에서 빠르게 흡수된다. 당시 일본은 뒤늦게 제1차 세계대전의 전승국으로서 막대한 이윤을 남기며 자본주의의 비약적 발전을 이루었지만, 얼마 지나지 않아 세계 대공황으로 인한 물가 상승 및 실질적 임금 저하로 자본주의의 폐해 역시 경험했다. 이렇듯 자본주의 사회의 명암을 모두 겪은 일본은 자연스럽게 민주주의와 자유주의 사상에 주목했고, 이러한 흐름은 교육계에도 반영되었다. 어린이를 하나의 생산 수단으로 취급하던 전근대적 사상은 물론, 진화론을 바탕으로 한 경쟁적 교육론을 펼친 영국 철학가 스펜서(Herbert Spencer)와 주입식 교육 방식을 정착시킨

독일 교육사상가 헤르바르트(Johann Friedrich Herbart)의 영향을 받았던 메이지 시대의 교육관에 대항하는 움직임이 생겨난 것이다. 어린이들의 현재가 아닌 미래만을 위한 교육, 교실에 아동을 묶어 두고 기성의 지식과 이데올로기를 주입하는 교육에서 벗어나 어린이 개인이 각자 지닌 의미를 찾고 존중하자는 이 새로운 교육관은 어린이라는 개념 자체를 재발견하려는 시도였다.

어린이의 세계는 어린이 자신의 세계입니다. 결코 어른의 세계가 되면 안 되는, 부모의 세계가 되면 안 되는, 교육자의 세계가 되면 안 되는 것들입니다. 어떤 이는 어린이 교육이 일정한 기준에 맞추어 마련되어야 한다고 생각하고, 어떤 이는 교육이란 그 국가에 유용한 인간을 만들기 위해 이루어져야 한다고 생각하고, 어느 사회는 그 사회에 유용한 인간을 만들기 위해 어린이를 교육해야 한다고 생각하고, 또 어떤 이들은 어느 이론을 내세우며 그에 부합하는 인간을 형성하고자 어린이를 교육해야 한다고 말합니다. 그러나 어린이는 어느 국가, 어느 사회, 어느 인물을 위해 태어난 것이 아닙니다. 어린이는 인간이기에 태어난 것입니다. 어린이가 인간이기 위해서는 어린이 자신이 가지고 있는 것을 자유롭게 발달시켜야 합니다.

어린이는 한 열매의 씨앗입니다. 열매의 씨앗은 스스로 성장하는 힘을 가지고 있습니다. 주위에서는 그저 그 힘이 펼쳐지도록 돕기만 하면 됩니다. 어린이에게 어른이 만든 도덕적 기준이나 사회적 약속을 강요하는 것은 어린이에게 있어 불합리한 일이며, 이는 결국 인류 전체에도 큰 손실을 안겨 줍니다. 왜냐하면 어른의 세계는 왜곡된 세계이기 때문입니다. 따라서 이 세계는 어린이 세계가 가지고 있는 것을 자유롭게 발달시켜야만 하는 상황에 처해 있습니다. 어린이를 현존하는 어른의 세계로 끌어들이려는 것만큼 텅 빈 노력이 있을까요? 아니, 텅 빈 노력이라기보다 악덕에 더 가까운 일이겠습니다.

오늘날의 교육을 보면, 어린이에 대한 정반대의 견해들이 있습니다. 하나는 어른이 어른 자신의 세계를 완전한 것으로 보고 어린이를 그 세계로 향해 끌어들이는 것이고, 다른 하나는 어른 자신들의 생활 속 불완전과 불만족을 의식하면서 다음 세대의 인류에게 자신과 같은 길을 걷게 하고 싶지 않다는 희망 같은 것을 품은 견해입니다. 전자에서는 강제와 냉혹이 발생하고, 후자에서는 해방과 사랑이 생겨납니다. 자유 교육, 자유 학교, 그 밖에 어린이를 대상으로 하는 모든 예술이 여기에서부터 생겨난다고 생각합니다.

아키타 우자쿠 『와세다 문학』, 「예술 표현으로서의 동화」, 1921년

일본 신극운동에 참여한 작가이자 사회주의 동맹에 몸담은 운동가였던 아키타 우자쿠(秋田雨雀)는 부모, 사회, 국

가라는 외적 요소에서 벗어난 어린이 즉 순수한 어린이라는 존재를 세간에 인식시키려 노력했다. 그는 기존 어른들의 세계를 왜곡된 세계, 불완전한 세계, 불만족스러운 세계라 보았으며, 따라서 어른의 세계로 어린이들을 이끌어서는 안 된다고 주장했다. 오히려 어린이는 스스로의 내적 발전을 통해 어른들의 왜곡과 불완전함에 잠식된 세계를 정정해 나가야 할 존재였다. 이렇듯 이 무렵 일본의 교육사상가들은 어린이의 개성을 무엇보다 존중했고, 자연스레 어린이를 위한 여러 문화 운동이 전개되기에 이른다.

시가를 짓던 시인들은 동요를 만들고 레코드로 제작해 보급했고, 라디오에서는 '어린이 시간'이라는 새로운 코너를 만들어 동요들을 전국으로 확산시켰다. 또한 그때까지 그림을 한 장씩 넘기던 환등기 교육 도구에 익숙했던 일본 어린이들은 이때부터 움직이는 사진 즉 영화를 교재로서 경험하게 되었으며, 회화 교육 역시 기존의 그림을 똑같이 베껴서 그리던 방식 대신 어린이가 보고 느낀 바를 자유로운 선과 색으로 그리게 하는 자유화 방식으로 변해 갔다.

이런 변화를 앞장서 수행한 분야는 글쓰기였다. 독일에서 유학하던 형의 영향으로 어릴 때부터 유럽의 동화들을 접한 이와야 사자나미(厳谷小波)가 1891년 동물을 주인공으로 한 복수극을 내놓았는데, 『코가네마루(小金丸)』라는 이 작품은 일본 최초의 근대 아동 문학으로 기록된다. 이후 나츠메 소세키(夏目漱石)에게 호평을 받으며 작가로 등단한 스즈키 미에키치(鈴木三重吉)가 아동 문학으로 전향하며

1918년에『아카이토리(赤い鳥, 붉은 새)』라는 아동 문학 잡지를 펴냈다. 모리 오가이(森鷗外), 이즈미 쿄카(泉鏡花), 아쿠타가와 류노스케(芥川賞龍之介)등 당시 문학계에서 제1선을 달리던 작가들이 참여한『아카이토리』는 전래동화 위주였던 아동 문학에 다양한 읽을거리를 보태 아동 문화 운동을 풍성하게 만들었다. 또한 이 잡지는 응모한 어린이 독자의 글을 직접 지도해 주는 프로그램으로도 유명했는데, 이를 주도한 스즈키 미에키치의 문예 교육론은 다음과 같다. "문장은 모방과 공상에 의해 쓰이는 것이 아니라, 있는 것을 그대로 옮겨 적는 일, 자기가 본 것, 들은 것, 느낀 것, 생각한 것들을 우리가 흔히 사용하는 당연한 언어로 자연스럽게 써 내려갈 때 생겨나는 것이다." 스즈키의 이런 교수법은 당시의 상식을 뛰어넘는 획기적인 방법으로 평가받았고, 이러한 변화를 통해 어린이들의 글짓기 수준 역시 나날이 성장해 갔다.

이를 전후로 일본에서는『소국민(少国民)』(창간연도 1889년),『일본소년(日本少年)』(1906년),『무협세계(武侠世界)』(1911년),『소년구락부(少年倶楽部)』(1914년),『어린이의 친구(子供之友)』(1914년),『일본유년(日本幼年)』(1915년)과, 소녀 전용 잡지인『소녀계(少女界)』(1902년),『소녀세계(少女世界)』(1906년),『소녀화보(少女画報)』(1912년),『소녀구락부(少女倶楽部)』(1923년) 등 재미와 학습성을 동시에 갖춘 잡지들이 범람하면서 바야흐로 아동 문학 잡지 시대를 맞이했다. 이 가운데 만화, 소설, 독자와의 소통 통신란 등 다양한 읽을거리와 볼거리를 제공한 『소년구락부』는 1936년에 발행 부수 75만 부를 기록하는 기염을 토했다.

  이 모든 성장은 제1차 세계대전 이후 자유, 정의, 순수한 인간성을 (되)찾고자 했던 사람들이 그 이상향을 어린이들의 순진무구한 세계에서 찾으려 노력하면서 이뤄 낸 성과였다. 이들의 동심주의 예찬은 한동안 어린이들의 내적 세계를 성장시키고 발전시키는 데 일조했다.

  한편 일본의 지배를 받던 조선은 제1차 세계대전 종결 후 전쟁 관련 각종 사후 처리를 논의하기 위해 열린 파리 국제회의에 주목했다. 이 회의에 참가한 미국 대통령 윌슨이 '각 민족의 운명은 스스로 결정하게 하자'고 주장하면서 전 세계 식민 국가에 희망을 안겨 준 것이다. 조선의 독립운동가들은 외교 수단을 동원해 주권 회복 운동에 나섰지만, 국제사회로부터 독립을 인정받는 데는 결국 실패했다. 하지만 이렇게 국외에서 불꽃을 틔운 조선의 독립운동은 1919년 3월 1일 민족 대표 33인의 독립선언서 낭독을 시작으로 국내에서도 퍼져 나간다. 대규모 만세 운동은 3개월간 지속되었고, 통치에 한계를 느낀 일본 식민기구는 무력을 통한 무단 통치에서 언론과 시위, 문화 행위의 (다소간의) 자유를 허용하는 문화 통치로 노선을 바꾼다. 그러자 독립운동 역시 민족 계몽 운동으로 그 형태를 바꾸었고, 이때부터 (일본인의 통제를 받기는 했지만) 조선인이 주도하는 각종 언론, 문화, 예술, 미디어들이 모습을 드러냈다.

  조선 최초의 아동 문학 잡지는 대한제국 국비장학생 자

격으로 일본 와세다대학에서 수학한 육당 최남선이 귀국 후 1907년에 창간한 『소년』이다. 이 잡지는 소년을 구시대의 청년과 비교하며 "우승열패, 약육강식의 시대에 소년은 민족의 희망이니" "우리 대한으로 하여금 소년의 나라로 하라"는 발간의 포부를 밝히지만, 일본 식민기구로부터 발매 금지, 정간 조치를 반복해서 겪다가 한일 병합 조약 이후인 1911년 폐간에 이른다. 이후 문화 통치로 변경된 1923년에 소파 방정환이 『어린이』를 창간하며 본격적인 어린이 문학 잡지가 등장하게 되는데, 창간에 앞서 방정환은 천도교 기관지 개벽사에서 함께 『어린이』를 기획한 동료 조정호에게 이런 뜻을 밝힌다.

> 소년들을 어떻게 지도해 갈 것이냐…… 이것이 큰 문제입니다. 꽃같이 곱고, 비둘기 같이 착하고, 어여쁜 그 소년들을 우리는 어떻게 지도해 가느냐. 세상에 이보다 어려운 문제는 없을 것입니다. 지금 그들의 부모처럼 해야 할까. 지금 그들의 학교 교사처럼 해야 할까. 그 둘 다 잘못되고 그릇된 인형을 만드는 일일 뿐입니다. (중략)
> 어린이는 결코 부모의 물건이 되려고 나온 것이 아닙니다. 어느 기성 사회의 주문품이 되려고 나온 것도 아닙니다. 그들은 훌륭한 한 사람으로 태어난 것이고, 각자가 독특한 삶이 되어 갈 것입니다. (중략)
> 모든 선진(先進)이 소년들에게 대하는 태도에 대하

여 두 가지로 나누어 말하면, 한 가지는 이제까지 말한 바와 같이, 지금 이 사회, 이 제도 밖에는 절대로 다른 것이 없다 하며 그 사회 제도 밑으로 끌어넣으려는 것이고, 다른 한 가지는 지금 이 사회 이 제도는 불합리하고 불공평하기 때문에, 새로 장성하는 사람들은 이러한 불합리하고 불공평한 제도에서 고생하지 않도록 해 주어야 하겠다는 것입니다. 전자에서는 필연적으로 강제와 위압적 교육이 생기는 것이요. 후자에서는 필연적으로 愛[사랑]과 情[정]의 지도가 생겨나는 것입니다.

형님, 우리는 이 두 가지 가운데 그 어느 것을 취해야 하겠습니까? 우리는 후자를 취하고 나서지 않으면 안 될 것입니다. 몇 배의 위압과 강제에 눌린 채 인형 제도의 주형 속으로 휩쓸려 들어가고 있는 소년들을 구원해 내지 않으면 안 됩니다. 그래서 [그 아이들이] 자유롭고 재미있는 그들의 세계에서 씩씩하게, 폴짝폴짝 뛰면서, 쑥쑥 자라나게 합시다.

이윽고 그들만의 새 사회가 설 것입니다. 새 질서가 잡힐 것입니다.

결코 우리는 [아이들에게] 이것이 옳은 것이니 강제로 무리해서 받아들이라고 해서는 안됩니다. 그들이 요구하는 것을 들어주고, 그들의 싹이 돋는 것을 북돋워 주고 또 보호해 주는 것뿐이어야 합니다. 우리가 그들을 대하는 태도는 이러해야 할 것입니다. 거기에

늘 새 세상의 창조가 있을 것입니다.

「소년의 지도에 관하여: 잡지 『어린이』 창간에 대하여」, 『천도교회일보』,
1923년 3월 15일 (현대어 번역 필자)

    식민지인이라는 배경만 제외한다면, 방정환의 교육관은 1921년 아키타 우자쿠가 와세다대학 기관지에 발표한 주장과 매우 흡사해 보인다. 실제로 방정환은 1920년 개벽사 동경 특파원 자격으로 일본에 가서 천도교 청년회 도쿄지회를 조직했고, 1921년에는 약 1년간 도요대학(東洋大学) 문화학과 청강생으로 지냈다. 당시 문화학과는 도요대학 안에서 조직되었던 문예연구회의 영향으로 1921년부터 새로 개설된 학과였고, 수업은 철학과 문학 위주로 진행되었다. 강사진이 훌륭하다고 조선에도 알려진 이 학과의 청강생 83명 중 40명이 방정환을 포함한 조선인이었는데, 아키타 우자쿠 역시 문예연구회의 강사 중 한 명이었다. 당시는 일본 문학 역사상 아동 문학이 가장 융성했던 시기로, 유명 문인이라면 누구나 한 번쯤 아동 문학과 관계된 작품을 쓰거나(여기에는 동요도 포함된다) 번역을 하던 시기였다. 아키타 우자쿠도 아동 예술 운동에 적극 참여하며 후진들을 양성했고, 여기서 영향을 받은 방정환도 일본 유학 중에 세계 아동 문학을 선정해 조선어로 번역했다. 그리고 첫 장에 이러한 서문을 남긴다.

    학대받고, 짓밟히고, 채이고, 어둠 속에서 우리처

럼, 또, 자라는, 불쌍한 어린 영들을 위하여, 그윽히, 동정하고 아끼는, 사랑의 첫 선물로 나는 이 책을 짰습니다.

— 신유년 말에 일본 동경 하쿠산* 밑에서

이 책은 이듬해에 『사랑의 선물』이라는 조선 최초의 번안 동화집으로 출판되었고, 무려 10쇄나 증쇄되었다. 이후 그는 귀국하여 『어린이』를 발간하고, 곧바로 천도교 소년회를 기반으로 어린이날을 제정한다. 또한 그는 이제껏 '소년'으로 통용되던 단어를 '어린이'로 바꾸면서 '소년 대 청년(혹은 노년)'이라는 세대 구분에서 벗어나려 했다. 만 16세 이하 연령을 어린이로 정의한 다음, 나이 어린 이들에게도 인격을 부여하고 그에 맞는 문화를 생산하자고 촉구했던 것이다. 당시 대부분의 조선어 잡지는 3호를 넘기지 못하고 폐간되어 '3호 잡지'라고 불렸는데, 방정환의 『어린이』는 1923년부터 1934년까지 11년간 발간되었다. 특히 전성기에는 어린이들의 절대적인 지지를 받으며 조선, 일본, 만주 등지에 10만 독자를 보유한 인기 잡지로 성장했다.

이렇듯 『어린이』가 성공을 거두자 수많은 조선 아동 잡지들이 창간과 폐간을 반복했으며, 어린이를 위한 동화 연구법(Story Telling), 작문 학습서, 어린이 독본, 동화책, 동요

---

* 하쿠산(白山): 도요대학을 비롯해 여러 교육 시설이 집중된 도쿄 분쿄구(文京区) 내 지역명이다.

집, 동시집 등도 서점에 쏟아져 나왔다. 조선어 신문사들도 이런 흐름에 동참해 어린이의 글과 그림을 계속해 수록했으며, 특히 작문은 정기적으로 모집해 표창하고 지도했다. 이렇게 조선의 아동 문화가 활성화한 배경에는 정치적인 힘도 작용하고 있었다. 소년 운동을 민족 투쟁의 일부로 여기는 흐름이 있었고, 한편에는 계급 혁명을 목표로 사회주의 신문과 잡지의 독자란에 작품을 투고하며 활동하던 소년 문사들도 존재했던 것이다. 이들에게 문예 운동이란 곧 정치 운동의 한 방편이었다. 따라서 일본 식민기구는 이런 문화 운동을 점점 엄격히 검열했다. 유명 잡지 『어린이』조차 이 검열로 인해 폐간 위기를 맞을 정도였다.

아! 참말 눈물 나게 반갑고 감사한 6월호! 잡혀가고 갇히고 수색당하고 그 끔찍스러운 소문을 듣고 한동안은 『어린이』가 나오지 못할 줄 알았더니, 그 환란 중에서 그래도 끊어지지 않고 편집해 보내 주신 방 선생님, 참말로 눈물이 흐릅니다. 인쇄하는 것도 못 보시고 잡혀 가신 방 선생님, 그래도 인쇄는 되어서 저희들의 손에 쥐어졌습니다. 언제쯤 우리도 자유롭게 되는지요. 六月[6월] 후, 책장을 적시우면서 저희는 先生[선생]님들이 하루라도 속히 나오시게 되기만을 빌고 있습니다.

수원 최순애, 여주 김신준 외 72인 「어린이」 4권 7호, 1926년 7월

『어린이』를 통해 동요 「오빠 생각」을 발표했던 최순애 어린이가 투고한 이 글은 1926년에 발행된 『어린이』 4권 7호에 수록되었는데, 이 호는 검열을 받으면서 19면에서 23면까지 5면이 삭제된 채 발행되었다. 삭제된 작품들은 모두 일본에 대한 저항 의식을 담고 있다고 간주되었다.

이렇듯 일본 식민 당국에서는 식민지인 조선의 아동 문학이 더욱 탈정치화하고 개인화할 필요가 있다고 보았다. 그런 면에서 제1회 조선총독상 글짓기 경연대회가 개최된 1938년 일본인 심사위원이 내건 심사 목표가 '어린이다운 표현'이었다는 점은 주목할 만하다. 여기서 어린이다운 글짓기란 무엇보다 어린이 본인이 보고 느끼고 생각한 것을 쓰는 일을 뜻했다. 다시 말해 자기를 인식하고 확립한 다음, 누구도 대신할 수 없는 자신의 개(인)성을 드러내는 결과로 이어지는 작업이었던 것이다.

이제부터는 이러한 '어린이다운 표현'에 중점을 둔 조선총독상 글짓기 경연대회의 우수작들을 살펴보려 한다. 가장 커다란 소재인 전쟁은 뒤로 제쳐두고, 자연·가족·동물·놀이·일상·학교 생활을 담은 글들을 우선 들여다볼 것이다. 일본인 어린이들 글에서는 전쟁이라는 국가의 짐을 내려놓은 모습이 보일 것이고, 검열을 마친 조선인 어린이들 글에서는 민족 해방이라는 짐을 내려놓은 모습이 보일 것이다. 천도교 혹은 사회주의가 추구하던 이념적 성향 역시 이 글짓기 대회와는 거리가 멀다. 『총독상 모범 문집』이라는 책은 하나의 포맷 즉 조선과 일본 어린이 모두에게 제시된 유일한 모범이자 기준이었다. 그러나 보다 완전한 '개인'의 형성을 목표로 했던 이 기준은 식민 지배라는 현실과 충돌하면서 다양한 감흥을 불러일으키게 된다.

(Ⅰ) 자연

　1938년에 개최된 제1회 조선총독상 글짓기 경연대회와 이듬해에 개최된 제2회 대회에서 선발된 우수작들 가운데 전쟁에 관한 작품들을 제외하면, 어린이들의 작품 주제는 크게 자연, 가족, 동물, 놀이, 일상, 학교로 나눌 수 있다. 이 가운데 자연을 소재로 한 작품은 아주 적은 편이지만, 그럼에도 빼놓을 수는 없다. 자연이야말로 이 아이들이 살아가는 작은 세계를 둘러싼 배경 즉 우주와 다름없기 때문이다. 꽃과 나무, 벌레, 산과 들, 날씨, 계절, 지형, 풍경 등에 관한 자연 산문은 주로 소풍이나 여행 등의 기행문 형식에서 종종 포착되는데, 여기서는 그러한 비일상적인 이벤트 없이 오직 보통의 일상 속에서 풍경을 경험하고 발견한 작품만을 모아 보았다. 언제나 내 주변에 존재하며 문득 주위를 둘러보았을 때 반응해 오는 것들, 조선 반도의 꽃과 나무, 산과 들, 날씨, 계절, 지형, 풍경 들이 불현듯 존재를 드러내는 순간들이 이 글들 안에 담겨 있다.

　1939년 제2회 총독상 글짓기 경연대회가 끝난 뒤, 한 심사위원은 그 전해에 영화로 제작되어 더욱 화제를 모았던 작문「수업료」를 다시금 상기시키며 이렇게 말했다. "올해의 응모작은 극적인 구성과 스토리성을 겨냥한 것이 매우 많았다. 그래서 감각을 표현하거나, 풍경 묘사에 주력한 것 중에는 그다지 좋은 작품을 발견하지 못해서 유감이었다." 또한 그는 2회 대회의 투고작들이 "꽃이나 바람, 계절 등의 아름다운 감상을 포착해 내는 데까지는 이르지 못했다"며 거듭 아쉬움을 표하고, 그럼에도 "자연을 향한 동경이 부족한 점은 지금 시대를 살아가는 소학생의 입장을 생각해 볼 때 용서해야 할 일이 아닌가 싶다"며 심사평을 맺는다. 여기서 '지금 시대'란 1940년 총동원 체제의 전시 상황을 말하는 것이다. 실제로 제2회 수상작들은 제1회 수상작들에 비해 전시 특유의 분위기가 짙다. 당시 전쟁을 준비해야 하는 어린이들은 자연에 관심을 가질 여유마저 줄어들고 있었다. 물론 자연을 소재로 한 작품은 소수나마 남아 있었고, 그중 대회에서 높은 점수를 받은 글은 전남 광주 중앙공립심상소학교 6학년 일본인 여자 어린이 나니와 카즈코의 「버들강아지」이다. 이 작품에 대해 심사위원은 "자연에 대한 동심의 움직임을 취재한 것은 수상 제9석의 버들강아지 한 편뿐이며, 그 이외의 작품들은 소위 서사문"이라고 평가하는데, 실제로는 카즈코의 글 역시 자연에 대한 묘사보다는 버들강아지를 처음 심어 보면서 벌어지는 이야기를 담고 있어서 서사문에 더 가까워 보인다.

   제1와 제2회 대회 우수작들을 전체적으로 들여다보면, 자연 소재는 조선인 어린이들보다 일본인 어린이들의 글에서 더 많이 발견할 수 있다. 그런데 특이한 점은 조선어 신문에 실린 조선인 어린이 작품들 중에는 자연을 소재로 하는 글들의 비중이 매우 높다는 사실이다. 그중 두 작품을 보도록 하자. 하나는 1933년 1월 8일자 『조선일보』에 실린 여자 어린이 김정희의 「겨울 아침」이라는 작품이고, 다른 하나는 1940년 3월 17일자 『동아일보』에 수록된 남자 어린이 고민식의 「봄」이라는 작품이다. 남자 어린이는 당시 천안 성환일진소학교 4학년에 재학중이었으며, 여자 어린이는 학교 소재지가 없어 연령과 취학 유무를 알 수 없다.

조선어 작문　　　　　　　『조선일보』1933년 1월 8일자

겨울 아침

입선 김정희(金貞喜)

　어데서부터 첫 닭의 울음소리가 들려오나. 지금이야 날이 밝았나 하고 눈을 떠 보니, 어느 덧 동쪽 창문이 훤히 밝았다. 나는 옷을 주워 입고 문밖으로 나왔다. 눈부신 눈이 사뿐자뿐 날리어, 온 天下[천하]는 은세계를 이루었고, 마른 나뭇가지에는 百玉[백옥] 같은 흰 꽃이 만발하였다. 두세 마리 참새가 마른 나뭇가지에 앉았다가 날아간다. 멀리 들판에는 제 世上[세상]이나 만난 것 같이 서너 마리 개가 꼬리를 저으며 뛰어논다. 나는 아름다운 이 아침 공기를 마음껏 들이마셨다. 오늘도 유쾌한 마음으로 하루를 보내자. 어디서인가 "굴 사려, 굴 사려." 하는 굴장사의 목소리가 산뜻한 아침 공기를 흔들고 간다.

조선어 작문　　　　　　　　　『동아일보』1940년 3월 17일자

봄

천안성환일진소교사(天安成歡日進小校)
제4학년 고민식(高敏植)

　구정물 자박지* 속에 얼어 터진 얼음도 저번 내린 봄비에 녹고, 전신줄을 떨게 하던 쌀쌀한 바람도 하루 이틀 봄바람으로 변하였습니다. 지난 가을에 떨어진 낙엽 사이로 노란 마늘싹 보리싹이 뾰족뾰족 나오고, 앞 냇가의 버들가지에는 봄옷을 떨쳐 입은 꾀꼬리가 봄노래를 부릅니다. 봄빛은 산과 들에 찼습니다. 산에는 여러 가지 새들이 노래하고, 풀밭에는 부드러운 새싹 잔디가 자리를 잡았습니다. 먼 산에는 아지랑이가 끼고, 앞 냇가에는 나물 캐는 처녀들이 봄노래를 부릅니다. 앉은뱅이꽃, 개나리꽃은 나비를 부릅니다. 누구나 기뻐하는 봄입니다. 그러나 작년에 흉년을 만난 관계로, 올해는 기쁨 속에서도 춘궁을 몹시 걱정합니다. 우리 뒷동산에는 복숭아꽃, 살구꽃이 피었습니다. 우리들은 점심을 싸 가지고 먼 산으로 원족**을 갑니다. 산으로 들어가, 이름 모를 산새들의 노래를 들으며, 진달래꽃을 꺾어 들고 유쾌하게 걸어갑니다. 어디선가 봄노래가 구슬프게 들려옵

---

* 자박지: 주둥이가 넓은 그릇을 뜻하는 '자배기'의 강원도 방언.
** 원족: 소풍.

(Ⅰ) 자연

니다. 第一[제일] 工夫[공부]하기 좋고, 놀기 좋을 때는 봄이요. 또 가을도 좋다고 생각합니다.

이 두 작품은 필자가 현대어로 고친 것이지만, 명사와 동사 단어, 단어를 수정했을 뿐이지 전체적인 흐름은 원문 그대로이다. 이 두 조선인 어린이들은 조선어와 한자가 혼합되어 있는 국한자혼용체를 사용하고 있다. 당시 여러 조선어 신문에 실린 어린이 작품들을 보면 대다수가 기본적으로 단어 두세 개를 한자로 표기하는 국한자혼용체를 사용하고 있는데, 예외적으로 언어적 유희와 운율감이 있는 작문들(특히 의성어와 의태어를 애용하는 글들)은 한자를 아예 사용하지 않는 경우도 있었다. 그런 감각적인 글들은 당시 조선에서 한자 없이도 문장 표현이 가능해졌음을 보여 준다. 글을 위한 글(문어체)에서 흔히 '말의 소리'라고 불리던 말을 위한 글(구어체)로의 변환이 이루어진 셈이다. 문어체에서 구어체로의 이런 변환은 특히 어린이 글짓기에 있어서는 획기적인 발전이었다.

조선에서 아직 구어체 문장이 미성숙했던 1920년대까지, 조선인 근대 시인들은 자국의 언어가 표현하지 못하는 영역을 외국어를 빌려 와 표현해 보기도 했다. 환경은 새롭게 바뀌고, 표현해야 하는 개념과 사상과 정서는 변해만 가는데, 어휘와 문체는 너무나 전근대적이었기 때문이다. 그래서 그들은 외국 시인의 작품을 필사하고 분석하면서 모국어에 아직 존재하지 않는 새로운 어휘와 문체를 습득해야만 했다. 황무지를 개척하듯 고독 속에서 어휘를 발굴하던 조선인 시인들은 그 성과를 바탕으로 추상적인 개념을 구체적인 표상 속에 담을 수 있게 되었고, 그 결과 자유시를 세상에 내놓게 된다. 그 자유시 속에서 움직이는 언어는 청각적, 후각적, 촉각적인 모든 감각들을 시각적으로 전유해 내는 마법과도 같았다. 앞서 소개한 두 어린이의 조선어 작문 역시 감각을 언어로 표현해 낸 근대 자유시의 성과와 닿아 있다. 마치 선명한 이미지들을 겹겹이 쌓아 명료하고 깔끔하게 그려 낸 풍경화 같다. 이런 점을 감안해 보면, 조선총독상 글짓기 경연대회에 출품한 조선인 어린이들의 작품 가운데 유독 자연을 소재로 한 작품이 적었던 이유 가운데 하나를 추측할 수 있다. 바로 이 대회의 출품작들은 모두 조선어가 아닌 일본어로 쓰여 있었다는 점이다. 각종 감각과 친숙하게 이어져 있는 모국어 대신 외국어를 써서 그 감각과 감흥을 표현하는 일은 아무래도 어려웠을 것이다.

    우선은 그와 반대되는 글, 추상과 감흥을 최소화한 글로 시작해 보자. 일본인 여자 어린이가 곤충을 관찰하며 쓴 작문이다. 1학년이 쓴 이 작품은 마치 추상을 두려워하기라도 하듯, 불필요한 말과 형용사를 일체 쓰지 않고 구체적인 대상만을 제시하고 있다.

일본어 작문   제1회 조선총독상 글짓기 경연대회

벌레

전라북도전주공립심상고등소학교(全羅北道全州公立尋常高等小学校)
제1학년 코토 아이코(高堂愛子)

 학교에서 돌아오는 길, 항상 포플러나무 아래를 지나갑니다. 어제 포플러나무 아래를 지나는데, 나뭇가지에 벌레 한 마리가 앉아 있었습니다. '희한한 벌레네' 하고 생각하며 보고 있는데, 어떤 남자가 다가와, 포플러나무를 흔들어 댔습니다. 그러자 벌레가 나무 아래로 떨어졌습니다. 가까이 가서 보니, 머리는 까맣고, 다리는 갈색이며 꼬리 쪽은 보라색으로, 몸에는 초록색 물방울 같은 모양이 있었습니다. 땅 위를 느릿느릿 기어가서, 역겨워서 참을 수가 없었습니다. 그래도 집에 가지 않고 계속 보고 있자, 벌레가 천천히 아주 천천히 나무 쪽으로 기어갔습니다. 그러더니, 잠깐 동안 나무 앞에서 우왕좌왕 하다가, 결국에는 나무 위로 올라갔습니다. 올라가기 시작할 때에도 여전히 몸을 옆으로 움직이면서 느릿느릿하더니, 결국에는 나뭇가지에 도착했습니다. 그러고는 더 이상 움직이지 않았습니다.

자연을 객관적인(거리를 둔) 대상으로 바라보고 있는 이 글은 벌레보다는 그 벌레를 지켜보는 어린이가 머릿속에 더 선명히 그려지는 독특한 성격을 드러낸다. 시각만능주의는 주체와 객체 사이의 거리감을 우선하며, 이 거리감은 접촉 혹은 접근을 권장하는 다른 모든 감각을 억압한다. 이러한 서구적 감수성은 조선인 어린이에게는 아직 낯선 것이었다. 곤충을 관찰하는 조선인 어린이가 쓴 조선어 작문을 한 편 보면서 그 차이를 느껴 보자.

조선어 작문　　　　『동아일보』1939년 10월 15일자

거미

철원동송공소교(鐵原東松小校)
제3학년 허경만(許慶萬)

접때 우리집 뒤껼 배나무와 뽕나무 사이에 커다란 왕거미 한 마리가 동그랗게 그물처럼 줄을 치는 것을 보았습니다. 그 커다란 거미가 가느다란 줄을 밟고 뱅뱅 돌아가며 그물을 뜨는데, 퍽 익숙해서 그런지 줄도 끊어트리지 않고, 규칙적이게 넓고 좁은 틈이 없이, 잠깐 동안에 다 떠 놓고는 줄을 타고, 뽕나무 사이로 들어가 숨어 버립니다. '어떤 놈인지 걸리기만 하면 내밥이다.' 하는 듯이. 그래 나는 어떤 것이 먼저 걸리려나 하고 있었는데, 오늘 아침 일찍 일어나 보니 무엇인가 걸렸습니다. 퍽 궁금해서 얼른 가 보았더니, 어디서 왔는지 수염이 기다란 베짱이란 놈이 걸렸습니다. 거미는 여태껏 지켰다는 듯이 좋아서 베짱이를 꼭 붙들고 뱅글뱅글 돌리며 하얀 줄로 결박을 짓습니다. 그런데 베짱이는 아직 살았는지 굵은 뒷발을 튕깁니다. 그러나 결박을 지었으니 소용없지요. 거미는 퍽 좋아합니다. 나도 좋아했습니다. 거미 밥이 될 베짱이는 슬펐겠으나 거미와 나는 좋아했습니다.

(평) 3학년의 작문으로는 놀랄 만하게 글씨도 잘 썼고 문도 좋습니다. 그러나 보통 인정으로는 결박당하는 베짱이를 동정할 텐데, 왜 경만 군은 베짱이의 슬픔을 알면서 거미와 함께 좋아했나요?

조선인 어린이의 거미에 대한 묘사력은 일본인 어린이의 작문과 비교했을 때도 부족함이 없어 보인다. 어린이들은 확실히 모국어를 사용했을 때 더욱 치밀한 묘사력을 보여 준다. 앞서 나온 두 작문의 가장 큰 차이는 기술적 측면보다 심리적 측면에 있다. 일본인 어린이는 벌레를 관찰하면서 관찰하는 자신을 발견하고 있다면, 조선인 어린이는 거미를 관찰하고 거미의 마음을 읽음으로써 자신과 거미를 겹쳐 놓고, 거미를 이용해 자신의 감정을 드러낸다.

이런 차이는 다른 어린이들의 산문에서도 발견할 수 있다. 일본인 어린이들이 자연을 소재로 쓴 글은 마치 일본 근대 작가들의 수필처럼 감정을 배제하고 명징한 단어로 선명한 이미지를 표현해 낸다. 그에 비해 조선인 어린이들의 글은 감정이 앞서 있으며, 그에 따라 상투적이고 감정적인 언어 조합이 눈에 띈다. 만약 몇몇 조선인 어린이들의 작문에서 눈앞에 펼쳐진 자연 풍경 그대로의 묘사를 마주하게 된다면, 그건 그 어린이들이 새로운 시대적 환경에 적응하려는 필사적인 노력을 통해 만들어 낸 결과물일 것이다.

제1회 조선총독상 글짓기 경연대회

안개

경성사범학교부속제1소학교(京城師範学校付属第一小学校)
제1학년 쿠보 레이코(久保玲子)

저는 매일 학교에 갈 때, 어머니와 함께 종로* 5가까지 걸어갑니다. 며칠 전에는 날씨는 좋았지만 해님이 나와 있지 않았습니다. 5가의 라디오 가게 옆에서 헤어질 때, 어머니에게 "날씨가 좋은데, 왜 해님이 안 나와?" 하고 물었더니 "안개가 끼어서 그래." 하고 말씀하셨습니다. '친구가 오면 좋겠다.' 하고 생각하면서, 학교 근처 다리까지 가서 주위를 둘러보았습니다. 강 위가 새하얘져서 왼쪽도 오른쪽도 아무것도 보이지 않았습니다. 다리 중간을 조금 넘어 가니까 멀리 떠 있는 빨갛고 아주 예쁜 아침 해님이 보이기 시작했습니다. 조금 보다가 지나갔는데, 너무 예뻐서 '다시 보고 와야지' 하고, 다시 해님이 보이는 곳으로 갔습니다. 학교 후문으로 들어가니, 제2소학교 그네가 모두 비어 있었습니다. 제1소학교 그네도 두세 명밖에 타고 있지 않았습니다. 그래서 오늘은 빨리 학교에 왔다는 것을 알았습니다. 안

---

* 종로(鐘路): 현 서울특별시 종로구 종로. 당시 청계천을 중심으로 북쪽은 조선인, 남쪽은 일본인으로 민족 간의 지역 구분이 이루어졌다. 당시 일본인들에 의해 형성된 경성 최대 번화가가 본정이라면, 조선인의 거주지 지역중 가장 번화했던 곳이 종로였다. 본정은 혼마치로 불렸으며, 현재 명동 번화가를 포함하는 충무로1가에서 5가까지이다.

(Ⅰ) 자연

개는 조금씩 사라지고 가까운 곳부터 점점 보이기 시작하더니, 점심 때는 평소처럼 파란 하늘이 되었습니다.

눈
경성사범학교부속제2소학교(京城師範学校附属第二小学校)
제2학년 장현수(張賢秀)

  오늘 조회 시간에 눈발이 흩날렸습니다. 연습실에 들어가서 선생님의 말씀을 듣고 있는데, 함박눈이 내립니다. 합동 연습이 끝나고 나가 보니, 새하얀 눈이 많이 쌓여 있었습니다. 교실에 들어가 선생님의 말씀을 듣고 운동장에 나가 보았습니다. 학생들이 모두 눈사람을 만들고 있었습니다. 저도 만들고 싶어서 참을 수가 없었습니다. 하지만 장갑이 없기 때문에, 손이 시려 만들 수가 없습니다. 집에 돌아와, 손이 시린 것도 참으며 눈사람을 만들었습니다. 몸통을 만들고 보니, 눈사람에 흙이 잔뜩 묻어 있었습니다. 그래도 머리를 만들려고 하는데, 손이 너무 차가워 참을 수 없어, 따뜻한 물속에다 손을 2분 정도 넣었습니다. 그리고 머리를 만들었습니다. 다 만들고, 눈을 붙이려고 하는데, 머리가 반으로 갈라져 버렸습니다. 하는 수 없이 '형이 오면 만들어야지.' 하고 생각했습니다. 그러나 형이 언제 오는지 알 수가 없습니다. 지금은 길에도 들에도 산에도 눈으로 뒤덮여 은세계 같습니다. 마른 나뭇가지에도 하얀 눈꽃이 피어 너무 아름답습니다. 눈은 길을 터벅터벅 걷는 사람들의 머리 위에도, 소란스러운 소리를 내며 달리는 자동차에도 주저하지 않고 계속 내립니다. 저는 눈이 제일 좋습니다.

늦가을

경성청파공립심상고등소학교(京城靑葉公立尋常高等小学校) 제3학년 다무라 아사코(田村朝子)

땡, 땡, 땡 하고 시계가 조금 전에 6시를 알렸다. '이제 곧 7시가 되겠지?' 하고 멍하니 있는데, 이불 안이 따뜻해서 좀처럼 일어나기가 힘들다. "아사코! 일어나" 하는 아버지의 목소리에 깜짝 놀라 벌떡 일어났다. 장지문을 열자, 유리창에는 수증기가 안개처럼 차 있다. 그 위에 여동생이 손가락으로 끊임없이 낙서를 해 댔다. 세수를 하러 세면대로 갔다. 떨릴 정도로 물이 차가웠다. 학교에 가려고 밖으로 나갔다. 소나무와 향나무만이 아무리 추워도 지지 않겠다는 얼굴로 서 있다. 밖의 나무는 모두 잎이 지고, 나뭇가지에 군데군데 한 장, 두 장, 검은 이파리가 붙어 있다. 왠지 모르게 쓸쓸해 보인다. 학교에 가던 도중, 리어카에 배추를 가득 실은 조선인이 땀을 닦으며, 언덕을 올라오는 모습과 마주친다. '올해도 어김없이 키무치* 담글 때가 돌아왔구나' 하고 생각하며,

---

* 키무치(キムチ): 일본인이 발음하는 조선어 '김치'이다.

학교 정문으로 들어갔다.

정원의 큰 나무

전라북도김제만항공립심상소학교(全羅北道金堤万項公立尋常小学校)
제4학년 탁규완(卓奎完)

우리 집 정원의 모퉁이에는 잘 우거진 나무 한 그루가 있습니다. 나무 이름은 잘 모릅니다. 아는 것이 많은 이웃집 아저씨에게 물어봐도 고개만 갸우뚱할 뿐입니다. 다만 이 나무에 대해서는 아버지의 할아버지가 200년 정도 전에 심어 놓았다고 하는 것만큼은 알고 있습니다. 제가 아직 어릴 때 일입니다. 엄청난 태풍에 나무 몸통의 가운데가 와작 하고 부러져, 하룻밤만에 볼품없는 나무가 되어 버렸습니다. 다음 날 아침 조심조심 마당으로 나가 보니, 어머니가 나무 그루터기에 밥을 올려 놓고 혼잣말을 하고 계셨습니다. 몰래 살금살금 다가가 들어 보니, "신령님, 빨리 이 나무에 가지가 뻗을 수 있도록 도와주세요." 하고 말하고 있는 것이었습니다. 어머니의 기도가 통했는지, 봄이 되자, 많은 가지들이 나오기 시작했습니다. 해마다 나무는 멋지게 변해, 여름이 되면 시원한 그늘을 만들어 주었습니다. 뿌리 쪽 커다란 구멍 안에는 고양이와 족제비가 잠을 자러 오기도 합니다. 이 나무를 올려다볼 때마다, 어머니가 기도를 하시던 그 때의 모습이 떠오르고, 다시금 4대 전 할아버지를 떠올리며 감사함을 느낍니다.

고향 길

충청북도청주문의공립심상소학교(忠淸北道淸州文義公立尋常小学校)
제6학년 김지복(金知福)

　산속에 작은 새의 지저귐이 쓸쓸한 나의 고향. 고향을 떠나온 지도 수개월, 기억 나는 것은 그때 그 느티나무, 그때 그 야학당. 모든 것이 전광처럼 가슴에 번뜩인다. 활짝 갠 초겨울의 하늘은 자못 상쾌하다. 3교시 수업을 마치고 쌩쌩 불어오는 북풍을 맞으며, 숨길 수 없는 기쁨을 가슴에 안고 고향길로 향했다. 참으로 춥다. 지체 없이 불어오는 찬바람에 두루마기의 소매가 펄럭인다. 소매가 날릴 때마다 마음이 차분해진다. 집에는 재미있는 것이 아무것도 없지만, 왠지 발걸음이 가볍다. 이것이 고향이라는 것일까? 이윽고 인적이 없는 쓸쓸한 분지가 눈앞에 펼쳐진다. 아아, 겨울의 마른 날씨, 지나다니는 사람 없이 멀리 보이는 산, 눈앞에 펼쳐진 벼 그루터기, 공연히 쓸쓸해진다. 저 산, 이 강, 모두가 쓸쓸히 생기 없는 겨울을 이야기하고 있다. 졸졸 흐르는 한 줄기의 작은 시내도, 낙엽이 떨어져 우뚝 서 있는 포플러나무도, 화염이 일듯 단풍 든 산에 잎은 떨어져 가고, 바위만이 그 모습을 하늘에 드러내고 있다. 혼자 걷는 외로움과 눈앞의 경치가 교차하고, 뭐라고 형용할 수 없는 기분은 나를 끌고 간다. 멀 줄 알았던 고향의 커다란 느티나무가 보이기 시작한다. 고향을 떠났을 때와 완전히 다른 모습이지만, 느티나무만은 여전히 나를 반기는 듯하다. '꼭 훌륭한 사람이 되어 돌아오겠어.' 하고 다짐했던 때를 생각하면, 더 그립게 느껴진다. 뒤돌아보니 걸어온 산길은 멀어져 있고, 시야에서 완전히 사라질 것 같았다.

눈 내리는 아침

함경남도함흥공립심상고등소학교(咸鏡南道咸興公立尋常高等小学校)
제6학년 카토우 스미코(加藤澄子)

아침에 엄마가 흔들어 깨워서 옷을 갈아입으려고 하는데, 엄마가 "눈이 왔어." 하고 소리쳤습니다. "정말? 아, 신나." 하고 말하며, 잠옷을 입은 채 욕실 창문으로 내다보려고 부엌으로 나갔습니다. 그러자 차가운 공기가 목덜미에 스며 깜짝 놀랐습니다. 너무 춥습니다. 저도 모르게 목을 움츠렸습니다. 성에가 낀 목욕탕 유리창에는 진달래 꽃잎 모양의 새하얀 얼음 결정이 나타나, 너무나 아름다운 유리창으로 바뀌었습니다. 손가락으로 그 위에 살짝 선을 긋자, 마치 감기약 키니네*처럼 작은 결정의 눈 같은 게 손톱에 껴서

---

* 키니네(キニーネ): 미국에서 제조하여 일본으로 수입되어 판매되던 감기약이다. 유행성 감염이나 말라리아에 효과가 있다고 선전했지만, 시중에서는 해열제로 더 많이 쓰였다. 가루나 정제된 알약을 병에 담아 팔았으며, 가격은 정제 알약 100개에 3엔

꼭 바늘에 찔린 듯 아픕니다. 하는 수 없이 밖을 내다보려고 코를 중심으로 겨우 양쪽 눈만 드러날 정도로 살짝 문을 열자, 가루눈이 획 하고 바람과 함께 얼굴에 불어닥쳤습니다. "앗, 추워." 하고 황급히 문을 꼭 닫았습니다. 이번에는 유리창에 입김을 불면서 슥슥 손가락으로 문지르니, 자연스레 얼음 결정이 녹아 밖을 내다볼 수 있게 되었습니다. 눈은 아주 많이 쌓여 있고 지금도 끊임없이 내리고 있습니다. 뒷마당 우물가에는 아직 사람이 아무도 가지 않은 듯, 흡양펌프**에도 우물가에도 눈이 쌓여 있습니다. 우물가에 누가 잊고 두고 간 나무통만이 옆으로 쓰러져 있어서 그 안이 검게 보일 뿐, 다른 곳은 온통 새하얗습니다. 오늘 아침 엄마가 장작을 가지러 다녀왔는지, 우물가 옆 장작 창고에는 몇 개의 게타*** 자국이 이어져 있습니다. 하늘을 올려다보니, 회색 하늘에서 함박눈이 내립니다. 너무 예쁩니다. 정면에 있는 수리조합 창고 벽 앞에는 계속해서 하얗게 눈이 쌓이는데, 그 눈은 검은색 벽과 조화가 확실해, 마치 창고가 화장을 한 것 같습니다. 제가 이렇게 밖을 내다보고 있자, 부엌에서 엄마가 "뭐하고 있어? 학교 늦는다." 하고 꾸중하셔

20전. 20개에 15전이었다.

** 흡양펌프(吸揚ポンプ): 지하수를 퍼 올리는 생활 도구이다. 사람이 손잡이를 상하로 반복하여 움직이면, 그 압력에 의해 지하수가 수직으로 박힌 관을 타고 땅 위로 올라온다. 흔히 한국에서는 작두질을 하는 것과 비슷하다 하여 작두펌프라 하기도 한다.

*** 게타(下駄): 일본의 전통 신발로 나무로 만든다. 왜나막신이라고 부르기도 한다. 하단에 하(歯)라고 하는 나무굽 두 개를 대고, 윗판에는 세 개의 구멍을 내어 하나오(鼻緒)라고 부르는 끈으로 연결하여 묶는다.

서, 허겁지겁 온돌방으로 들어왔습니다. 옷을 갈아입는데, 팔뚝에 좁쌀처럼 닭살이 돋아, 저도 모르게 "아흐, 춥다." 하고 혼잣말을 하는데, 엄마가 그걸 듣고는 "그것 봐. 감기 걸리잖아." 하시며, 애써 옷장 속에서 셔츠를 꺼내시더니 "오늘은 추우니까 이거 껴입어." 하고 말씀하십니다. '다 갈아입었는데.' 하며 말없이 셔츠를 껴입는데, 한층 더 강한 냉기가 온몸에 스칩니다. 저도 모르게 춥다고 내뱉었습니다. 그러자 엄마가 "그렇게 추우면 한 장 더 껴입고 가! 감기 걸려." 하고 말씀하십니다. 엄마 앞에서는 춥다고도 못 합니다. 시계를 보니, 7시 20분입니다. 밥을 서둘러 먹고 외투를 입으려고 하는데, 엄마가 "따뜻하게 하고 가!" 하고 말씀하십니다. 대단한 잔소리꾼입니다.

단단히 껴입고 밖으로 뛰어나가자, 눈이 한번에 확 하고 얼굴에 붙어 닥칩니다. 눈 속에서 넘어지지 않도록 옆집 언니를 부르러 갔습니다. 처마 밑에서 기다리면서 눈이 내리는 것을 보고 있는데, 눈보라가 날아가거나, 빙글빙글 돌거나, 여러 가지입니다. 그러나 전선 위에 쌓인 눈은 약간의 바람에는 절대로 떨어지지 않았습니다. 아주 살짝 쌓여 있는데도 말입니다. 이윽고 언니가 나와서 같이 걸어갔습니다. 도중에 다리에서 내려오는 길이 미끄러웠습니다. "이번 눈은 잘 미끄러진다." 하고 언니가 말해, 제가 "미끄러우니까 조심해서 걸어가자." 하고 말했습니다. 언니의 발걸음은 걸음마를 뗀 어린아이 같습니다. 제3다리 위까지 오니, 강물은 반쯤 얼어 있고, 그 위에는 눈이 쌓여 하얀데, 한쪽은 얼지도 않고, 거기다 김까지 올라옵니다. 언니한테 "이 강물 신기하지?" 하고 말하자, 언니가 "여기는 지하수가 나와서 이렇게 따뜻한 거야." 하고 가르쳐 주었습니다. 도중에 마르고 쇠약해 보이는 개 한 마리가 눈 속에서 쓰레기 더미를 뒤지고 있었습니다. 불쌍하다고 생각하며 뒤를 돌아본 순간 꽈당 하고 넘어졌습니다. 넘어진 순간에는 몰랐는데, 도시락이 털썩 떨어질 때에는 아프다고 느껴졌습니다. 왼손이 너무 아픕니다. 간신히 손을 짚고 일어나 절뚝거리면서 "이번 눈은 아프다. 아, 아퍼." 하고 혼잣말을 하며 인상을 찌푸리자, 언니가 장갑 낀 손으로 묻은 눈을 털어 주었습니다. 만세교*까지 오니, 반룡산**의 설경이 그림 같습니다. 장진강***의 산은 하얗게 눈으로 덮여 있는데, 아래쪽은 연보라색으로 희미해져 있습니다. 너무 아름다운 산들입니다. 그러나 산 쪽에서 차가운 강바람이 불어올 때면, 저도 모르게

---

* 만세교(万歲橋): 현 함경남도 함흥시 서쪽에서 함흥 평야를 관류하는 성천강을 가로질러 가설된 교량. 함흥 명승의 하나로 조선 태조가 조선 역대 군주들의 만수무강을 기원하며 만세교라 이름 지었다. 방화 및 홍수로 두 차례 유실되었고, 마지막으로는 1930년에 함흥시에서 철근 콘크리트 구조로 다시 건설했다. 너비 5.4미터, 길이 500미터.

** 반룡산(盤龍山): 현 함경남도 함흥시의 남서쪽에 있는 산으로 해발 319미터이다. 생김새가 마치 용이 서리고 있는 듯하여 반룡산이라 불렸다. 1977년부터는 북한 동부에 번영하는 도시 함흥에 있는 산이라고 하여 동흥산이라 불린다.

*** 장진강(長津江): 현 함경남도 장진군의 낭림산맥에서 발원하여 함남의 북서부를 북류하여 압록강으로 흘러가는 강이다. 옛날부터 '큰 강'이라는 뜻으로 '긴나루'라고 부르다가, 한자로 옮겨 장진강이라 칭했다. 장진강의 길이는 261킬로미터이고, 유역 면적은 6,976제곱킬로미터이다. 장진강 유역에는 인공호인 장진호가 1934년에 준공되었으며, 그 뒤 유역 변경식 발전소가 연차적으로 건설되었다.

다리 난간 가운데 점점이 솟아 있는 콘크리트 기둥 쪽으로 뛰어듭니다. 작년에도 경험해 보았지만, 만세교 위의 찬바람은 유명하다고 하는데, 정말로 저희에게는 제일 무섭고 고통스럽습니다. 다리를 건너 시내로 들어오니, 어느 집이든 집 앞의 눈을 치우고 있습니다. 역시 눈이 온 함흥은 언제나 아름답습니다. 그래도 시내로 들어오면 다른 곳과 다를 게 없습니다. 저희 둘은 말없이 학교로 서둘렀습니다.

제2회 조선총독상 글짓기 경연대회

물방울

전라북도전주공립심상소학교(全羅北道全州公立尋常小学校)
제3학년 사케이 히사오(酒井久雄)

얼마 전에 비가 왔다. 학교에서 돌아오니 심심하다. 지루해서 나는 거실에서 책을 보고 있었다. 책장을 넘기면서 아무 생각 없이 밖에 있는 전깃줄을 바라보았다. 비가 부슬부슬 내리고 있다. 전깃줄을 보고 있는데, 너무 재미있다. 선에 잔뜩 달린 물방울이 줄 아래에 붙어서 높은 곳에서 낮은 곳으로 미끄러져 갔다. '어?' 하고 있는데, 먼저 있던 물방울과 합쳐졌다. 무거워서인지 조금 가서는 똑 하고 떨어져 버렸다. 뒤에서부터 내려오는 물방울은 기세 좋게 미끄러져 마지막 곳까지 왔다. 그리고 똑 하고 떨어져 버렸다. 재미있어서 보고 있는데, 뒤에서 빠른 기세로 미끄러져 온 것이 지금 것과 콩하고 추돌해서 떨어져 버렸다. '저렇게 떨어져 버리면 재미없는데.' 하고 앞쪽을 보니, 많은 물방울이 똑같은 간격으로 줄 서서 조금씩 미끄러져 왔다. '아무쪼록 떨어지지 말기를. 이쪽까지 오기를. 오면 좋을 텐데.' 하고 생각하고 있는데, 앞의 것과 뒤의 것이 부딪혀 떨어져 버린다. 남은 것들은 조금씩 미끄러져 왔지만, 그때 누군가 돌을 던진 것처럼 전기줄이 심하게 흔들렸다. '떨어지지 않을까?' 하고 보고 있는데, 의외로 다 그대로 붙어 있다. 그러던 중에

(1) 자연

비가 그치고 구름 사이로 해가 비쳤다. 전선의 물방울은 빛을 받아 진주처럼 반짝이기 시작한다. 나는 한동안 멍하니, 이 아름다운 물방울을 바라보았다.

학무국장상 9석

버들강아지

전라남도광주중앙공립심상소학교(全羅南道光州中央公立尋常小学校)
제6학년 나니와 카즈코(難波和子)

 3학년의 3학기, 아마 히나마츠리*도 얼마 남지 않은 어느 날이었다. 수업이 끝나고, 돌아갈 준비를 하고 있는데, 한다 선생님이 교실 꽃병에 있던 버들강아지를 교탁으로 가져오시더니 "이 버들강아지를 모두에게 주겠어요. 집에 가지고 가서, 가지를 땅에 꽂아 보세요. 반드시 뿌리를 내릴 테니까." 하고 말씀하셨다. 모두가 기뻐하며 "선생님, 저 주세요. 저 주세요." 하고 마치 경쟁이라도 하듯 앞다투어 교탁을 에워쌌다. 모두 두세 개씩 나누어 받았다. 그날만큼은 학교에서 놀지도 않고 서둘러 집으로 갔다. 그리고 집에 도착하자마자, 꺾꽂이 준비에 돌입했다. 먼저 가지를 20센티미터씩

---

* 히나마츠리(ひな祭り): 일본에서 3월 3일에 여자아이의 건강을 기원하는 연중 행사다. 집안에 신단을 만들어 히나사마라는 남자와 여자 인형으로 장식하고, 벚꽃과 귤, 복숭아꽃 등도 곁들인다. 또 히나아라레(雛あられ)라는 3색 쌀 튀밥과 히나모치(菱餠)라는 3색의 무지개 떡도 같이 올린다.

자르니 일곱 개가 되었다. 가지의 끝을 땅에 꽂아야 하기 때문에 사선으로 잘라 뾰족한 말뚝처럼 만들었다. 담벼락을 따라 심으려고 바께쓰** 가득히 물을 뿌렸다. 건조한 지면은 기분 좋게 물을 빨아들였다. 나는 맨발이 되어서 몇 번이고 몇 번이고 물을 날라 뿌렸다. 엄청나게 물을 뿌려 놓아서 결국 논의 진흙처럼 되었고, 나는 진흙투성이가 되었다. 두 다리를 보니 농민이 된 기분이 들어서 즐거웠다. 준비해 둔 가지 한 개를 땅에 꽂으려고 하는데, 할머니가 오시더니 "나도 꽂아 줘야지." 하고 말하며 세 개를 꽂아 주셨다. 할머니가 애써 도와주셨는데도 나는 '할머니거랑 내거랑 어느 쪽이 많이 살아남나 경쟁해야지.' 하고 혼자 마음속으로 생각했다. 그래서 저녁 때 물을 줄 때에도 내 것만 주고, 할머니 것은 마치 남처럼 들여다봐 주지도 않았다. 다음 날부터는 물만 주면 된다고 생각하여, 아침저녁으로 정신없이 물을 줬다. 할머니 것은 역시나 물 한 방울 주지 않았다. 사오일이 지나, '벌써 뿌리를 내렸나?' 하고 줄기를 만져 보았다. 가지가 기분 나쁘게 미끌미끌해졌고, 손으로 만진 곳에 껍질이 손에 붙어, 하얀 나무 속살이 보였다. 손에서는 무슨 썩은 냄새까지 났다. '할머니 꺼는?' 하고 보니, 원래 모습 그대로 있었다. 나는 부러운 듯 세 개의 가지를 바라보았다. 그것으로 물을 주는 일은 그만두었다.

그러고 나서 다시 일주일 정도가 지나, 심한 태풍이 왔

** 바께쓰(バケツ): 시대 상황을 반영하기 위해 양동이 대신 바께쓰로 썼다.

다. 오후의 바람은 밤이 되어 더 심해졌다. 비바람은 엄청난 소리를 내며 맹렬하게 아마도*를 때리고, 장지문의 종이가 후들후들 떨렸다. 양철 지붕에 비 떨어지는 소리, 소란스럽게 개 짖는 소리가 났다. 집 기둥에서도 우지직 하는 소리가 났다. "엄마, 괜찮을까?" 하고 물어보았지만, 아무 말도 없었다. 나는 너무 무서워서 그 버들강아지는 까맣게 잊어버렸다. 다음 날 아침, 비는 그쳤지만, 바람만은 어제의 여운으로 아직도 불고 있었다. 나는 무심히 꺾꽂이가 있는 곳으로 갔다. 거기서 나는 망연자실했다. 옆으로 쓰러져 있거나, 2~3미터 정도 날아가거나 해서 그대로 있는 것은 하나도 없었다. 이렇게 되면 할머니와 경쟁이라는 것도 없다. 나는 날아가 널려 있는 가지들을 황급히 주워 모았다. 썩은 듯했던 내 것도, 말라 보였던 할머니 것도, 하나 하나 소중히 꾹, 꾹, 땅에 꽂아 주었다. 땅이 축축해서 꽂는 건 일도 아니었다. 이번에는 어떤 강한 바람에도 쓰러지지 않도록 주변에 돌을 쌓아 두었다. 그러고 나서 오륙일 지나자, 그중 절반은 벌써 하얗게 말라 버렸다. '말라죽은 건 지금에 와서 할 수 없다. 남은 것만큼은 잘 키우자.' 나는 굳게 결심하고 전보다 더 열심히 돌봐 주었다. 주변의 흙을 파서 부드럽게 해 주거나, 뿌리 쪽에 흙을 모아 주거나, 때로는 물을 주며 열심히 일했지만, 실제로 뿌리를 내린 것은 두 개밖에 없었

---

* 아마도(雨戸): 비의 문이라는 의미로 한국에서는 빈지문이라 한다. 일본식 주택에서 나타나는 특징이며, 건물 입구나 창에 문을 덧대어 비와 바람, 강한 빛을 막고 방범용으로도 사용된다.

다. 그리고 이상하게도 그 두 개는 내가 꽂았던, 그 썩은 것 같았던 가지였다.

해가 지나, 담을 공사하는데, 두 나무가 너무 붙어 있어 한 개는 뽑아 버리기로 했다. 내가 열심히 말렸지만, 하는 수 없었다. 뽑아 버린 나무도 남아 있는 나무도 외로울 것에 틀림없다. 지금 있는 나무는 지붕보다 높이 자랐다. 이 버들강아지가 담벼락에 가지를 뻗어 여름에는 푸른 잎이 나고, 겨울에는 고양이의 털 같은 은색의 작은 꽃이 핀다**. 어머니가 "카즈짱이 맡아 키웠잖아. 혹시나 했는데, 이렇게나 잘 컸네." 하고, 할머니도 "담벼락에 가깝게 심어 놔서 담도 튼튼해졌어." 등 칭찬해 주신다. 누군가 다른 사람이 버들강아지에 대해 물어보면 나는 기필코 "제가 심었어요." 하고 말하는 것을 잊지 않는다. 3학년 때, 한다 선생님한테 버들강아지를 받아 간 친구들에게 "너, 한다 선생님이 준 버들강아지 어떻게 했어?" 하고 물어보아도 누구 하나 잘 키웠다고 하는 친구는 없고, "그런 거 모르겠는데." 하며 잊어버린 친구조차 있다. 내 버들강아지만이 잘 자랐다고 생각하니 기뻐 참을 수가 없다. 부산에 가신 한다 선생님은 지금 무얼 하고 계실까? 그리고 버들강아지를 기억하고 계실까? 벌써 3년이나 지나서 잊으셨을지도 모른다. 나는 정원의 버들강아지를 보면서, 한다 선생님한테 배웠던 3학년 때의 일을 떠올린다.

** 버들강아지는 일본어로 네코야나기(ネコヤナギ)라고 하며, 직역하면 고양이 버들이다.

(Ⅱ) 가족

　제1회와 제2회 총독상 글짓기 경연대회에서 선발된 우수작 중에 가장 많은 숫자를 차지하는 소재는 가족이다. 할아버지, 할머니, 아버지, 어머니, 형, 오빠, 누나, 언니, 동생. 특히 자신보다 나이 어린 동생, 그 중에서도 남동생에 관한 내용이 정말 많다. 인수의 남동생은 올해 여섯 살이다. 미치오의 남동생 쿠니오도 여섯 살이다. 현식이의 남동생은 다섯 살이고, 홍변이의 남동생은 올해 세 살이다. 카즈오의 남동생 히테짱은 두 살, 신복이의 남동생도 두 살이다. 그리고 순목이의 남동생은 태어난 지 한 달도 안 된 갓난아기다. 다들 얼굴이 동글동글하고, 눈은 동그랗고 까맣고 커다랗다. 입은 대개 작고 새빨갛다. 다만 볼은 사과 같거나 하얗거나 빨갛거나 네모나거나 하는 식으로 다양한데, 어쨌든 모두 하나같이 사랑스러운 동생들이다.
　당시 조선에 살던 많은 어린이들의 관심은 동생들에게 가 있었다. 어머니를 대신해 동생들을 돌보아 주는 역할을 곧잘 맡았기 때문일 것이다. 그렇다면 작문 속 어머니의 모습은 어떨까. 어머니는 언제나 따뜻하며 나를 가장 잘 돌보아 주는 존재다. 어린이들은 혹여 어머니가 편찮으시거나 자리를 비우시면 불안해하고, 돌아가셨을 때는 끝도 없는 슬픔에 빠진다. 학년이 올라가면 올라갈수록 어머니를 소재로 한 작문이 늘어나는데, 이는 어머니의 소중함을 의식적으로 인지하기 때문인 듯하다. 고학년들은 효심을 담아 어머니를 위한 시를 짓기도 하는데, 여기에는 양국 어린이 간에 차이가 없다.

그런데 아버지들의 모습은 다르게 그려진다. 작품 속 일본인 어린이들의 아버지는 대개 상업 종사자이거나 군인이다. 군인 아버지는 엄격하고, 멋있으며, 언제나 애쓰고 고생하는 헌신적인 모습인데 반해, 상업에 종사하는 아버지들은 존재감이 없거나 약간 창피한 존재로 그려진다. 재조일본인들을 상대로 간장을 유통하는 아버지를 도와 수금을 하러 다니는 일본인 여자 어린이는 자신의 아버지도 다른 아버지들처럼 회사에 다니거나 다른 일을 했으면 한다.

조선인 아버지들은 그보다도 훨씬 미약한(혹은 부정적인) 존재감을 갖고 있다. 아이들의 눈에 비친 그들은 편찮아서 걱정해야 하는 존재이거나, 술을 먹고 집에 돌아오지 않거나, 어릴 때 일본에 가서 기억에서 멀어졌거나, 버스 운전을 하다 사람을 치거나, 형에게 자식을 맡기거나, 부재중이거나, 아예 소식이 없다. 가부장제 사회에서 권위를 잃은 조선인 아버지들의 모습은 그야말로 일본의 식민지가 된 조선의 모습과 닮아 있다. 이를 이해하기 위해서는 일본과 조선의 근대화 과정을 간단히 살펴볼 필요가 있다.

서구 제국들이 식민지 확장에 열을 올리던 1853년, 드디어 일본 연해에도 증기를 내뿜는 미국의 대형 철제 군함 네 척이 모습을 드러내며 일본에 통상을 요구한다. 이때 미국과 맺은 불평등 조약을 시작으로 일본은 근대화 작업에 박차를 가하면서 모든 사회 구조에 변화를 꾀했다. 특히 서구 열강에 맞서기 위해서는 국가 시스템을 선진화할 필요가 있었는데, 이때 새롭게 정립한 제도들을 한치의 오차도 없이 완벽하게 지켜내기 위해서는 무엇보다 강력하고 확고한 이념이 필요했다. 이때 일본의 정치 원로들이 고뇌를 거듭하며 고안해 낸 것이 봉건 가부장적 정서에 기반한 가족국가관, 즉 '천황은 아버지이다.'라는 이데올로기이다. 여기에는 예전부터 지방 분권적인 성격이 강했던 일본의 지역 중심의 충성 문화, 즉 자신의 주군을 위해서는 할복도 불사하는 '충의'를 높이 사는 성향을 견제하려는 목적도 있었다. 효(孝)와 충(忠)이 충돌했을 때 충이 승리한다면, 즉 어버이(천황)보다 주군을 더 존중한다면, 그것은 곧 봉기와 반역을 용인하는 것이나 다름없었기 때문이다. 따라서 당시 정치 원로들은 충을 효와 동일시할 수 있도록 조정했다. 아버지인 천황을 위해 목숨을 바치는 일은 효와 충을 동시에 실현하는 것으로 인식되기에 이르렀다. 이 이념을 안정적으로 유지하기 위해서는 두 가지 요건이 필요했다. 첫째, 혈연관계 속에 상하의 서열을 둘 것. 둘째, 혈연관계로 이어진 부족만이 (인종적) 우월성을 가진다고 믿을 것. 이 두 가지 중 하나라도 결여된다면 가부장적인 지배는 끊임없이 의심받고 항의와 이탈을 불러올 것이었다.

일본 지배층은 이 두 가지 요건을 모두 획득하기 위해 노력했다. 19세기 말 일본은 동아시아 식민지 건설을 통해 자본주의적 도약은 물론 일본인이 피식민지인들보다 더 우월하다는 관념을 확립하고자 했다. 또한 그들은 1890년 대일본제국 헌법과 교육 칙서를 발표함으로써 천황제 가족국가관으로 이루어진 제국 개념을 완성한다. 이렇게 천황은 아버지이자 군주로서 절대적인 사랑과 함께 절대적인 충성을 받는 존재가 되었다. 이는 다른 인간은 가질 수 없는, 오직 신과 같은 천황만이 가질 수 있는 권능이었다.

제1, 2회 조선총독상 글짓기 경연대회가 개최되던 시기, 조선의 전통적 가부장제 역시 제국 이데올로기에 편입되었다. 나라를 빼앗긴 데 이어 성씨마저 빼앗기게 될 조선인 아버지들은 절대적인 부성을 박탈당하고 천황제 가족주의 속 대동아공영권에 봉사하는 중간자적 존재로 변형되었다. 이러한 변화에 맞설 수 없었던 조선인 아버지들은 자신들의 가정 내 위신을 유지해 주는 재래의 생활 관습에 기댄 채 그저 죽은 듯 연명할 뿐이었다.

다음 그림은 섬나라 일본이 조선을 교두보 삼아 대륙으로 진출하는 모습을 담고 있다. 이것이 일본에서는 충군애국(忠軍愛國)의 길이라 여겨졌다. 미국에게 자신들이 당했던 것처럼, 일본은 1875년에 강화도를 침공해 조선에 통상을 요구한다. 부산항과 원산항, 인천항이 차례로 열리자 세 개항장에서 내륙으로 침투하기 위해 철도를 부설한다. 인천에서 조선의 수도를 잇는 경인선, 부산에서 조선의 수도

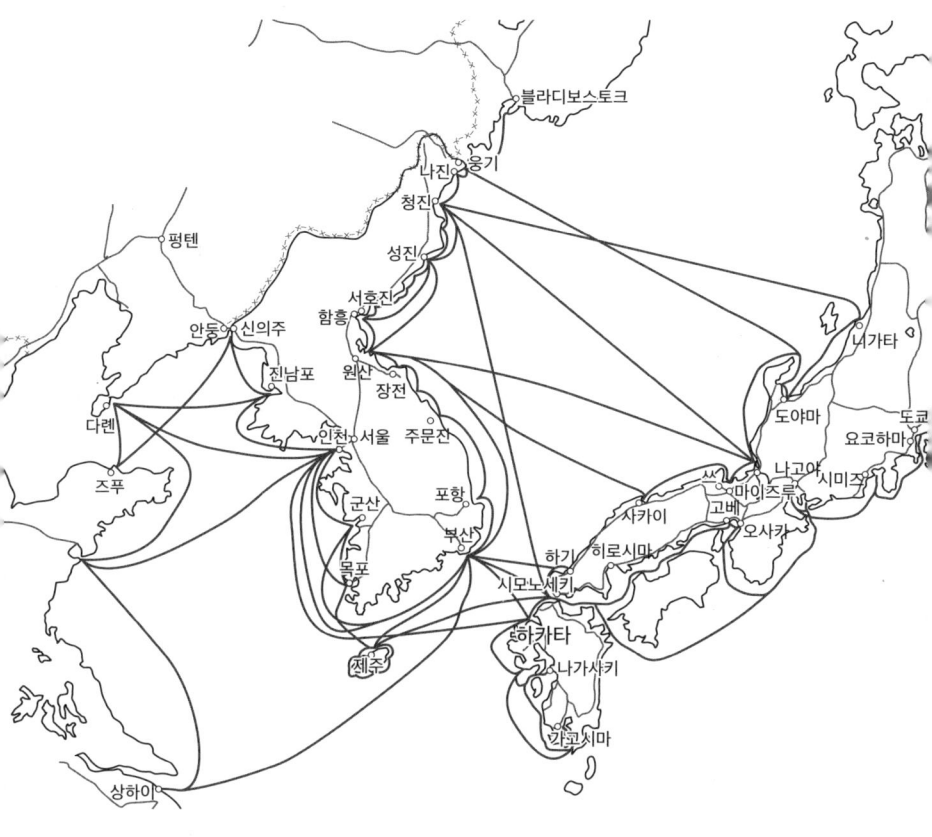

출처: 정재정, 「조선우선주식회사의 항로」(1939), 『일제의 조선 교통망 지배: 해운·철도·소운송·도로·항공』, 동북아역사재단, 2022, 429쪽.

조선의 병참기지화가 본격화되면서 더욱 규모가 커진 항구는 중국으로 진출하기 원활한 지역 즉 진남포, 인천, 청진, 원산이었다. (주로 일본에 쌀을 이출하는 항구였던 군산과 목포는 그만큼 성장하지 못했다.) 또한 가장 많은 해운 노선을 지닌 부산 역시 일본에서 조선으로 들어오는 최단 거리 관문으로서 중요도가 점점 높아졌다.

를 잇는 경부선, 원산에서 조선의 수도를 잇는 경원선이다. 신식 교통 철도는 영토 침략과 식민지 건설에 핵심적인 수단이었으므로 일본은 이후 끊임없이 조선 내에 철도 노선을 확충해 갔다. 특히 중일 전쟁이 발발한 이후에는 조선과 대륙의 인력과 물자를 최대한 동원하여 일본으로 수송하기 위해 교통 수단과 체계를 더욱 강화한다.

다시 앞의 그림을 보자. 조선총독부가 지도 감독하는 해운회사 조선우선주식회사(朝鮮郵船株式会社)가 중국을 향해 항로를 확장한 모습을 확인할 수 있다. 일본은 1937년 중일전쟁 발발 1년 만에 상해 등 중국의 해안 도시 대부분을 점령했고, 그 결과 중국, 만주, 조선, 일본 사이의 인적·물적 수송량이 폭증했다.

이러한 물자 수송 경로 가운데 조선 내에서 가장 많은 노선을 지닌 부산은 일본에서 조선으로 들어오는 최단 거리이자 관문으로서 중요도가 점점 높아졌다. 1876년 일본에 의해 개방된 부산항은 1905년 일본 시모노세키 간 관부 연락선 항로를 개설해 취항했으며, 개설 당시 약 4만 명이었던 승객이 1940년 무렵에는 연간 최소 200만 명, 많게는 300만 명까지 늘어났을 정도였다.

부산에 도착하면 일본인들은 1905년 운영을 시작한 경부선을 비롯한 여러 철도를 통해 조선 땅 어디든 갈 수 있었다. 이 철도망에 속한 주요 도시는 다음과 같다.

경부선: 경성, 인천, 수원, 천안, 조치원, 대전, 김천, 대구,

마산.

  호남선: 군산, 이리, 전주, 광주, 목포.

  경의선: 개성, 사리원, 평양, 진남포, 정주, 신의주.

  경원선과 함흥경선: 원산, 함흥, 청진, 회령.

  그 외 사설 철도권역: 청주, 충주, 공주, 상주, 진주, 해주, 춘천, 의주 등.

  조선 내 철도는 애초에 경제적으로 발달해 있는 도시들을 통과하도록 개설되었는데, 철도를 따라 이주한 인구는 이 도시들의 성장을 더욱 가속화했다. 특히 주요 관공서와 일본인 거리가 자리 잡은 기차역 주변 지역은 급격한 변화를 이루었다.

  조선총독상 글짓기 경연대회에 참가한 일본인 어린이 가운데 대부분이 이 주요 도시들에서 학교를 다니며 생활하고 있었다. 이 아이들을 데리고 조선으로 넘어온 일본인들은 대부분 식민기구의 관료나 관계자였다. 이들이 종사한 분야는 경제, 군사, 도시, 건축, 농업, 공업, 문화, 예술, 교육, 종교 등 무척 다양했다. 한편 조선으로 넘어온 민간 인력은 크게 두 부류였는데, 하나는 1930년대에 조선에 진출한 일본 기업들이 현지에 파견한 직원이었고, 다른 하나는 청일 및 러일 전쟁 중에 일본 본토에서 건너와 조선에 자리잡은 이들이었다(이들은 대개 사업가로 성공한다). 그 외에도 군용 식량 확보를 위해 집단으로 이주된 어촌민들, 일확천금을 노리고 모인 이들, 실패와 가난을 피해 온 이들도 있었지만 그 비중은 높지 않았다. 결국 중상류층 위주로 조선에 자리 잡은 일본인의 수는 계속 늘어나, 1876년 부산항 개항 이후 불과 54명에 불과했던 조선 내 일본인들은 제2회 글짓기 대회가 끝난 1940년에 이르면 그 수가 70만 명에 다다랐다. 당시 조선인 인구는 2천3백만 명이었다. 이처럼 소수의 일본인들은 조선 사회 안에서 점점 크고 확고한 세력으로 성장해 갔고, 조선인들의 세계관 속에도 자연스럽게 침투했다. 다시 말해 '우월한 존재'로 자리매김했던 것이다.

이렇게 커져 가는 일본의 영향력은 조선인들을 고민 속으로 몰아넣었다. 이제 혈연 관계만 인정받으면 우리 조선인 역시 천황의 나라에서 우월하게, 행복하게 살아갈 수 있을 터였다. 1940년부터는 창씨개명이 이루어졌는데, 당시 조선에 사는 일본인들은 조선인 가정부를 고용하면서 이름을 부르지 않고 어머니라고 했다. 조선의 어머니들은 일본인들에게 '오모니'가 되었던 것이다. 천황을 부모로 둔 이 '하나의 가족'은 정말로 이 땅에서 함께 행복해질 수 있을까? 제2회 총독상 글짓기 경연대회에서는 일본인 여자 어린이가 조선인 가정부 오모니를 소재로 쓴 작문이 두 번째로 높은 점수를 받았다.

이 장에서는 상술한 작품 「너무 좋은 오모니」를 비롯해서 앞서 말한대로 전쟁과 관련된 배경이 표현되지 않은 작품 중에 가족을 소재로 한 작품만을 모아 두었다. 앞 장에서와 같이 조선인과 일본인을 따로 분류하지 않았다.

제1회 조선총독상 글짓기 경연대회

어머니가 내지*에 간 일

경상북도안동공립심상고등소학교(慶尚北道安東公立尋常高等小学校)
제3학년 후지사키 키요(藤崎キヨ)

    저녁 밥을 먹고 있는데, 어머니가 내일 내지에 간다고 하시며, "싸우지 말고 사이좋게 놀아야 돼." 하셨습니다. 그리고 "키요짱, 옷 사올게." 하고 말씀하십니다. 저는 너무 기뻤습니다. 하지만 어머니가 내지에 가시면 언니한테 혼이 날까 봐 왠지 불안하고 서운한 기분이 들었습니다. 오늘 아침 시계가 여덟 번을 쳐서 가방을 메고 현관을 나갔습니다. 방 안에서는 어머니가 분주하게 기모노를 갖추어 놓고 계셨습니다. 하얀 버선과 오비** 등이 여기저기에 흩어져 있는 게 보였습니다. 어머니가 연락선***을 탔을 때, 파도가 거칠지 않으면 좋겠다고 생각하면서 학교에 갔습니다. 도중에 우체국 옆에서 이시오카상을 만났습니다. 이시오카상이 "오늘은 토요일이다." 하고 말했습니다. 제가 "그러네." 하고 대답하면서, 마음속으로 '오늘은 3교시구나.' 하고 생각했

---

*   내지(内地): 일본을 말한다. 일제 강점기 조선에서 사용하던 명칭으로, 조선은 외지(外地)라 불렀다. 1897년 고종은 자주독립국인 대한제국을 선포하면서 국호를 한국으로 칭했으나, 일본이 한일병합조약 발효일에 칙령을 내려 한국의 국호를 조선으로 바꾼 바 있다. 그때부터 일본제국령 조선이 되었다.

**   오비(帯): 일본 전통 의상인 기모노에 허리를 감싸는 띠.

***   연락선(連絡船): 일본의 시모노세키와 부산을 잇던 관부 연락선을 말한다.

습니다. 그리고 '빨리 집에 가서 어머니를 배웅해야지.' 하고 생각했습니다. 제가 이시오카상에게 오늘 어머니가 내지에 간다고 말하자, 이시오카상이 "그러면, 이제 안 오셔?" 하고 말해, "아니! 오셔." 하고 말했습니다. 둘이 이야기를 나누면서 걸어갔습니다. 군청 앞을 지나는데, 경찰서 지붕이 반짝반짝 빛이 나 눈이 부실 정도였습니다. 제가 "경찰서 지붕이 빛난다." 하고 말하니, 이시오카상이 "햇빛을 받아서 그래." 하고 말했습니다. 바람이 조금 세서 불어올 때마다 흙먼지가 둥글게 밀려옵니다. 저도 모르게 얼굴을 돌렸습니다. 이시오카상이 큰 소리로 "아휴~ 더러워." 하고 말했습니다. 학교 정문을 지나 교실로 향했습니다. 친구들 열 명 정도가 스토브 옆에 둥글게 둘러앉은 채로 무언가 이야기를 하며 불을 쬐고 있었습니다. 저는 외투를 벗고 오오니와상 옆에 앉아 불을 쬐었습니다. 조금 있으니, 수업종이 땡땡 울립니다. 자리에 앉아 이소자키상과 같이 책을 읽었습니다. 3교시의 수업이 끝나고 궁성*을 향해 경례를 하였습니다. 그리고 거의 뛰는 걸음으로 집으로 갔습니다. "다녀왔습니다." 하고 인사를 하고, 온돌방 문을 열었습니다. 어머니가 안 보이길래, "엄마는?" 하고 물어보니, 츠치야**에 가

---

* 궁성(宮城): 일본 황궁을 말한다. 일제 강점기 일본과 여러 식민지에서는 국민들에게 황궁 방향을 향해 경례하길 종용했는데, 이를 궁성요배라 했다. 이는 천황에 대한 충성을 맹세하는 행위 중 하나였는데, 특히 아시아·태평양 전쟁 중에는 전쟁 의식을 고양할 목적으로 더욱 성행했다.

** 츠치야(土屋): 벽을 흙이나 회반죽으로 칠한 창고를 말한다.

있는 언니가 "10시에 나가셨어." 하고 대답했습니다. 어머니를 배웅하려고 했는데 가 버리셨다고 하니 갑자기 슬퍼서 말없이 서 있었습니다. 그러자 언니가 "거기서 멍하게 있지 말고, 애기나 봐." 하고 말해, 하는 수 없이 "네." 하고 대답하고, 가서 아기를 안아 주었습니다. 아기는 제가 말을 하면 가만히 듣고 있다가 혼자 웃었습니다. 저는 어머니가 가신 것에 신경이 쓰여 견딜 수가 없었습니다. 그러다가 실수하여 아기를 떨어뜨릴 뻔했습니다. "위험해!" 하고 소리를 지르던 언니에게 혼이 났습니다. "애기 이쪽으로 줘!" 하고 말해, 무심히 넘겨주었습니다. 그리고 혼자 이불을 깔고 이불 속에서 울었습니다.

어머니의 병환

경성미동공립심상고등소학교(京城渼洞公立尋常高等小学校)
제3학년 김삼석(金三錫)

며칠 전에 학교에서 돌아오니 어머니가 누워 계셨습니다. 제가 "어디가 안 좋으세요?" 하고 여쭈어 보았습니다. 그러자 어머니가 "머리와 발이 아파." 하고 말씀하십니다. 저는 갑자기 슬퍼져, '만약에 어머니가 돌아가시면 남동생이랑 여동생은 어떡하지?' 하고 걱정이 되었습니다. 밖에서 아버지의 기침소리가 나서, 저는 아주 기쁜 마음으로 창문을 열어 보았습니다. 아버지가 일을 마치고 집으로 돌아오셨습니다. 곧바로 달려나가 "어머니가 병으로 주무시고 계십니다." 하고 말씀드리자, "그러니?" 하고 놀란 얼굴로 어머니가 주무시고 계시는 방으로 들어가셨습니다. 잠시 후, 50전을 주시면서 저에게 "빨리 약을 사 오너라." 하고 말씀하셨습니다. 저는 서둘러 아현정*에 있는 약방으로 갔습니다. 그런데 약방 문이 닫혀 있었습니다. 너무 놀라 문을 두드리며 "약! 주세요!" 하고 크게 외쳤습니다. 그러자 안에서 직원 같아 보이는 사람이 나와 문을 열어 주었습니다. 저는 그제서야 안심이 되어 안으로 들어갔습니다. 천장에는 약 주머니가 가득 걸려 있었고, 구석에는 커다란 약서랍이 놓여 있었습니다. 약 냄새가 훅 하고 코를 찔렀습니다. 잠시 후, 옆방에서 하얀 수염을 늘어뜨린 할아버지가 나오셨습니다. "어디가 안 좋니?" 하고 물어보시기에 "어머니가 머리와 발이 아파요." 하고 말씀드린 후, 여러가지 자세하게 물어보시는 대로 대답해드렸습니다. "그렇구나." 하시며, 하얀 종이에 무언가 써 주셨습니다. 그것을 직원에게 건네어 주니, 직원은 약을 두 개로 싸서 겉에다 무슨 글씨를 쓰고, "생강 세 쪽, 파 두 뿌리를 여기에 넣어라." 하고 말했습니다. 제가 "약값은 얼마예요?" 하고 물었습니다. 그러자 "26전입니다." 하고 대답해 주었습니다. "감사합니다." 하고 인사하니, 할아버지께서 "아무쪼록 어머니의 병이 빨리 낫기를 바란다." 하고 말씀하십니다. 돌아오는 길에 동네 잡화

---

* 아현정(阿峴町): 현 서울특별시 마포구 아현동.

점에서 생강과 파를 사고, 이걸로 어머니의 병이 나으면 좋
겠다고 생각하며 집으로 돌아왔습니다. 어머니는 끙끙 앓
는 소리를 내고 계셨습니다. 저는 바로 숙모에게 약을 건네
고 여동생을 업고 마당에 나가 놀았습니다. 그 후부터 어머
니를 더욱 소중히 해야겠다고 생각했습니다.

처음으로 내지에 갔던 기억

전라북도정읍공립심상고등소학교(全羅北道井邑公立尋常高等小学校)
제4학년 타카하시 세키코(高橋セキ子)

지금까지 선생님과 친구들로부터 내지에 대해 여러 이
야기를 들어, 한 번쯤 가 보고 싶다고 생각했었습니다. 작
년 겨울방학에 어머니께서 갑자기 "세키짱, 내일 같이 내지
에 갈 거야!" 하고 말씀하셔서 깜짝 놀랐습니다. 전날 밤이
되자 소풍을 가는 것보다 훨씬 설레어 쉽사리 잠이 오지 않
았습니다. 오전에 기차를 탔습니다. 기차에 탄 사람들을 보
니, 모두가 싱글벙글입니다. 저쪽을 보면 조그만 아기가 만
세를 외치고 있고, 이쪽을 보면 어른들이 맛있게 담배를 피
우고 있습니다. 기차가 폭폭 하고 두 번 울려서, 저는 깜짝
놀라 창문을 열어 보았습니다. 저 멀리 신태인**이 보였습니

** 신태인(新奉泰): 현 전라북도 정읍시 정읍읍 신태인리. 조선시대부터 태인이라고
불리던 작은 농촌 마을에 호남선이 건설되고 신태인역이 생긴 이후, 신태인이라 부르
게 되었다.

다. 처음 보는 곳이라 다른 역과 어떻게 다른지 보려고 얼굴을 내밀었습니다. 정읍역보다 큰 역이 많다는 사실에 깜짝 놀랐습니다. 대전부터는 기차가 작은 역에 서지 않았습니다. 꾸벅꾸벅 졸던 사이, 밤 9시경에 부산에 도착했습니다. 멀리 옛날 성 같은 것이 보였습니다. 어머니에게 "저건 뭐야?" 하고 묻자, 어머니가 "저건 우리가 타는 코안마루*라는 배야." 하고 말씀하셨습니다. 잠시 후, 배에 타서 자리를 잡았습니다. 우리 옆에 있던 사람은 속이 안 좋았는지 자리에서 토해 버려서 저는 놀라기도 했고 기분이 나빠져서, 얼굴 씻는 곳으로 가서 손을 씻었습니다. 돌아오니, 그 사람은 가고 없었습니다. 기분이 나아져 바로 잠을 잤습니다.

  아침에 6시에 일어나, 세수를 하러 갔습니다. 벌써 많은 사람들이 와서 꽉 차 있었습니다. 기다리자 자리가 나서 세수를 했습니다. 배 안은 제가 가 본 어느 집보다도 훨씬 깨끗했습니다. 뒤따라 어머니도 세수를 하셨습니다. 자리로 돌아와 귤을 까먹거나 과자를 먹거나 했습니다. 모두가 갑판으로 나가길래 우리도 나가 보았습니다. 지금까지 따뜻한 배 안에만 있었던 탓에 합판에 나오니 너무 시원하고 상쾌했습니다. 모두가 볼이 빨개져 있었습니다. 바다를 보니

---

* 코안마루(興安丸): 부산과 시모노세키를 잇는 철도연락선이다. 철도청 관부연락선이 1903년 개설된 뒤 1932년 만주국이 건국됨에 따라 수송력 증강을 위해 새 대형 선박이 투입되었는데, 그 1호가 금강산의 이름을 딴 '금강환' 즉 콩고마루이고, 2호는 중국 대흥안령산맥의 이름을 딴 '흥안령' 코안마루이다. 코안마루의 실내는 일본 및 중국의 양식으로 호화롭게 장식되어 있었고, 로비에는 남만주철도주식회사가 기증한 흥안령의 유화가 걸려 있었다.

작은 배가 큰 배를 따라서 달리고 있습니다. 철썩철썩, 파도를 가르고 우리가 탄 배가 달리고 있습니다. 드넓은 바다였습니다. 아침 해가 구름과 파도를 금색으로 물들이며 반짝반짝 빛났습니다. 이렇게 아름다울 수가.

드디어 시모노세키**에 도착했습니다. 사람이 줄지어 가는 한편에는 [짐을 들어 주고 돈을 버는] 많은 소학생들이 지켜보고 있었습니다. 제가 가방을 들어서인지 "이번에는 일이 들어올까?" 하고 [혼잣말을] 했습니다. 또 기차를 탔습니다. 어머니가 "앞으로 세 시간이면, 집에 도착할 거야." 하고 말씀하셔서 너무 기뻤습니다. 시계만 바라보며 '어떤 곳이지?' 하고 여러 가지 생각을 했습니다. 무서운 것 같기도, 즐거운 것 같기도 한 기분이었습니다. [조선과 다르게] 산에 나무가 울창해서 깜짝 놀랐습니다.

드디어 도착해서 내려 보니, 삼촌이 마중을 나와 계셨습니다. 처음 만나는 거라 "안녕하세요." 하고 인사하자, "그래, 잘 왔다." 하고 싱글벙글 웃으며 말씀하셨습니다. 자동차를 타고 집에 가서 보니, 할아버지는 편찮으셔서 누워 계셨습니다. 바로 짐을 풀고 이불의 코타츠***에 들어가자, 숙모가 빨갛게 달아오른 불을 가지고 오셨습니다. 그리고 차도 내오셨습니다. 친척들이 다가와서 "놀자, 놀자." 하고, 저

** 시모노세키(下関): 일본 주고쿠(中國) 지방 야마구치현(山口縣)에 있는 항구 도시. 1905년 부산행 연락선을 취항했다.

*** 코타츠(コタツ): 일본에서 쓰는 난방 기구. 나무로 만든 탁자 안에 화로나 난로를 넣어 두고 이불이나 담요를 덮어 열이 새어 나가지 않게 한다.

를 신기하게 바라보며 말했습니다. 저는 내지에 가면 '아무도 안 놀아 주겠지?' 하고, 잠시 기차 안에서 생각하며 외로웠는데, 이렇게 친절하게 대해 주니 정말로 기뻤습니다. 밤이 되어, 일기를 쓰고 이를 닦고 "안녕히 주무세요." 하고 인사를 하고 잤습니다. 새 이불이라 표면이 까칠까칠했습니다. 오늘의 피로로 모두가 곤히 잠들었을 무렵, 갑자기 덜덜덜덜 하는, 엄청난 소리가 나더니 집이 흔들리기 시작했습니다. "지진이다. 모두 나와!" 하는 삼촌의 목소리에 맨발로 모두가 뛰쳐나왔습니다. 처음 보는 지진이어서 당황스러웠습니다. 어머니도 깜짝 놀라셨습니다. 지진이 멈추고 나서, 삼촌이 "이제 괜찮아." 하고 말씀하셨지만, 쉽사리 잠을 이룰 수 없었습니다.

  다음 날 아침이었습니다. 주무시고 계시던 할아버지가 결국 돌아가셨습니다. 할아버지는 파란 얼굴로 죽어 있었습니다. 저는 너무 슬퍼 참기 힘들었기에 다시 한번 할아버지 얼굴을 바라보았습니다. 할아버지는 희미하게 웃고 계셨습니다. 주변에서 저에게 "이제 그만 울어." 하고 말해, 울음을 그쳤습니다. 장례식이 끝나자, 무언가 모르게 허전했습니다. 마침내 다음 날 돌아갈 준비를 하는데, 왠지 돌아가고 싶지 않은 기분이 들었습니다. 돌아갈 때 무덤을 보니, 할아버지가 방긋 웃고 계시는 느낌이었습니다. 처음으로 내지에 간 것이었는데, 여러가지 잊지 못할 기억들뿐입니다. 이제서야 알게 된 사실이지만, 할아버지의 병환이 위중하셔서 어머니가 저를 데리고 내지에 간 것이었습니다. 그 사실을 일부러 숨긴 채로 데려가 주신 것은 저를 걱정시키지 않으려는 마음이었을 것이라고 생각합니다. 작년 일은 언제까지나 잊지 못할 것입니다.

죽은 여동생의 기억

경성사범학교부속제1소학교(京城師範学校付属第一小学校)
제4학년 모리스에 테루요(森末照代)

제 여동생은 올해 네 살이 되는데, 6월 20일 오후 4시 반경에 가엾게도 하늘나라로 갔습니다. 아침 8시쯤 배가 조금 아프다고 했습니다. 어머니는 여동생에게 약을 먹였습니다. 조금 지나 두세 시경에 얼굴이 갑자기 파래졌다고 생각할 때쯤 경기를 일으켰습니다. 바로 옆집 아주머니를 불러와 처치를 했지만, 이미 너무 심해져서 당장이라도 죽을 것 같았습니다. 어머니는 여동생을 꼭 껴안고 "테루짱! 히로[코]짱이 죽어. 의사 선생님한테 전화하고 와!"하고 말씀하셨습니다. 저는 서둘러 토가와 병원*에 전화를 걸었습니다. 급하게 집으로 뛰어들어와 "어머니, 전화 걸고 왔어요!"라고 말했습니다. 어머니는 아까부터 히로코짱을 바라보면서 슬픈 얼굴을 하고 계셨습니다. 잠시 후, 밖에서 자동

---

* 토가와 병원(戶川病院): 광화문통(光化門通)이라 불리던 현 세종로에 있던 종합병원이다.

차 소리가 들리더니 의사 선생님이 오셨습니다. 의사 선생님이 "아이가 아프다면서요." 하고 말씀하시니 이어서 어머니가 "네. 경기를 이미 두 번이나 일으켰어요." 하며 하나도 빼놓지 않고 울먹이며 말했습니다. 마침내 의사 선생님이 가방에서 작은 상자를 꺼내더니 안에서 주삿바늘을 들었습니다. 약을 넣고 히로코짱의 가슴에 주사를 놓았습니다. 벌써 한 번, 두 번. 두 번째에는 눈 뜨고 볼 수 없어, 눈을 감고 '신이시여! 부디 히로코짱을 살려주세요.' 하고 마음속으로 빌었습니다. 다시 한 병, 의사 선생님이 커다란 식염 주사를 놓았습니다. 그리고 히로코짱의 가슴과 배를 열심히 문질러 주었습니다. 하지만 어떠한 반응도 없었습니다. 의사 선생님은 "정말로 안타깝게 되었네요. 이렇게 건강한 아이를……" 이라고 말씀하실 뿐, 이제는 아무것도 할 수가 없었습니다. 저는 기둥에 주저앉아 울었습니다. '하, 그렇게 귀엽던 히로코짱이 어떻게 죽을 수가 있을까?' 하고 생각했습니다.

때마침 오토바이 소리가 나고 아버지가 돌아오셨습니다. 제가 "벌써 히로코짱이 죽었어." 하고 말하니, 아버지는 "그래." 하며 집으로 들어갔습니다. 아버지는 "수고하셨습니다." 하고 말하며 앉았습니다. 의사 선생님은 "정말로 귀여운 따님이 죽어, 퍽 상심이 크시겠습니다." 하고 말했습니다. 아버지는 "정말 매일매일 건강하게 밖에서 잘 놀았는데……" 하고 말했습니다. 의사 선생님은 "그럼 이만 실례하겠습니다." 하고 돌아갔습니다. 옆집 아주머니도 손수건으로 눈물을 훔치고 계셨습니다. 아버지는 "정말 여러모로 신세 많이 졌습니다. 여러분께 정말로 죄송합니다." 하고 말씀하셨습니다. 어머니는 죽은 히로코짱을 보며 "히로코짱, 히로코짱." 하며 울고 있었습니다. 옆집 아주머니도 이것저것 도와주셨습니다. 언니가 돌아와서 "히로코짱이 죽었어?" 하며, 히로코짱의 얼굴을 보고 울었습니다. 주위를 둘러보아도 울지 않는 사람이 없었습니다. 사실 히로코짱의 병명은 이질이었습니다. 어머니도 아버지도 수명[寿命]이라고 말씀하셨습니다. 그날 밤은 내내 깨어 있었습니다. 남동생 혼자만 쿨쿨 코를 골며 자고 있었습니다. 밑에서는 어머니 아버지와 국장이 이야기를 하고 계셨습니다. 어머니에게 "왜 일어나 있어?" 하고 물으니, 어머니는 "히로코짱이 외로우니까." 하고 말씀하셨습니다. 저는 다시 2층으로 올라가 이런저런 생각을 해 보았습니다. '아아 내일은 히로코짱을 데리고 화장터에 가는구나.' 하고 생각하니, 갑자기 불쌍해졌습니다. 그리고 다시 아래로 내려갔습니다. '히로코짱이 불쌍하니까, 밑에서 있어 줘야지.' 하고 생각했습니다. 그러자 어머니가 "테루요는 자도록 해." 하고 말씀하셨습니다. 하지만 히로코짱이 걱정이 되어 잠을 잘 수가 없었습니다.

아침이 밝았습니다. 아침을 먹고, 오후 3시 정도에 할머니가 오셨습니다. 불경을 외울 때에는 머리를 숙이고 눈물범벅이 되었습니다. 드디어 불경이 끝이 났습니다. 우리는 자동차를 타고 화장터로 갔습니다. 그리고 불경을 외우고 집으로 돌아왔습니다. 집에서는 어머니가 기다리고 있었습니다. 그날 밤 '지금쯤 히로코짱이 타고 있는 거겠지?' 하고 생각하니 자고 싶지 않았습니다. 다음 날 아침, 뼈를 가지러 갔습니다. 집에 돌아와 히로코짱이 재가 되었다고 생각하자 숨이 멎을 것 같았습니다. 하교 길에 네 명 정도의 조선인 아이들을 보면 항상 히로코짱이 생각이 납니다. 밤이 되었습니다. '지금쯤 히로코짱은 촛불을 켜고 삼도의 강*을 건너고 있겠지?' 하고 곰곰이 생각해 보았습니다. 어머니가 극락 이야기를 해 주셨습니다. "네 살 정도 되는 작은 아이들이 잔뜩 모여서 돌을 쌓는데, 거기에 도깨비가 와서 망쳐놔. 아이들이 쌓아 놓으면 도깨비가 와서 망가트리고 해. 그런 걸 계속하고 있을 거야." 하고 어머니가 말씀하셨습니다. 밤하늘의 별을 볼 때마다 히로코짱이 생각이 납니다. 귀여운 히로코짱, 지금 어디에 있을까? 착한 히로코짱, 지금 누구와 놀고 있을까? 히로코짱, 하고 부를 뿐, 끝내 무어라 할 말이 없습니다. 언니는 히로코짱을 업고 데리고 놀던 일이 어떻게 해도 잊히지 않는다고 합니다. '정말 귀엽던 히로코짱, 신께서 데리고 가셨겠지?' 향 냄새가 날 때마다 그 귀엽던 히로코짱이 생각이 납니다.

---

* 삼도의 강(三途の川): 삼도천. 불교에서 이승과 저승을 가르는 경계에 있다고 여겨지는 강으로, 죽은 지 7일째 되는 날 세 개의 여울을 생전의 업에 따라서 건너게 된다. 선인은 다리를, 가벼운 죄인은 얕은 여울을, 무거운 죄인은 물살이 빠르고 깊은 곳을 건넌다고 한다. 삼도강 바로 옆에는 새(賽)의 강변이라는 곳이 있는데, 부모보다 먼저 저승으로 가는 아이들은 그곳에서 돌을 쌓아야 한다고 한다.

비

경상남도구포공립심상고등소학교(慶尚南道龜浦公立尋常高等小学校)
제6학년 카와시마 히로코(川島博子)

덜컹덜컹, 주룩주룩. 1, 2학년들이 귀가하는 소리가 세차게 내리는 빗소리에 섞여 들려온다. "빨리 집에 가자." 얄미운 목소리가 복도에서 들린다. 여기서 난처한 건 남동생이다. 아침에 엄마가 "비 오는 거 틀림없으니까. 가지고 가!"라고 말하면서 내놓은 우비를 밀어 치우더니, "온다고? 오면 맞으면 되지." 하고 대답하며 뾰로통하게 하늘을 올려다보던 남동생이었다. 그러자 엄마는 하는 수 없이 내게 "갖다 줘." 하고 말했다. 우비를 챙겨 들려고 하는데, 남동생이 다시 입을 내밀며 "거참, 시끄럽네. 입고 가는 거 귀찮아. 비 오면 뛰어올 거야." 하고 한층 세게 말하며 갑자기 내 손목을 붙잡고 억지로 끌어당겼다. 옷 소매가 찢어지더라도 우비를 가져가지 못하게 하려는 것이었다. 이렇게 남동생은 맨날 짜증을 내며 엄마를 곤란하게 만든다. 나까지도 고작 1학년인 남동생에게 지고 만다. 엄마는 남동생 때문에 속이 썩는다. 어떻게 화를 내도 안 된다. 그런 남동생이 비를 맞으며 돌아갈 수밖에 없다니 통쾌하다고 생각했지만 불쌍했다.

이렇게 생각하며 나는 교실에서 나왔다. 남동생이 신발장 위를 쳐다보다 아래를 쳐다보다 하면서 무언가 찾고 있었다. "왜 그래?" "신발이 없어졌어." '바보네' 하고 말하려다 바보라고 하는 걸 싫어하는 남동생이기에, 또 미친듯이 화를 낼 것이기에, 무서워서 아무 말 안 하고 함께 찾아보았지만, 신발이 없었다. 하는 수 없이, 조금 크긴 해도 내 신발을 우산과 함께 빌려줬다. 나는 항상 빨간 우비를 입고 다녔는데, 오늘은 다행히도 무슨 일인지 우산을 들고 왔다. 남동생이 빨간 우비를 입고 돌아갈 리는 없었을 터라 마음이 놓였다. 남동생은 괜찮지만, 나는 이제 신을 게 없다. "켄짱, 조금 이따 켄짱이 놀러 나올 때라도 좋으니까, 신발하고 우산, 우비 중에 가벼운 걸로 가져다줄래?" 남동생은 대답하지 않았다. 남동생은 바보다. 잠시 이렇게 생각했다. 다시 한번 부탁해 보려고도 생각했지만, 말해도 듣지 않을 게 분명했다.

말없이 교실로 들어왔다. 비는 그치지 않고 계속 내린다. 한 시간이 지났다. 벌써 모두가 점심을 먹으러 집으로 갔다. 나도 하는 수 없이 발을 땅에 디디려고 하는 순간! "누나!" 서 있는 사람은 남동생이다. 장화와 우비를 가지고 와 주었다. 덤으로 도시락까지 가지고 왔다. 받아들었다. 도시락의 따뜻함이 손에서 이상하게 느껴졌다. 그리고 집으로 돌아가는 남동생의 뒷모습을 바라봤다. 그때부터 남동생은 남이 하는 말을 듣기 시작했다. 엄마가 "다 네 덕분이야." 하면서 진심으로 칭찬해 주었다. 나도 그때 내린 비에 감사하고 있다.

제2회 조선총독상 글짓기 경연대회

남동생의 병

전라남도군산팔마공립심상소학교(全羅南道郡山八馬公立尋常小学校)
제2학년 강경수(康景洙)

얼마 전, 동생이 병에 걸려 저는 매우 걱정이 되었습니다. 제가 평소처럼 학교에서 돌아오니, 어머니가 방 안에서 남동생을 업고 걱정스럽게 서 계셨습니다. 남동생의 얼굴을 보는데, 얼굴색이 창백해서 깜짝 놀랐습니다. 제가 어머니에게 "왜 그래?" 하고 묻자, 어머니는 "완수가 나쁜 병에 걸렸어." 하고 말씀하셨습니다. 저는 서둘러 점심을 먹고 물을 길으면서 '아버지는 먼 곳으로 돈을 벌러 가시고 집에 안 계시는데, 남동생이 아파서 큰일이네.' 하고 생각하고 있는데, 남동생이 괴로운 듯이 울기 시작했습니다. 어머니가 "완수 좀 봐줘." 하고 말씀하셔서, 물을 긷는 것을 멈추고 방에 들어가서 남동생을 돌보아 주었습니다. 저희 집에는 그림책이나 장난감이 없습니다. 그래서 제 책을 가져오거나 학습장과 연필을 장난감처럼 쓰며 놀아 주었습니다. 책을 읽어 주거나, 그림을 그려 주거나, 안고 돌아다니거나 하니, 남동생이 잠이 들어 버렸습니다. 남동생이 잠든 뒤에 어머니에게 "약은 먹였어?" 하고 묻자, "지금은 돈이 없어." 하고 말씀하셨습니다. 다음 날 학교에 갔다 걱정하며 돌아오니, 어머니가 약을 달여서 남동생에게 먹이고 있었습니다. 제가 남동생에게 "완수야~" 하고 말하자, 남동생이 제 얼굴을 보고 기쁜 듯이 웃었습니다. 마음이 놓였습니다. 하지만 남동생의 얼굴은 아직 창백하고, 어머니도 걱정스러운 듯 하얗게 질려 있습니다. 제가 남동생을 업고 있는데, 어머니께서 "아버지에게 편지를 써 주렴." 하고 말씀하셨습니다. 제가 종이와 연필을 가방에서 꺼내 오자, 어머니는 "내가 불러 줄 테니까 잘 듣고 써." 하고 말씀하십니다. 저는 어머니가 하시는 말씀을 듣고 이렇게 썼습니다. "지금 집에는 완수가 심한 병에 걸려 집안이 어려우니 빨리 돌아오세요." 하고 쓰고, 그다음은 "아무리 어머니가 약을 먹이고 싶어도 돈이 없어 어려운 상황입니다. 빨리 돌아오세요." 하고 이어서 썼습니다. 그로부터 매일 편지의 답장을 기다려도, 아버지로부터 편지는 오지 않았습니다. 어머니는 매일 남의 집 일을 돕거나 하며 돈을 벌어 남동생에게 약을 먹였습니다. 남동생의 병은 차츰 좋아졌고, 지금은 완전히 나아서 저와 건강히 놀 수 있게까지 되었습니다. 아주 기쁜 일입니다. 하지만 아버지로부터 답장은 지금까지도 오지 않아 걱정입니다.

너무 좋은 오모니*

경성사범학교부속제1소학교(京城師範学校付属第一小学校)
제3학년 시마이 레이코(島井聆子)

  우리 오모니는 제가 여섯 살 때 과일 장수를 따라 처음 우리 집에 왔습니다. 그때는 우리도 조선에 온 지 얼마 되지 않아, 조선 사람에게 말하는 것이 왠지 창피한 기분이 들었습니다. 오모니도 저희가 사용하는 말을 따라 하며 우스운 말을 해 자주 웃곤 했습니다. 그러다가 점점 말을 배워 갔지만, 저를 "오쵸상, 오쵸상"이라고 부르거나, 학교를 가쿄라고 잘못 말하기도 했습니다.** 오모니는 마음씨가 곱고 친절합니다. 남동생이나 여동생이 나쁜 짓을 하면 "하면 안 돼요. 그만해." 하고 무서운 얼굴을 하고 화도 내지만, 언제나 싱글벙글하며 일을 합니다. 작년 겨울 추운 날에는 항상 스토브 옆에 신문지를 깔고, 그 위에 제 방한화를 놓아 따뜻하게 해 주었습니다. 저는 언제나 기쁘게 그 신발을 신고 학교에 갔습니다. 제가 1학년때 공부를 하고 있는데, 옆으로 와서 "이거 무슨 글자예요? 이건 뭐예요?" 하고 하나하나 물

---

* 오모니(オモニ): 일본인이 발음하는 조선어 '어머니'이다. 재조 일본인들은 나이 많은 조선인 가정부를 오모니라고 하고, 나이 어린 조선인 가정부는 조선어 '계집애'를 써서 키치베라고 불렀다.

** 일본어 아가씨는 조선어로 오죠상(お嬢さん)으로 발음되는데, 작문의 저자는 오모니가 '죠'를 '쵸'로 잘못 발음했음을 이야기하고 있다. 또한 일본어로 학교(学校)는 각코(がっこう)가 정확한 발음이다.

어봐서, 제가 가타카나*를 가르쳐 주었습니다. 그런데 잘 외우지는 못합니다. 오모니가 독본**의 끝에 붙어 있는 50음을 보고, "이거 써 주세요." 하고 말해, 제가 오래된 스케치북 뒤에다 큰 글씨로 잘 써 주었습니다. 오모니는 그것을 소중히 하며 종종 읽었습니다. 그 뒤로 오모니는 신문이나 그림책의 글씨를 보면 "아이우에오[アイウエオ]" 하고 말하고는 "이건 오[オ]라는 글자지요?" 하고 중얼거리며, 스케치북을 찾아서 읽고 있었습니다. 저에게도 조선말을 가르쳐 주었습니다. 그러나 좀처럼 외워지지가 않았습니다. 이렇게 처음에는 제가 오모니의 선생님이었지만, 그다음은 여동생이 되었고, 지금은 다섯 살 남동생이 선생님입니다. 매일같이 "피었다[サイタサイタ], 피었다[サイタサイタ]"*** 하

---

* 가타카나(カタカナ): 일본에서 사용하는 음절 문자. 히라카나와 가타카나가 있다. 현재 일본의 초등학교 교과 과정에서는 1학년 1학기에 히라카나를 학습하고 2학기부터 가타카나를 학습하지만, 메이지 시대부터 1947년까지는 가타카나를 먼저 학습했다. 『총독상 모범 문집』에서도 1학년 작품들은 모두 가타카나로 표기되어 있다.

** 독본(読本): 일본에서 1945년 패전까지 국어 수업에서 사용하던 교과서이다. 아래의 독본은 국정 제4기 교과서 『국어독본 심상과용』으로 1933년부터 1940년까지 사용되었다. 마지막 쪽에 가타카나 글자표가 실려 있다.

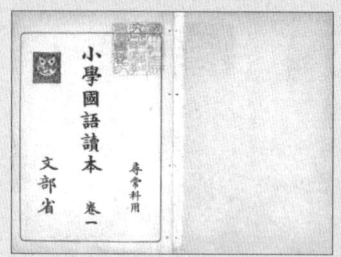 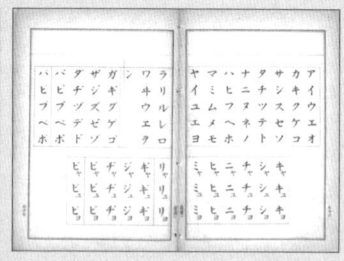

일본 소학생 교과서 『소학국어독본 심상과용』 제1권 마지막 쪽에 있는 가타카나표.

*** 국정 제4기 교과서 『국어독본 심상과용』의 첫 페이지에 수록된 단원이다. "사이

고 읽고 있습니다.

　얼마 전, 아버지가 유화 도구를 청소하시면서 휘발유를 가져오라고 하시는데, 어머니가 멈출 수 없는 용무를 보고 계셔서 "저기, 오모니! 휘발유 가져다 줘. 아! 알코올 병이랑 똑같이 생겨서 오모니는 모르겠다." 하고 말씀하셨습니다. 오모니는 조용히 가지러 갔습니다. 그리고 병 하나만 내려서 "아가씨, 이거지요? 오모니 휘발[키하츠 キハツ] 글자 알았어요." 하고, 싱글벙글 너무 기쁜 듯이 말했습니다. 어머니는 "우와, 맞아! 대단하네. 그렇게 읽으니 편하네." 하고 말씀하셨습니다. 저는 제 일처럼 기뻤습니다. 아버지도 "그래? 대단하네." 하고 웃으셨습니다. 오모니는 언제까지나 저희 집에 있는다고 말합니다. 어머니도 "좋은 오모니야. 좋은 오모니." 하고 항상 기뻐하십니다. 다른 집 아주머니들도 "좋은 오모니." 라고 말합니다. 오모니도 우리에게 친절하니, 앞으로 우리도 학교에서 배운 것을 조금씩 친절하게 가르쳐 주려고 합니다.

타 사이타 사쿠라가 사이타(피었다 피었다 벚꽃이 피었다) 코이 코이 시로 코이(오너라 오너라 시로(강아지 이름) 오너라) 스스메 스스메 헤이타이 스스메(나간다 나간다 병사님 나간다)"라는 구절이 실려 있다. 흔히 '사쿠라 독본'이라 불리는 이 독본은 만주 사변 이후 개정된 국정 교과서이다. 최초로 교과서에 컬러를 도입하여 국가색을 이미지화했으며, 정세에 맞추어 군인을 교과서에 수록하기 시작했다. 실용적 면모를 줄이고 문학적으로 편집함으로써 국가이데올로기적 목표를 성취한 교과서라 평가받는다.

(Ⅱ) 가족

(III) 동물

일본 제1회 전국 소학 아동 글짓기 전람회

문부대신상

소

치바현카토리군진다이심상고등소학교(千葉縣香取郡神代尋常高等小學校)
제5학년 스가야 사부로(菅谷三郞)

학교에서 돌아오니 바로 "사부로, 여물 좀 썰어라!" 하고, 형이 작업장에서 말한다. "싫어." 하고, 큰 소리로 대답하면서 놀러가려고 하는데, "소가 배고프잖아!" 하는 말이 들린다. '아이, 배고픈 건 불쌍하네.' 하고 놀 준비를 멈추었는데, "소는 일을 하잖아!" 하고 또 말한다. "알았어, 자르면 되잖아!" 대답하고, 하는 수 없이 외양간으로 걸어가는데, "짧게 잘라!" 하고, 다시 소리 지른다. "길게 자를 거야!" 하고 일부러 말하니, "바보, 길게 자르면 안돼!" 하고 웃으면서 화를 낸다. 외양간으로 갔다. 배가 고파서 그런지 음메~ 음메~ 하고 고개를 내민다. "기다려. 지금 자르는 중이니까." 하고 여물을 가지고 와서, 싹둑싹둑하고 자르기 시작하는데, 소가 고개를 내밀고 여물통 안으로 입을 넣으려 한다. "야, 기다려." 하고 머리를 때리자, 눈을 깜박깜박거리면서 목을 움츠린다. '불쌍한 자식.' 하고 생각하고, 숭덩숭덩 자르면서 자투리를 던져 주자, 우걱우걱 맛있게 먹는다. 다 자르고 쉬고 있는데, 다시 음메~ 음메~ 하고 울기 시작한다. "야, 너 암소 같다." 하고 말하며 서둘러 쌀겨와 물을 가지고 오니, 다시 고개를 내민다. "기다리라고! 지금 맛있는 거 만들고 있으니까." 하고 말하며, 여물에 쌀겨를 섞어서 물을 부어 주니 정신없이 우걱우걱 먹는다. "어때? 맛있지?" 하고 머리를 쓰다듬어 주었다. 기쁜 듯이 머리를 들이민다. 잠시 정신이 팔려 있던 사이, 어느새 거의 다 먹어 버렸다. "이제 됐지?" 하고 돌아서는데, 내 쪽을 보면서 눈을 끔뻑거린다. '고마워.' 하고 말하고 있는 것 같다. "형! 다 했어." 하고 소리치자, "응. 고마워. 놀러 나가." 하고 대답해 주었다. '여물 자르기를 잘했다.' 하고 생각하며, "그럼, 갔다 올게." 하고 기분 좋게 뛰어나갔다.

「소」는 1936년 일본 본토에서 열린 제1회 전국 소학 아동 글짓기 전람회에서 학년별 최고 득점자에게 수여되는 문부대신상을 받은 글이다. 소로 경작하는 농가 가정의 어린이가 형을 도와 소에게 먹이를 주면서 노동의 보람을 느끼는 이야기다. 조선에서 열린 어린이 글짓기 대회의 작품들과 비교해 보면, 이 작품에는 특이한 점이 있다. 일본인 어린이임에도 불구하고 동물을 애완용이 아닌 가축으로 접하고 있다는 점이다. 조선에 사는 일본인 어린이들의 글 중에는 양계 사업을 하는 가정의 한 어린이가 병아리를 스스로 도맡아 키우며 매일 아침마다 가마보코(오뎅) 공장에 가서 먹이를 사 오는 내용이 있는데, 이를 제외한 다른 일본 어린이들의 글에 나오는 동물들은 외로움을 달래고 즐거움을 나누는 친구일 뿐이었다. 반면에 조선인 아이들에게 동물이란 가계의 생계를 꾸려 가는 수단 가운데 하나로, 그런 동물과 노는 일은 자연스레 그 동물이 맡은 생산적 행위와 연관돼 있다. 따라서 아이들이 가장 슬픈 순간은 가축이 죽었을 때가 아니라 팔 때다. 병이나 죽음이 아니라 생계로 인한 이별이기 때문이다.

　조선인 어린이들의 동물 관련 글에서 또 하나 눈에 띄는 점은 소를 키우는 농가가 무척 적다는 것이다. 한 조선인 어린이는 어미 소를 두고 팔려 가는 송아지에 눈물 짓기도 하지만, 대부분의 조선인 어린이들이 돌보는 가축은 닭이나 토끼, 돼지이다. 어느 일본인 선생님은 그런 조선인 학생들에게 돼지 사육을 장려하면서 '새끼 돼지를 3년간 불리면 그다음은 송아지가 되고, 그 송아지를 불리면 논이 된다'고 격려한다. 이렇듯 조선인에게 소가 없다는 것은 곧 그 가족에게 농사 지을 땅이 없음을 뜻한다(당시 조선의 소는 대부분 경작용이었으며, 식용 소들은 거의 다 일본인에 의해 대규모 목장에서 사육되었다). 그렇다면 조선 농가들은 어떤 과정을 거쳐 이렇게 가난해졌을까? 조선인들은 왜 땅을 소유하고 농사짓는 일에서 밀려난 것일까?

일본 메이지 정부가 육식 장려 정책을 추진하면서 일본 내 소고기 수요가 늘었는데, 이에 따라 조선의 많은 소들이 식용 목적으로 일본으로 이출되었다. 일본 소는 체구가 작고 탄탄해 경작용으로는 적합하지만 식육용으로는 부적합했기에 조선 소가 선택된 것이다. 마찬가지로 조선의 쌀 역시 일본의 수요를 충족하기 위해 생산되었다.

1910년에서 1918년까지 근대 토지 소유권 확립이라는 명분을 내세워 진행된 토지 조사 사업이 끝나고 식민지 도시 건설 계획이 거의 완성될 무렵, 일본은 본격적으로 식민정책을 수립한다. 그중 가장 유명한 것이 1920년 12월부터 실시된 '산미증식계획(産米增殖計畫)'이다. 쉽게 말하면, 생산성을 높여서 식량(쌀)을 많이 생산해 본토로 많이 가져간다는 계획이다. 이는 동남아시아, 아프리카, 라틴아메리카 등지에서 원주민의 값싼 노동력을 활용해 농산 자원을 수탈했던 서구 제국들의 기업식 농장을 떠올리게 한다.

조선에서 기업식 대규모 농장 경영이 가능해진 가장 큰 원인은 농업의 비중이 압도적으로 높았던 산업 구조 속에서 대다수의 농민들이 몰락했기 때문이다. 산미증식계획은 농사 개량 사업과 토지 개량 사업이라는 두 가지 방향으로 진행되었다. 농사 개량 사업은 적은 자금으로 진행할 수 있는 품종 개량, 화학 비료 장려, 심경(벼를 깊게 심는 것), 제초 운동 등이었는데, 그에 반해 토지 개량 사업은 수리 관개 설비의 개선, 지목 교환(밭을 논으로 바꾸는 일), 국유 미수지 개척 또는 개간, 간척에 의한 농지 확장 등 여러 이권이 얽힌 사업들로 이루어져 있었다. 특히 토지 개량 사업을 완수하기 위해 수리 조합 제도라는 것이 활용되었는데, 이는 조선 내에서 수리 시설이 불안정한 열등지나 미간지를 헐값에 산 뒤 이익을 취하려 했던 일본 사업가들이 주도해 만든 제도였다. 일본 사업가들은 싼 땅에 수리 시설을 확충한 뒤 비옥한 토지로 바꾸어 되팔거나 농사를 지으려 했고, 이들의 요청에 의해 1906년 수리 조합의 구성원을 토지의 소유자로 하고 그 사업비를 식민기구가 보증하는 법이 수립되었다.

산미증식계획 실시 이후 조선의 모든 경작지는 수리 조합이 운영하는 수리 시설을 이용하게 된다. 이는 조선인 농민 입장에서는 심각한 개악(改惡)이었다. 저수지나 보, 수로 등 기존의 안정적인 수리 시설을 사용하던 땅까지 수리 시설의 몽리(蒙利) 구역에 강제로 편입되면서, 1단보(3백 평)당 5원에서 10원까지 수리 조합비를 내야만 하는 상황에 몰렸기 때문이었다. 1정보(3천 평)를 가진 자라면 1년에 50원에서 100원을 내야 했다. 이러한 '물값'은 중소 지주층과 영세한 자영농들에게 부담일 수밖에 없었고, 급기야 지주들이 이 비용을 소작농에게 전가하여 지주들과 소작농 간에 마찰이 빚어지기까지 했다. 예전까지는 수리 시설 사용료로 현물을 내거나 부역을 하는 것이 일반적이었지만, 이 새로운 수리 조합비는 정기적으로 현금으로 납부해야 했다. 게다가 이전의 수리 시설이 경작자의 이익을 중심으로 운영되었던 데 비해 수리 조합은 토지 소유자들의 권리를 중시했기 때문에 자본력이 떨어지는 중소 지주층은 몰락할 수밖에 없었다. 이 중소 지주층이 팔고 나간 땅은 다시 대지주들이 사들였으며, 특히 조선인보다 자본력이 우세했던 일본인 대지주들에게 더 넓은 토지가 돌아갔다. 이 과정에서 금융 기관 등 정부의 협조를 받은 일본인 대지주들은 쌀 증산이라는 정부의 목적을 수행하고자 힘쓰게 된다. 이는 서구의 대규모 플랜테이션이 조성되고 운영되는 방식과 매우 유사하다.

많은 일본인 지주 회사 중에 쌀 이출 항구인 군산을 근거지로 삼았던 불이흥업주식회사(不二興業株式會社)의 경우를 보자. 불이흥업주식회사는 오사카의 후지모토 상점에서 쌀매매를 하던 후지이 칸타로(藤井寬太郎)가 1904년 러일 전쟁 발발과 동시에 내항하여 토지를 매입한 뒤, 1914년 자본금 100만 원으로 설립한 회사다. 경성에 본점을 둔 이 회사는 전북농장(1904년 설립, 전북 익산군 오산면 위치, 규모 1806정, 소작농 수 4719호, 임익 수리 조합), 서선농장(1912년 설립, 평북 용천군 위치, 규모 4175정, 소작농 수 1850호, 대정 수리 조합), 옥구농장(1920년 설립, 전북 옥구군 옥구면 위치, 규모 1078정, 소작농 수 800호, 익옥 수리 조합), 철원농장(1919년 설립, 강원도 철원군 철원면 위치, 규모 4772정, 소작농 수 1211호, 중앙 수리 조합) 등 총 4개의 본부를 설치한 농장을 경영했다. 이 농장들의 운영 구조를 보면 각 농장에 농장장이 있고, 그 아래로 300~600정보를 관리하는 분장주임, 또 그 아래로 50~80만 보를 관리하는 농구가 있다. 농구는 회사 소속의 농업학교 출신 전문 농업 기술자로, 이들이 실질적으로 농사 현장을 감독 및 지도했다. 이 농구 밑에는 마름에 해당하는 농감이 있고, 그 아래에 5인 1조로 묶인 소작인들이 있었다. '5인 1조 제도'는 소작인들을 5명 단위로 묶어 상호 연대 보증을 서게 하는 것으로, 그중 누군가가 소작료를 못 내거나 계약을 이행하지 못할 경우, 혹은 회사에 손해를 입혔을 경우 같은 조에 속한 보증인이 대신 책임을 져야 했다. 이렇게 '사장 - 농장장 - 분장주임 - 농구 - 농감 - 소작인'이라는 철저한 위계질서를 구축한 지주 회사들의 이익은 낮은 위치에 자리 잡은 조선인 소작인들의 값싼 노동력에 의지하고 있었다. 사측은 조선인 소작인들에게 화학 비료인 금비를 제외한 퇴비 값과 종자 값을 모두 부담시켰고, 결과적으로 소작인 수입의 60~70퍼센트를 수취해 갔다.

결과적으로 조선 내 쌀 생산량은 늘었다. 1920년에 1440만 석이었던 것이 산미증식계획이 종료된 1935년에는 2175만 석이 되었다(730만 석 증가). 동시에 일본으로의 이출량 역시 1920년 327만 석에서 1935년에는 951만 석까지 급격히 증가했는데, 이는 조선에서 생산한 쌀 가운데 이출되는 비율이 22.7에서 43.7퍼센트까지 치솟았음을 뜻한다. 당시 1석은 144킬로그램 정도의 양으로, 성인이 하루 세 끼씩 1년간 먹을 수 있는 분량이었다. 실제로 당시 일본에서는 성인 평균 연간 1.0석에서 1.1석(1920~1930년)의 쌀을 소비했지만, 조선인들은 그 절반 정도만 소비하고 있었고, 그마저 평균 0.6석에서 0.4석으로 점점 감소했다. 이 부족분을 대체한 건 일본이 싼값으로 조선에 들여온 안남미와 만주산 좁쌀이었다. 일본 상인이 조선에 들여온 만주산 좁쌀은 1912년 1만 5천 석 정도였으나, 30년에는 171만 석에 달했다. 당시 좁쌀의 가격은 한 되에 7전에서 10전으로, 쌀값의 3분의 1에서 4분의 1정도였다.

  쌀이 헐값에 반출되면서 조선인 대다수는 가난해졌다. 땅을 잃은 이들은 새 땅을 찾아 만주로 가거나 일자리를 찾으러 일본으로 떠났다. 1930년 만주에는 약 60만 명, 일본에는 26만 명의 조선인들이 가족과 함께 살고 있었다. 한편 일본과 만주로 떠나지 못한 사람들은 조선 내 대도시로 향했다. 그러나 아직 산업 여건이 조성되지 않은 조선 내 도시에서 할 수 있는 일은 일용직이나 잡부 정도에 불과했고, 결국 그들 중 많은 수는 도시의 궁민으로 전락하고 말았다.

  한편 일본에 값싸게 유입된 조선 쌀은 일본 내 쌀값에 영향을 미치면서 일본 농촌 경제까지 함께 망가트렸다. 농민들이 가난해지면서 일본 내 도시의 실업자와 부랑자가 덩달아 늘었다. 이때부터 일본의 사회적 관심은 동심 예찬이나 예술지상주의에서 벗어나 척박한 농어촌에 사는 어린이들에게 쏠렸고, 그러면서 어른들의 이상향 역시 착하고 순수하고 연약한 어린이들에서 야생마 같은 생활력을 가진 굳센 아이들로 옮겨갔다. 그 과정에서 지역 사회를 살리고 가혹한 노동 행태를 사회에 알리고자 하는 향토 운동과 노동 운동이 성장했고, 거기에 영향을 받은 교육가들이 어린이 생활 글짓기 운동을 시작하게 된다. 이 운동의 목표는 어린이들이 실제 생활에 기반한 글을 쓰게 함으로써 살아 있는 생활 지도를 하자는 것이었다. 그들은 어린이들이 사회 문제, 일상생활, 노동 등에 대해 직접 관심을 갖고 능동적으로 생활하게끔 도우려 했다. 또한 어린이들에게 사회의 모순을 정면으로 마주하기를 권했고, 그 모순을 개선하거나 해결하려는 노력을 높이 평가했다.

  1936년 일본 본토에서 개최된 전국 소학 아동 글짓기 전람회는 이러한 사회상과 교육 사조를 반영하고 있었다. 심사위원들은 숙련되고 세련된 글솜씨로 자기 생각을 표현한 도시 아이들의 글보다는 경제적으로 풍족하지 못한 농어촌 아이들의 투박한 노동성에 높은 점수를 주며 표창했다. 앞서 읽은 「소」 역시 그런 글이다. 이 대회는 홋카이도와 오키나와는 물론 당시 일본의 식민지였던 대만, 조선, 사할린, 만주국까지 대상으로 했는데, 식민지국 조선에서 그러한 내용이 담긴 글들을 찾기란 아주 쉬운 일이었다. 이 대회에 참가한 조선인 중에 최고 점수를 받은 글은 부산에 사는 어린이가 서툰 일본어로 쓴 것인데, 다가오는 설날에 형편이 되지 않아 아무것도 준비하지 못하는 가족에 대해 적은 것이다. 마찬가지로 조선총독상 글짓기 경연대회에서도 동물을 소재로 한 조선인 어린이들의 작품은 어려운 형편 속에서도 동물을 기르며 직접 가계에 참여하는 삶을 보여 준다. 이에 반해 일본인 어린이들이 동물을 소재로 한 작품들 중에는 고양이를 소재로 한 작품이 무척 많다. 조선에서도 고양이가 엄연한 반려 동물에 속해 있었음을 확인해 주는 부분이다.

제1회 조선총독상 글짓기 경연대회

쥐

평안북도용암포공립심상소학교(平安北道龍岩浦公立尋常小学校)
제3학년 이시하라 토모코(石原友子)

저는 쥐입니다. 매일매일 장난을 칩니다. 상자 안에 들어가 당근을 먹거나 벽에 구멍을 내는 일은 일상입니다. 어느 날 어머니가 "오늘 아침에 추페이상이 옆집 추스케상이 죽은 것을 봤대." 하고 말해, 정말 깜짝 놀랐습니다. 그러고 나서 저희들의 많은 시체들을 보았습니다. 물을 마시고 죽은 아이, 머리가 눌려 죽은 아이, 독약을 먹고 죽은 아이 등등 모두가 비참한 죽음입니다. 저는 왜 그렇게 죽는지 몰랐습니다. 어느 날 벽의 구멍으로 내다보니, 바로 눈앞에 이상한 상자가 놓여 있었고, 그 안에는 맛있는 고구마가 매달려 있었습니다. 가까이 다가가자, 어머니가 오셔서 "저 안에 들어가면 안돼! 무서운 거야!" 하고 말해, 바로 도망쳐 왔습니다. 하지만 먹고 싶어 참을 수가 없었습니다. 다시 고구마 옆으로 가 보았습니다. 저는 아침부터 아직 아무것도 먹지 못했습니다. 고구마를 보니 군침이 납니다. 결국 어머니가 한 말을 잊은 채, 큰 맘을 먹고 뛰어들어가 고구마를 물었습니다. 잡아당기려고 하는 순간, '이런! 큰일이다.' 철커덕하고 문이 닫혀 버렸습니다. 열심히 갉아 보았지만, 철사는 무슨 수를 써도 끊어지지 않았습니다. 발로도 차 보았지만, 발만 빠질 뿐입니다. 결국 도망칠 수 없다는 것을 받아들이자 눈물이 흘러나왔습니다. '아~아~ 들어가지 않았으면 좋았을 걸.' 절실히 후회했습니다. 울다 지쳐 멍하게 있는데, 반대편에서 어머니의 모습이 보입니다. 너무 기쁜 나머지 "어머니!" 하고 불렀습니다. 어머니의 얼굴에는 슬픈 기색이 가득합니다. "그러게. 아까 들어가면 안 된다고 이야기했는데, 근데 이제 어찌할 수가 없어. 너는 곧 죽음을 맞이할 거야. 가엾게도……" 하고 울고 계십니다. 그제서야 알게 되었지만, 너무 늦어 버렸습니다. 곧 아침이 밝아 왔습니다. 아이들이 일어나 나왔습니다. 그러더니 철망 안에 있는 저를 보고 "우와! 쥐가 잡혔다." 하고 기뻐했습니다. 그 소리를 듣고, 저는 계속 황급히 도망치려고 빙글빙글 돌았습니다. 그러나 소용이 없었습니다. 아이들은 제가 들어 있는 상자를 우물가에 두고 어디론가 사라졌습니다. 저는 이게 마지막인가 싶어 마음속으로 어머니께 사죄했습니다. 그리고 주위를 둘러보았습니다. 바로 옆 나무 담장에 구멍이 나 있었습니다. '하…… 저기로 도망칠 수만 있다면.' 하고 생각하니 그저 아쉬울 따름입니다. 잠시 후 아이들이 돌아왔습니다. 그 아이들의 손을 보자 가슴이 철렁했습니다. 제가 제일 무서워하는 커다란 고양이를 들고 오는 게 아니겠습니까? 하지만 저는 생각했습니다. '아버지도 죽을 때 고양이한테 물려 죽었다고 했어. 하지만 어쩌면 나는 살 수 있을지도 몰라.' 마침내 조금씩 문이 열리기 시작했습니다. 저는 과감히 뛰쳐나가 구멍을 향해 달렸습니다. 고양이는 처음에는 가만히 보고 있다가 제가 구멍으로 들어가자 달려들었습니다. 하지만 이미 저는 그곳을 빠져나온 이후였습니다. '아~ 살았다.' 하며 마음을 놓고 있었는데, 그때였습니다. 구멍 뒤로 조금 삐져 나와 있던 꼬리에 뜨끔하는 아픔이 느껴졌습니다. 그래도 결국 저는 도망칠 수 있었습니다. 그날 밤 저를 본 어머니는 매우 기뻐하시며 "네가 살아난 것도 다 신덕분이다. 깊이 깊이 감사드리렴!" 하고 말씀하셨습니다. 저는 신에게 손을 모아 '이제부터 어머니가 하시는 말씀은 잘 듣겠습니다.' 하고 용서를 빌었습니다. 지금도 그 무서웠던 일을 생각하면 등골이 오싹합니다. 그러고는 고개를 돌려 끝이 잘린 꼬리를 바라봅니다.

돼지를 사기까지

전라북도완주동상공립심상소학교(全羅北道完州東上公立尋常小學校)
제4학년 김종원(金鐘元)

제가 새끼 돼지를 사려고 결심한 것은 3학년 2학기부터입니다. 선생님께서 "농가의 부업으로 이것만큼 이익이 나는 것은 없어요. 모두 4학년 졸업까지 돼지 한 마리씩 반드시 키우도록 하세요." 하고 말씀하셨을 때에는 아무 생각이 없었습니다. 처음에는 친구들도 모두 진짜 해 보려는 마음이 없었지만, 선생님이 실제로 돼지를 키우고 계신다는 이야기를 듣고 나서부터는 '나도, 나도.' 하며 경쟁을 하게 되었습니다다. 그래서 저는 먼저 매월 20전씩 저금을 하기로 했습니다. 그리고 1년 후에 반드시 돼지를 사겠다고 결심했습니다.

산이 전부인 우리 마을에 돈이 되는 것은 땔감과 감뿐입니다. 가을에는 감을 따고 봄과 겨울에는 나무를 해서 저금을 했습니다. 봄에는 나무를 베기 쉽지만, 겨울에는 여간 힘이 드는 것이 아닙니다. 게다가 힘들게 해 와도 사는 사람이 없습니다. 한 지게에 10전 정도밖에 안 하는데 말입니다. 가을의 감 따기는 목숨을 걸고 해야 합니다. 나무에서 떨어지면 큰일이고, 그리고 100개를 따도 20전 정도입니다. 티끌 모아 태산이라고 어찌어찌하여 우체국 저금이 올해 11월에 4엔 10전이 되었습니다. 그리고 바로 4엔을 인출하였습니다. 4리나 떨어진 고산시*로 돼지 새끼를 사러 갔을 때에는 정말로 기뻐서 눈물이 났습니다.

제 돼지는 잡종이고 검은색이며 정말 귀엽습니다. 아침에도 밤에도 늘 돌보아 주었습니다. 저의 마을에서는 제가 네 번째로 샀는데, 다른 사람 돼지는 저의 것보다 두 배나 더 큽니다. 아무쪼록 빨리 살을 찌워서 새끼를 많이 낳게 하려고 고심 중입니다. 선생님도 아주 기뻐해 주셨습니다. 그리고 이 새끼 돼지를 3년간 불리면 그다음은 송아지가 되고, 그 송아지를 불리면 논이 된다고 격려해 주셨습니다. 원래 저는 4학년을 졸업해도 다른 학교에 갈 수 없기 때문에 늘 아쉬웠습니다. 그러나 지금은 그렇게 생각하지 않습니

---

* 고산시(高山市): 현 전라북도 완주군 고산면. 곶감이 주요 특산물이다.

다. 농촌에 머물며 부업을 부흥시키고 우리집을 풍족하게 하는 것이 꿈입니다. 그런 꿈을 꾸고 있습니다.

하치코**

경성남대문공립심상소학교(京城南大門公立尋常小学校)
제4학년 카케바 준코(掛場純子)

우리 집에는 그 유명한 하치코와 닮은 하치코라는 강아지가 있었습니다. 어두운 갈색과 흰색이 섞여 있고, 크고 잘생긴 귀를 가지고 있으며, 동글동글한 눈이 아주 귀여운 강아지였습니다. 그러나 충견 하치코와는 달리 아주 장난꾸러기였습니다. 옆집 정원수를 망가뜨리거나 아저씨가 아끼던 화분을 엎고, 꽃밭의 꽃을 밟아서 어지럽혀, 어머니가 "죄송스러우니까, 다른 집에 줍시다." 하고 말씀하셨습니다. 그래서 처음에는 아버지와 함께 관청에서 근무하던 김상이라는 사람에게 주기로 하였습니다.

** 하치코(ハチ公): 일본에서 충성견으로 유명한 강아지이다. 동경 시부야구 쇼토(東京都渋谷区松濤) 1번지에 살고 있던 동경제국대학 교수인 우에노 에이타로가 30엔에 아키타(秋田)에서 하치를 데려와 키우다가, 1년 뒤 뇌출혈로 급사한다. 주인이 죽자 하치는 3일 동안 아무것도 먹지 못하다 다른 집에 보내지지만, 다시 돌아와 생전 주인과 함께 갔던 시부야역에서 매일마다 죽은 주인을 기다린다. 1932년 『동경아사히신문東京朝日新聞』에 「사랑스러운 늙은 개의 이야기」라는 제목으로 하치의 일화가 실린 이후, 1933년에도 신문에 보도되어 '충성스러운 하치'라는 뜻의 하치코라는 별명으로 유명해진다. 1934년에 시부야역 앞에 동상이 세워지고, 같은 해에는 심상소학교 2학년 수신 교과서에 '은혜를 잊지 말자'라는 교훈으로 하치의 이야기가 수록되었다.

아직 점심 때는 더운 9월 중순의 어느 일요일, 김상이 하치코를 데리러 왔습니다. 하치코는 처음에는 짖더니, 과자를 주거나 머리를 쓰다듬어 주니 바로 친해져서 즐겁게 김상을 따라 갔습니다. 아마 하치코는 산책이라도 하러 가는 줄 알았을 것입니다. 저는 담장에 올라가 "하치! 잘 가!" 하고 인사하고, 언덕에서 모습이 보이지 않을 때까지 손을 흔들었습니다. 그러고는 "지금 어디쯤 갔을까?" "줘 버려서 아쉽네." 등의 이야기를 하고 있는데, 다시 김상이 돌아와서는 "안 되겠더라고요. 언덕 위까지는 갔는데, 집이 안 보이니까 짖고 짖다가 눕더니 꼼짝을 않더라구요. 제가 이쪽으로 돌리는 시늉을 하니까 좋아하며 앞장서서 뛰어갔습니다." 하고 얼굴에 땀을 닦으며 웃었습니다. 하치코는 기뻐서 꼬리가 떨어질 정도로 흔들었습니다. 그러고는 제 주변으로 와서 우는 듯, 어리광을 부리는 듯하는 소리를 내며, 몇 번이고 몇 번이고 주위를 뛰어다녔습니다. 하는 수 없이 그냥 잠시 키우기로 했습니다. 그러나 장난은 점점 더 심해져, 옆집의 빨래를 물어 찢거나, 옆집에 일하러 온 목수의 도시락을 먹어 버리거나 해서 어머니는 다시 마음을 졸이기 시작했습니다. 그래서 이번에는 청파정* 아저씨의 집에 보내기로 했습니다.

　10월의 어느 화창한 일요일, 하치코를 데리러 경성중학교** 1학년과 일출소학교*** 5학년인 오빠 두 명이 왔습니다.

---

* 청파정(青葉町): 현 서울특별시 용산구 청파동.

왕왕, 우~ 하치코가 찰랑찰랑 쇠사슬 소리를 내며 짖었습니다. 시게루 오빠가 쇠사슬을 잡고 멸치를 주었습니다. 어머니가 부엌에서 멸치를 잔뜩 가지고 오셔서 두 묶음으로 나누어 신문지에 싸더니 "가다가 주세요." 하고 둘에게 건넸습니다. 저는 과자를 가지고 와서 하치코에게 주고, 마지막으로 과자를 앞에 두고 "먹지 마! 기다려!"를 하고 머리를 쓰다듬어 주었습니다. 마침 그때 해가 저물어 하치가 더 불쌍해 보였습니다. '그래도 아저씨 집에 가면 하치는 행복해질 거야.' 저는 기도하는 마음으로 혼잣말을 했습니다. '부디 하치코가 행복해지길……' 네에야****가 전화를 걸어 자동차를 불렀습니다. 모두가 문 앞에 나가 기다렸습니다. 옆

** 경성중학교(京城中学校): 일본인들이 자녀들을 교육할 목적으로 설립한 중등교육기관이다. 1909년 경성 거류민 단립 경성중학교로 개교했고, 1910년 조선통감부가 인수하면서 교사를 경희궁으로 이전했다. 당시 식민지 지배 인력을 양성하기 위한 최고의 엘리트 학교였으며, 1922년 제2차 교육령 때부터 조선인 입학이 허용되어 1934년 전교생 1024명 중 조선인은 31명이었다. 해방 후 같은 자리에 서울중학교와 서울고등학교가 들어섰다.

*** 일출소학교(日出小学校): 히노데소학교라고 부른다. 한양에 일본인 재류민이 300명에 불과했던 시기, 일본 거류지에서 일본인 자제 5~6명이 공부를 하게 된 것이 시초이다. 1890년 당시 본정 2정목에 있던 일본 불교 본원사 교회소로 이전하여 공립학사라 칭했고, 1895년 남산정 2정목에 신교사를 완성했지만, 학생이 늘어 1906년에 일출정으로 새로 이전했다. 부산(1877년), 원산(1882년), 인천(1885년)에 이어 네 번째로 설립된 재조 일본인 초등교육기관으로, 경성에서는 가장 오래되었다. 경성중학교와 마찬가지로 통감부와 총독부가 소관하여 식민지 통치 기구의 고위 관리 및 조선 상류층의 자녀들이 많았다. 덕혜옹주가 다닌 학교로 유명하다. 현 서울 중구 필동 극동빌딩 자리.

**** 네에야(ねえや): 일본에서 나이 어린 가정부를 친근하게 부르던 말. 대개 재조 일본인들은 키치베, 오모니라 부르던 조선인 여성 가정부를 고용했는데, 경제적으로 여유가 있던 일본인들은 일본에서부터 가정부를 데리고 오기도 했다.

(Ⅲ) 동물

집의 아주머니도 배웅하러 나오셨습니다. 지금까지 마음껏 정원수를 망쳐 놓거나 아주머니의 바지를 찢거나 했는데, '아주머니는 진짜로 마음씨가 좋다.' 하고 생각했습니다.

드디어 자동차가 도착했습니다. 오빠 쪽이 먼저 탔습니다. 네에야가 쇠사슬을 쥐고 태우려고 하는데, 하치코는 무서워하며 자동차 앞에 딱 앉더니 왕왕 하고 짖었습니다. 하는 수 없이 안아서 태워 주었습니다. 차가 움직이기 시작했습니다. 모두 차가 멀어질 때까지 배웅해 주었습니다. 저는 다시 기도했습니다. '아무쪼록 하치코가 건강하고 충성스러운 강아지가 될 수 있기를……' 이제는 학교에서 돌아와 문 앞에서 "하치! 하치!" 하고 불러도, 쇠사슬 소리를 찰랑찰랑 내며 뛰어오는 일은 없습니다. 멸치도 생선 뼈를 주는 일도 없습니다. 어제는 하치코가 자던 돗자리를 네에야와 함께 둘이서 태웠습니다. 돗자리가 점점 타 들어가는 것을 보고 있으니, 가슴이 뭉클해졌습니다.

돼지

전라남도광주북정공립심상소학교(全羅南道光州北町公立尋常小学校)
제4학년 정상섭(鄭尙燮)

며칠 전, 일요일 아침 밥을 먹는데, 아버지가 "상변아, 너, 오늘, 일요일이니까, 아버지 따라 시장에 가자." 하고 말씀하셨다. 나는 의아해하며 "뭐 사러 가는데요?" 하고 여쭈어 보니, "우리 돼지 팔러 가는 거야." 하고 대답하셨다. 그때 어머니가 아버지 얼굴을 올려다보며 "제대로 좀 팔아 와요. 그걸로 화장대 하나도 못 사면 안되니까." 하고 젓가락질을 멈추며 말했다. 아버지는 말없이 밥만 먹고 있었다. 화장대를 산다니 이상한 생각이 들어, "화장대는 뭐하게?" 하고 묻자, 어머니는 심란한 얼굴로 "누나 결혼 날짜 잡았잖아." 하고 대답했다. 아버지는 누구보다 빨리 밥을 먹고 "수복이 데리고 와라." 하고 말하며, 외투를 걸치고 밖으로 나갔다. 나도 밥을 먹고 바로 뒷마당에 있는 돼지우리로 갔다.

 태양은 떠 있지만 상당히 추운 날이었다. 돼지는 짚 속에 머리를 처박고 조그맣게 웅크리고 있었다. 평소 같으면 사람이 오거나 하면 입을 쳐들고 다가오는데, 오늘은 그러지 않는다. 가끔 작은 목소리로 꿀꿀꿀 하고 우는데, 그럴 때마다 옆구리가 풍선처럼 커졌다 작아졌다 했다. 어젯밤 추위에 완전히 기력이 약해졌나 보다. 작은 돌멩이를 하나 주워 옆구리에 던지니, 볏짚으로 덮인 머리 언저리가 부웅 하고 솟아오르며 꾸울 하고 울고는 다시 그대로 웅크리고 만다. 이번에는 좀 더 큰 돌멩이를 던지니, 꾸울~ 하고 크게 소리지르며 펄쩍 뛰었다. 그러고 나서야 작게 꿀꿀꿀 하고 울더니 술렁술렁 내게 다가왔다. 눈알이 조금 빨갛다. 아직 잠이 덜 깼나 보다. 입에는 하얀 숨이 거칠다. 국자로 먹이를 섞어 위에서부터 넣어 주자, 뛰어오던 녀석은 그걸 머리에 뒤집어썼다. 이번에는 아래쪽에서 넣어 주니 앞발을 먹이통에 넣고 긴 입을 처 박으며 국물을 마시거나 생선 대가리를 씹거나 하며 맛있게 먹는다. 나는 속으로 '많이 먹어. 너 오늘 팔려 가.' 하고 말해 주었다. 더 불쌍해 보였다. 그런 생각을 하는 동안, 어느새 바께쓰에 가득하던 먹이를 다 주었다. 가만히 들여다보니 등에 커다랗고 까만 이가 두 마리나 기어다니고 있었다. 갑자기 내 몸도 간지러워지는 것 같아서 뒤로 조금 물러났다.

그때 앞쪽에서 아버지와 수복이의 목소리가 들렸다. "밧줄이라면 저쪽 창고에 있어요." 하는 어머니의 소리도 들렸다. 잠시 후, 수복이가 밧줄을 가지고 돼지우리 쪽으로 왔다. 아버지도 어머니도 함께 따라왔다. 수복이가 우리 안을 들여다보더니 "어어? 혼자서는 안 되겠는데요?" 하고 말하며, 문을 퍽하고 발로 찼다. 밥을 먹고 있던 돼지가 깜짝 놀라 먹이통에서 뛰쳐나오더니 뜨거운 오줌을 싸며 이쪽의 상황을 지켜봤다. 수복이가 가져온 밧줄 하나를 손에 쥐더니 커다란 고리를 만들어 돼지 앞으로 던졌다. 돼지는 깜짝 놀라, 꾸울 하고 크게 소리치며 구석으로 도망갔다. 그러고 나서는 좀처럼 앞쪽으로 나올 생각을 않는다. 수복이는 곤란한 표정으로 그 밧줄을 끌어당겼다. 이번에는 먹이통 근처에서 잡을 속셈으로, 국자로 먹이를 넣으며 "어디, 어디, 어디 보자." 하고 불렀다. 눈도 깜짝하지 않고 지켜보던 돼지는 이제 별일 없다 생각했는지 느릿느릿 먹이통 쪽으로 다가왔다. 돼지가 마침 고리 안으로 앞발을 넣자 수복이가 밧줄을 꽉 잡아당겼다. 돼지는 놀라 뒤쪽으로 뛰어갔는데, 그러자 고리가 돼지의 앞발을 더 조였다. 돼지는 그것을 아는지 모르는지, 구석 쪽에 서서 이쪽을 물끄러미 바라보고 있었다. 수복이는 돼지의 발에 걸린 밧줄 끝을 아버지에게 건네며 "꽉 잡으시고, 제가 들어가서 몰 테니까, 끌어당겨 주세요." 하고 말하며, 울타리를 뛰어넘어 우리 안으로 들어갔다. 그러고는 문을 연 뒤 돼지의 뒤쪽으로 가서 엉덩이를 가볍게 두드리며 "쉬~쉬~" 하며 돼지를 몰았다. 아버지는 밧줄을 문간으로 통과시켜서 잡아당겼다. 돼지는 좀처럼 나오려고 하지 않았다. 수복이가 "세게 당겨 주세요!" 하고 말하고는 손바닥에 침을 뱉고 돼지 엉덩이를 세게 밀었다. 밀려나와 문 옆에 낀 돼지는 더 이상 버틸 수 없다는 듯이 꿱~꿱~ 하고 막대기처럼 길게 소리쳤다. 병원에서 아이가 우는 소리 같았다. 잠시 생각 중이던 수복이는 밀던 것을 멈추고, 이번에는 돼지의 엉덩이를 세게 발로 찼다. 그러니까 돼지가 단번에 후다닥하고 뛰쳐나왔다. 방금까지 괴롭게 소리를 지르던 돼지는 정작 밖으로 나오니 평안한 얼굴로 땅바닥에 코를 비비며 먹이를 찾기 시작했다. 돼지는 정말 먹는 것밖에 모르는 것 같다. 수복이는 재빨리 우리에서 나오더니 아버지에게 "밧줄을 꽉 잡고 있어 주세요." 하고 부탁했다. 그러고는 돼지 뒤로 조용히 두세 걸음 걷는 것 같더니 '에잇' 하며 돼지에게 달려들었다. 양손으로 뒷다리를 하나씩 잡고, 가슴까지 끌어올렸다. 돼지는 물구나무서기 연습을 하는 자세로 있는 힘껏 울어 댔다. 수복이는 또 한 번 힘있게 '에잇' 소리를 내며 이번에는 돼지를 옆으로 눕혔고, 앞다리가 있는 어깨 쪽에 앉은 채로 나를 보고 "줄, 줄."

하고 말했다. 내가 바로 옆에 있던 밧줄을 건네주자, 그걸로 두 뒷다리를 모아 단단히 묶었다. 꼼짝도 못하게 된 돼지는 울려 해도 울지도 못한 채, 주둥이를 땅에 박고 코를 벌름벌름하면서 괴로운 숨을 쉬었다. 그럴 때마다 주위의 모래와 지푸라기가 날렸다. 엉덩이 쪽에서는 김이 모락모락 나는 주먹만 한 똥 세 개가 굴러 나왔다. 뒷다리를 다 묶은 수복이는 자리에서 일어나 "그 밧줄은 다 됐죠?" 하고 말했다. 그러더니 이번에는 돼지의 엉덩이 쪽에 앉아 앞다리를 아까와 같이 묶었다. 그때 돼지가 수복이에게 욕이라도 하는 듯 입을 쳐들고 한참 동안 울부짖었다. 돼지를 다 묶고 일어나던 수복이는 돼지의 입주변을 발로 세게 밟았다. 나는 불쌍해서 '그러지 않아도 되는데.' 하고 생각했다. 돼지가 울음을 멈추고 헐떡이기 시작했다. 크게 뜬 눈에 까만 눈동자가 빛났다. 수복이가 옆에 있던 밧줄을 가지고 이번에는 입에 감았다. 아버지가 "그건 됐어." 하고 말씀하셨지만, 수복이는 "여기를 묶어 놓지 않으면 안돼요." 하고 말하며 멈추지 않았다. 가끔씩 우는 소리가 희미하게 들려온다. 다 묶어 놓은 수복이가 툇마루에 매달린 담배를 피우기 시작했다. 옆으로 누워 있는 돼지를 보니, 나보다 훨씬 커 보였다. 길이는 대충 1미터다. '1년 동안 이렇게 잘도 컸구나.' 하고 생각했다. 조금 뒤, 옷을 갈아입고 나온 아버지가 "가자." 하고 말하자, 수복이가 담뱃대를 돌에 털며 말없이 일어났다. 지게에 돼지를 올릴 때에는 나도 도왔다. 지게를 메고 일어선 수복이가 "생각보다 무겁네요." 하고 말했다. 아버지와 나는 수복이 뒤를 따라갔다.

　시장에서도 돼지를 파는 곳은 꽤 멀리 있었다. 나는 처음 가 보았다. 더 가까이 가니, 큰 돼지 작은 돼지의 울음소리가 시끄럽게 들린다. 시장 안으로 들어갈 때는 문 앞에서 아버지가 문지기에게 5전인가 10전인가를 주었다. 그 후에 물어보니 세금이라고 했다. 시장 안은 7~8아르*나 되는 넓이였는데, 큰 돼지, 작은 돼지, 뚱뚱한 돼지, 마른 돼지, 수컷 돼지, 암컷 돼지로 가득했다. 사람도 가득했다. 돼지 소리와 사람 소리에 머리가 멍해졌다. 수복이는 아버지가 말하는 대로 구석에다 돼지를 내려놓고, 바로 입의 밧줄을 풀어 주었다. 그래도 돼지는 매우 지친 듯, 조금도 큰 소리를 내지 않았다. 나는 혼자서 이쪽저쪽을 둘러봤는데, 큰 돼지들은 모두 우리 돼지처럼 네 발이 묶여 누워 있었다. 내가 바로 그 옆을 지나가니, 놀라서 날뛰는 것들도 있고 우는 것들도 있었다. 새끼 돼지는 발 하나만 묶어 놓아 아장아장 걸었는데, 작은 소리로 앙앙 울고 있는 것이 귀엽기만 했다. 그런데 사려는 사람이 들어 안아 보면 그게, 아주 입이 찢어질 정도로 울부짖는다. 한 바퀴 돌고 오니, 우리 돼지 주변에도 많은 사람이 모여 있었다. 그리고 한복 바지에 순사인지, 관료인지 낡은 제복을 입은 초라한 남자가 아버지와 이야기를 하고 있었다. "서방, 에이~ 그냥 8엔으로 합시다." 하고,

---

* 아르(アール): 미터법의 한 종류. 1아르는 100제곱미터이다. 7,8아르는 212평에서 242평 정도의 넓이를 말한다.

이 남자가 말한다. 꽤 아까부터 이야기가 시작된 모양이다. 아버지는 외투 주머니에 손을 넣고 돼지를 한참을 보더니, 약간 억울한 목소리로 "1엔 더 내고 가져가셔." 하고 말씀하셨다. 그러자, 남자가 곤란한 표정으로 돼지 쪽을 보더니 결심한 듯 "그럽시다." 하고, 지갑을 꺼내어 5엔짜리 한 장, 1엔짜리 넉 장을 세고 아버지에게 내밀었다. 아버지는 "너무 싼 거야." 하고 말하며 받았다. 그 남자가 큰 목소리로 누군가를 불렀다. 어디선가 "예." 하고 대답한다 싶었는데, 바로 지게를 멘 남자가 왔다. 지게에 실을 때 수복이도 도왔는데, 이 사람은 돼지 입을 묶지 않고 올렸다. 돼지가 큰 소리로 울어 댔다. 나는 돼지를 한참을 바라보면서 마음속으로 '돼지야, 잘 가.' 하고 말하는데, 그때 온몸이 저려 왔다. 아버지가 "가자." 하고 말씀하시는데도 듣지 않고 한동안 업혀 가는 돼지를 바라보며 보내 주었다. 다시 "가자." 하는 소리에 돌아보니, 아버지와 수복이는 벌써 10미터나 앞에 가 있었다.

시장 문을 나설 때, 아버지가 수복이에게 10전을 주며 "한잔해라." 하고 말하니, 수복이는 싱글벙글하며 돈을 받아 바로 앞에 있는 술집으로 갔다. 아버지와 나는 그 앞에서 기다렸다. 시장에서는 돼지들이 우는 소리가 요란스럽게 들려왔다. 아직도 우리 돼지의 우는 소리가 귓가에 맴도는 것 같아 견딜 수가 없었다. 내가 아버지에게 "우리 돼지는 이제 저 사람이 키우는 거예요?" 하고 묻자, "너 몰랐구나, 저이는 소나 돼지를 잡아서 고기를 파는 사람이야." 하고 말했다. "그럼 언제 잡는 거예요?" 하고 물으니 "오늘 점심때까지는 고기가 되어 나오겠지?" 하고 말해, 나는 깜짝 놀랐다. "그렇게나 빨리……" 하고 말하자 아버지가 "다 그런 거야." 하고 덧붙였다.

잠시 후 수복이가 나와 강가 길을 지나 다리를 건넜다. 집에 거의 다 와서는 혼자 먼저 집으로 뛰어갔다. 어머니가 방 안에서 "얼마에 팔았어?" 하고 물었다. "9엔." 하고 말하니 "얼마 안 되네." 하고 아쉬운 듯 말했다. 돼지우리에 가보니 문은 뜯어진 채, 대수롭지 않게 어질러져 있었다. 그리고 아까 발을 묶을 때 쌌던 돼지 똥이 생생하게 남아 있었다.

팔려 가는 송아지

주소 불명 제5학년 성백희(成百熙)

팔지, 말지로 논란이 됐던 봉순이네 집 송아지가 오늘 드디어 팔려 가게 되었다. 아침부터 마당 고목에 묶여 있던 송아지가 음메음메 하고, 작은 입을 벌리고 서럽게 울면서 외양간에 있는 어미 소를 부르고 있다. 외양간에 있던 어미 소도 감동을 받았는지 음메~ 하고 대답한다. 봉순이가 남은 조 껍데기나 콩 지게미 등을 가져와 줘 봐도, 송아지는 쳐다보지도 않고 어미 소만 바라보고 있다. 봉순이가 다시 머리를 쓰다듬어 주거나 목을 토닥여 줘도 왠지 모르게 슬퍼했다. 이윽고 송아지를 사러 온 사람들이 담뱃대를 돌에 두드린 뒤 재빨리 주머니에 집어넣고 마당으로 왔다. 그 사람들은 봉순이의 아버지에게 얼마간의 돈을 건넨 뒤 송아지를 전후좌우로 훑어보았다. 그러고는 만족스러운 얼굴로 미소를 지으며 바로 송아지를 데려가려 했다. 송아지는 잔허리를 펴고 온몸에 힘을 주며 굳게 딛고 서서, 전보다 더 슬픈 목소리로 주인을 보고 음메, 음메 하고 울었다. 주인에게 도와달라고 하는 것일 게다. 송아지를 산 사람이 채찍을 들고 어린 송아지의 등을 무정하게 후려쳤다. "엄마, 엄마, 불쌍하잖아요, 그냥 팔지 맙시다." 봉순이가 눈물을 흘리며 자기 어머니에게 말했다. 그쪽에 서 있던 나도 왠지 모르게 슬퍼졌다. 매정한 회초리, 다시 세 번의 회초리질, 아픔을 참을 수 없다는 듯이 한 걸음 두 걸음 힘없이 끌려가는 송아지, 부모를 떠나는 송아지. 귀여운 송아지는 저물어 가는 석양과 함께 고개를 넘었다. 모습은 보이지 않았지만, 애석하게 부모를 부르는 그 가련한 울음소리는 건넌 마을 닭 우는 소리와 함께 그치지 않고 희미하게 계속 들려왔다.

고양이

경성사범학교부속제1소학교(京城師範学校付属第一小学校)
제6학년 사루키 타카토(申木高人)

갑자기 2층에서 이상한 소리가 났다. 그러자 옆에 있던 고양이 촌이 귀를 쫑긋 세우고 쏜살같이 2층으로 뛰어올라갔다. 이상하다 생각이 들어 옥상에 올라가 보니, 이게 무슨 일인지, 올해 촌이 낳은 세 마리 새끼 고양이들이 장난치며 노는 곳에 도둑고양이가 달려들려 하고 있었다. 고양이 촌은 자기 새끼의 위험한 장면을 보기가 무섭게 맹렬히 도둑고양이에게 달려들었다. 순간적으로 도둑고양이도 기가 죽었지만, 아무리 그렇다 하더라도 촌보다 몸집이 세 배나 큰 대형 고양이다. 그 고양이가 촌의 빈틈을 보고는 새끼 고양이에게 달려들려 했다. 촌은 그걸 필사적으로 막으려고 몸을 부풀렸고, 그 눈은 충혈되어 있었다. 언제나 장난치러 오던 촌의 모습이라고는 상상이 되지 않았다. 새끼 고양이들은 뒤에서 야옹, 야옹, 야옹 하며 비통한 소리를 냈다. '좋아, 저 새끼 고양이를 구하자.' 하고, 저절로 나도 새끼 고양이들을 감쌌다. 그러자 귀야앙!!! 하고 무어라 말할 수 없는 섬뜩한 소리를 내며 도둑고양이가 나에게 달려들었다. 앗! 하고 나도 모르게 소리를 내며 피했다. 그리고 도둑고양이가 새끼 고양이를 물러 다가갔다. 양. 양. 야옹. 귀야양. 도둑고양이는 결국 새끼 고양이를 물어 버렸다. 촌도 필사적이었다. 나도 정신없이 옆에 있던 자를 쥐어 들고 도둑고양이를 쳤다. 눈 깜짝할 사이, 도둑고양이는 두 마리의 새끼 고양이를 물고 도망갔다. 캬~앙!!! 촌은 무섭게 울부짖으며 도둑고양이를 쫓았다. 그러나 바로 돌아와서 터벅터벅 2층으로 올라왔다. 그리고 남은 새끼 고양이의 상처를 날름날름 핥아 주었다. 그 눈에는 눈물이 멈추지 않고 흐르고 있었다. 자기 어깨에도 여러 군데 피가 나고 있었다. 나는 눈시

울이 붉어졌다. 잠시 후 새끼 고양이가 연약한 목소리로 니야옹 하고 울었다. 촌도 거기에 대답하여 니야~옹 하고 비통한 소리를 냈다. 이것이 아마 부모와 자식의 마지막 대화였을 것이다. 잠시 후 새끼 고양이의 숨이 완전히 끊어지고 말았다. 촌은 눈물을 흘리며 그걸 입에 물고 방에서 정원 구석까지 돌아다녔다. 부엌까지 왔을 때 촌이 갑자기 새끼 고양이를 먹어 버렸다. 너무 어이가 없던 나는 화가 나서 "뭐 하는 거야!" 하고 소리쳤지만, 촌은 푹 주저앉아 자신의 상처를 핥기 시작했다. 그 눈에서는 아직도 눈물이 흐르고 있었다. 그때 그런 생각이 들었다. 죽은 새끼를 입에 물고 정원 구석까지 돌아다닌 것은 분명히 지금까지 같이 즐겁게 지내던 장소를 보여 주기 위해서인 것 같았다. 그리고 귀여운 새끼를 먹어서 자기 배 속에 넣은 것은 다시 낳아 주겠다는 고양이의 마음이 틀림없다고 생각했다. 묘하게 뜨거운 것이 가슴속에서 치밀어 와, 나도 모르게 눈을 감쌌다. 그리고 고양이의 모심에 깊이 감동하여 머리가 절로 숙여졌다.

제2회 조선총독상 글짓기 경연대회

학무국장상 제7석

새끼 고양이

경성사범학교부속제1소학교(京城師範学校付属第一小学校)
제4학년 카네코 세츠조(金子節三)

  저녁 식사를 마치고 소학생 신문을 읽고 있는데, 아버지께서 현관에서 부르셔서 가 보았다. 창고에는 12센티미터 정도 되는 새끼 고양이가 씹기에는 너무 딱딱한 비스킷을 열심히 핥아 먹고 있었다. 털은 쥐색이고 옆쪽은 옅은 검은색으로 얼룩이 있었다. 밖에서 아버지를 따라 집으로 들어왔다고 한다. "목줄도 없고 몸은 젖어서 떨고 있었어. 버려진 모양이야." 하고 말씀하셨다. 불쌍한 생각이 들었다. 누나가 나와서 "키워도 될 거야." 하며, 고양이의 발을 씻겨 주고 부엌에서 생선이 든 국을 가져와 밥을 말아 주자, 우걱우걱 잘 먹었다. 9월 초라서 거실의 코타츠 화로에는 골판지를 깔고 격자로 만든 나무 뚜껑을 덮어 놓았었다. 새끼 고양이는 그 좁은 격자 나무 속을 지나다니며, 밑에 깔린 골판지 위에서 잠을 잤다. 누나가 헌 천을 깔고, 잠자리를 만들어 주었다. 나는 인간이라면 서너 살 정도일 것이라고 생각했다.

  다음 날 아침, 일어나서 역시나 새끼 고양이가 궁금해서 부엌으로 가 보니, 벌써 고양이는 어머니가 준비해 준 밥을 먹고 있었다. 동그란 눈으로 나를 쳐다보았다. 그러고는 바로 다시 먹기 시작했다. 학교에서 돌아오니, 고양이가 실 끝에 종이를 매단 것을 가지고 장난을 치며 놀고 있었다. 누나는 고양이를 안아 주거나, 목에 빨간 리본을 매달아 주거나 했다. 내가 공부를 하고 있으면, 책상 밑에서 갑자기 무릎 위로 올라오거나 또는 뒤에서 다가와 내 발가락을 가지고 장난을 쳐서 깜짝 놀라게 했다. 어느 날 아침에는 아버지가 주무실 때 고양이가 거기로 조용히 들어갔다. 재미있다고 보고 있는데, 아버지께서 "이 자식, 뭔가 했네." 하시며 목덜미를 잡아서 1미터나 멀리 집어던졌다. 새끼 고양이는 몸을 움츠리며 살금살금 도망갔다. 아버지가 "저 자식, 벙어리네." 하고 말씀하셨다. 정말 그러고 보니, 나도 우는 것을 들어 보지 못했다. 어머니가 "먹을 거 달라고 조를 때, 야옹야옹 하고 울어." 하고 말씀하셨다. 고양이는 어머니를 가장 잘 따르며 오비를 묶을 때에는 그 끝을 가지고 장난을 친다. "앉아." 하면 바로 무릎 위로 올라온다. 가게에서 일하는 박상이 손에 올려 높이 들어올렸을 때는 무서워하며 니를 보고 야옹 하고 울었다. 내가 다시 테이블 위에 올려놓자 그 모퉁이로 가서 아래를 쳐다보고는 위험하다 생각했는지 아버지를 보고 야옹 하고 울었다. 그때부터 이름을 '야옹이'로 하기로 했다. 야옹이는 점점 모두와 친숙해졌지만, 박상에게는 한 번을 가지 않았다. 박상이 고양이에게 봉지를 씌우거나 크래프트지로 싸거나 했기 때문이다. 삼사일이 지나, 아버지께서 "야옹이가 꽃병을 넘어뜨리고, 사시미를 먹고,

욕조를 더럽히고 하니까 버려야겠어." 하고 말씀하셨다. 나는 누나가 오는 것을 기다렸다가 그 이야기를 해 주었다. 누나는 "동물 새끼야. 모르는 거 당연하잖아. 계속 가르칠 거야." 하고 말하며, 인간의 새끼처럼 두 발을 잡고 변소로 데려가서는 "이제 알았지?" 하고 말했다. 아버지가 "고양이는 상자에 모래를 넣어서 보게 하는 거야." 하고 말씀하셨다. 야옹이는 단번에 터득했다. 내가 식구 중에 제일 먼저 잠자리에 드는데, 어느새인가 야옹이가 방으로 들어와서 깜짝 놀랐다. 내가 때리니 귀를 늘어뜨리고 한쪽 발을 들고 막다가 도망을 쳤다. 그리고 방의 구석에서 야광시계처럼 파란 눈을 반짝였다. 그러면 기분이 나빠서 잠을 잘 수가 없다. 그래서 박상이 방석을 깐 상자에 고양이를 집어넣고, 모래 상자도 같이 옆에 놓아 주었다.

  다음 날 아침, 야옹이가 없다. 모두 걱정이 되어 "야옹아! 야옹아!" 하며 샅샅이 찾아봤지만, 어디에도 없었다. 저녁때, 이웃집 사람이 새끼 고양이의 목덜미를 잡고 가는 것을 어머니가 발견하셨다. 그게 야옹이여서 데리고 왔다. 조금 뒤면 강가에 버려질 참이었다. 하수도 배수관에라도 들어갔었는지 아주 더러웠다. 누나가 물로 씻기고 양지에서 말려주는데, 고양이가 몸을 떨었다. 그날 밤부터 가게의 정원에 고양이 집을 두었다. 이삼일 후 아침, 야옹이가 정원의 나무 사이에서 놀고 있었다. 고양이 집 밑에 빠져나올 구멍이 있는 모양이었다. 그때부터는 정원에 먹을 것을 두었다. 야옹이는 점심 밥을 먹고 나서 종종 주변을 살피며 햇볕이 잘 드는 마루로 올라와, 네 발을 뻗고 기분 좋게 잠을 갔다. 고양이는 없지만 개를 네 마리나 키우는 할머니가 어머니와 이야기를 하고 있는데, 야옹이가 야옹 하고 울며 무릎 위로 올라왔다. 할머니는 안아 올려서 볼에 비벼 주었다. 야옹이는 할머니 입을 핥으며 하얀 콧수염을 문질렀다. 잘 보니, 배에 작은 젖꼭지가 여섯 개나 있는 여자 고양이었다. 고양이는 한 번에 대여섯 마리의 새끼를 낳아서 젖도 많다고 한다. 골판지를 1미터 정도 길게 말아서 고양이를 안에 넣고 입구 쪽에서 손가락을 움직이니 고양이가 달려왔다. 이번에는 다른 쪽 입구에 손가락을 넣어 주니 바스락바스락 통 안을 통과해서 손을 내밀었다. 처음 입구에서 다시 해 보니 더 빨리 온다. 야옹이가 강아지라면 군용견으로 키울 수 있었겠다고 생각했다. 붉은 어깨띠를 어깨에 걸쳐 주자 띠가 발에 걸려 넘어졌다. 다시 꼭 묶은 다음 작은 일장기를 꽂고, '너의 등에 일장기를'* 이라는 노래를 누나와 함께 불렀다. 야옹이는 두리번두리번하며 걸어갔다.

　10월이 되자 야옹이의 몸이 20센티미터쯤 되었다. 2층의 누나 방에 올라가기도 하고 민첩해져 나무를 타기도 했다. 털도 길어지며 윤기가 났고, 검은 털은 더 어두워졌다. 또 통통하게 살이 쪄서 좁은 곳은 들어가지 못했다. 날카로운

---

* 너의 등에 일장기를: 1939년에 발표된 군가 「애마진군가(愛馬進軍歌)」의 마지막 소절의 가사이다. 혹한 상황 속에서도 죽을 각오로 말에 의지하며 싸운다는 내용이다. 영화 『수업료』에서 가난한 주인공이 친척 집으로 향하는 도중 산길에서 혼자 부르던 곡이기도 하다.

이빨이 네다섯 개 났고, 가끔 내 손가락을 물지만 세게 물지는 않았다. 그래도 박상은 손톱으로 할퀴어서 손에 피가 나게 한 적도 있었다. 어느 날, 야옹, 야옹 하는 큰 울음소리가 정원에 들렸다. 유리창으로 내다보니 더러운 하얀 고양이가 등을 세워 야옹이를 노려보고 있었다. 문을 열고 야옹이를 집에 들였다. 하얀 고양이는 야옹이가 먹다 남은 것을 먹으며 나를 계속 쳐다보았다. 이삼일이 지나자 하얀 고양이와 야옹이는 친구가 되었다. 정원 바위 사이에서 술래잡기를 하거나 서로 달려들기도 했다. 야옹이 입맛은 고급이 되어, 멸치나 누룽지 같은 건 먹지 않는다. 그러면 하얀 고양이가 깨끗이 먹어 치운다. 또 하얀 고양이는 점점 뻔뻔해져서 야옹이를 따라 거실까지 더러운 발로 올라오게 되었다. 인간이라면 야옹이는 일고여덟 살, 하얀 고양이는 열두 살에서 열세 살 정도일 것이다. 야옹이는 추운 것을 싫어해서 온돌 부뚜막 옆으로 고양이 집을 옮겨 주니 아주 좋아했다. 그런데 어느새 하얀 고양이가 그곳도 점령하여 야옹이는 장작 밑에서 떨고 있었다. 박상과 함께 하얀 고양이를 혼내주려고, 야옹이의 먹이도 집도 집안으로 들여놓았다. 그 후로 하얀 고양이는 오지 않았다. '추운 날, 어디로 간 걸까?'

　어느 날, 아버지께서 "쥐 잡게 할 테니까 구경하러 오너라." 하고 말씀하셨다. 작은 온돌방에 가 보니, 아버지는 문을 잠그고 서랍 안의 물건을 빼놓고 계셨다. 누나와 내가 높은 문지방에 앉아 "야옹아, 힘내." 하고 응원해 주었다. 상자에서 새끼 쥐들이 뛰어나와 책 상자 뒤에 숨었지만 야옹이는 우리 쪽만 바라볼 뿐이었다. 아버지가 야옹이를 쫓으며 가르쳐서, 결국 잡게 했다. 잡은 쥐를 기뻐하며 가지고 놀다가, 어두운 곳으로 가서 말끔히 먹어 치웠다. 그러고 나서도 네다섯 마리나 더 잡았다. 요즘에는 천장에서 소리가 나면 귀를 쫑긋 세워, 살금살금 가다가 동그란 눈을 빛내며 찻장 같은 곳으로 올라간다. 더 이상 쥐를 먹으려 하지 않는다. 우리가 저녁 식사를 할 때 생선 머리 같은 것을 달라고 해서 구석에 가서 먹는다. 밤에는 코타츠 위에서 잠을 잔다. 그리고 벌써 야옹이는 35센티미터 정도나 되었다. 인간이라면 열다섯이나 열여섯 살 정도일 것이다. 동물을 키우는 것도 재미있는 것 같다. 강아지 한 마리가 갖고 싶어졌다.

(Ⅳ) 놀이

 이 책에 등장하는 어린이들은 모두 학교에 다니는 학생들이다. 당시 조선에서는 어린이라는 존재를 만 16세 미만 혹은 소학교 교육 과정을 마칠 때까지의 연령으로 정해 두었는데, 실제로 어린이들은 학생으로 존재해야만 여러 혜택을 누릴 수 있었다. 오직 어린이들을 위해 만들어진 공간은 학교뿐이었기 때문이다. 어린이들을 위한 시스템이 마련된 곳, 연령에 맞춘 학년별 교과 과정이 있는 곳, 놀이 시간은 물론 소풍, 운동회, 학예회 등 각종 행사가 기획되어 있는 곳이 바로 학교였다. 물론 조선인 어린이들이 자주적인 교육 제도 안에서 무상교육을 받았다면 더할 나위가 없었겠지만, 그러지 못했음에도 작품 속 아이들은 학교에서 대부분의 시간을 보내고, 학교 밖으로 나와서도 그곳에서 배운 것들을 활용하면서 각자의 시간을 보낸다.
 한국민족문화대백과는 놀이를 다음과 같이 정의한다. "인간이 재미를 얻고 스트레스를 풀기 위해 물질적 보상 또는 대가를 바라지 않고 하는 활동이다. 이는 외부의 강제에 의한 행위가 아니라는 점에서 노동이나 일과 구별된다. 놀이의 핵심은 즐거움이다." 그에 따라 놀이와 일상을 이렇게 나누어 보자. '놀이'는 어린이들이 교과 수업 시간 밖에서 겪은 즐거운 일이고, 그와 달리 '일상'은 즐겁지만은 않은 (때로는 괴로운) 일이라고 말이다. 그렇게 보면 놀이가 얼마나 중요한 일인지 알 수 있다. 어린이들은 놀이하는 시간을 늘림으로써 일종의 정신적 미개척지인 '일상'에 더 많은 즐거움을 심을 수 있기 때문이다.

당시 어린이들은 무엇을 하며 놀았을까? 무엇에 즐거워했을까? 우선은 그와 비슷한 것, 즉 어른들에게 즐거움을 제공하는 '취미' 행위를 살펴보자. 근대에 와서 취미는 인간의 감흥을 야기하는 거의 모든 활동을 포괄한다. 글쓰기, 독서, 외국어 공부, 그림 그리기, 도예, 각종 스포츠 등등. 영화, 연극, 가극, 사진, 음악회, 미술관, 동물원, 도서관, 카페, 댄스홀, 공원, 해수욕, 뱃놀이, 온천, 등산, 낚시, 기차 여행, 드라이브 등등.

이 취미라는 개념은 어린이라는 개념과 마찬가지로 근대 서구 문화의 유입을 통해 학습된 것이었다. 따라서 당시 대중문화는 자연히 근대적 공간과 도시 문화를 기반으로 형성되었다. 식민지 조선은 1910년대만 해도 일본을 통해 유입되는 서구 문물을 받아들이는 데 급급했지만, 1920년대에는 그렇게 수입한 문화와 사물들이 도시를 중심으로 자리잡기 시작한다. 그러다 1930년대에 이르면 근대화한 도시 문물과 근대적 소비 문화가 그 바깥 권역까지 확산되면서 대중문화의 황금기가 찾아온다.

특히 1920년대에 일본인 거주 지역을 중심으로 서구화

된 근대 건축물들이 자리를 잡으면서 은행, 관공서, 우체국 등의 근대 행정 기관과 백화점, 양복점, 카페, 레스토랑 같은 소비 공간이 형성된다. 그러자 조선인들도 이 새로운 도시 풍경을 향유하며 '모던 걸, 모던 보이'라는 하나의 소비 주체로서 근대 문화를 자연스럽게 체득한다. 이 시기, 조선인의 거주 지역인 종로에도 근대 상업 시설이 급격히 늘어나는데, 1930년대에 이르면 이런 조선인 상업 지역은 조선으로 진출한 일본의 본토 자본에 흡수, 통합된다.

1930년대에 일본 기업이 조선으로 진출하게 된 가장 큰 계기는 1931년 4월에 일본에서 시행된 '중요 산업의 통제에 관한 법률'이었다. 1920년대 세계 대공황으로 뿌리부터 흔들리기 시작한 일본의 자본주의는 위기를 타개하기 위해 안으로는 독점 체제를 강화하고, 밖으로는 침략 전쟁을 통해 더 많은 지역을 자신의 (독점적) 자본 축적 구조 안에 집어넣으려 했다. 이때 발표된 것이 '중요 산업 통제법'이다. 일본 정부는 주요 물품의 과잉 생산, 과잉 판매, 경쟁 등으로 일본의 제조업 전체가 몰락하는 것을 막고자 이 법안을 통해 기업의 생산 및 판매에 개입하여 상품의 수량과 가격을 직접 통제했다. 또한 군수 지출을 늘려 인플레를 일으키고 만주를 엔화 경제권으로 포섭해 불황을 극복하고자 했다. 1931년 만주 침략으로 그 돌파구를 찾은 일본은 일본―조선―만주를 잇는 자급적 경제 체제를 구상하기에 이르렀다. 일본을 정공업(精工業) 지대, 조선을 조공업(粗工業) 지대, 만주를 농업 및 원재료 지대로 꾸림으로써 각 지역의 특성을 살리고 거기서 나오는 이익을 최대화할 수 있다고 생각했던 것이다. 그에 따라 일본 정부는 정책 지원을 통해 자국의 조공업 계열 기업들이 조선으로 진출하도록 적극적으로 유도했다. 게다가 조선에서는 중요 산업 통제법이 시행되지 않았기에 보다 자유로운 기업 활동이 가능했다. 이 점에 매력을 느낀 일본 기업들이 조선에 적극적으로 진출하기 시작한 것이다.

이에 따라 수도권을 필두로 조선 내 공업 노동자가 늘어나면서 그들을 겨냥한 각종 취미 매체가 쏟아지기 시작한다. 1927년부터 조선에 진출하기 시작했던 콜롬비아, 빅터, 포리돌 등 일본 레코드 회사들은 태평, 오케이 등 조선 내 레코드 회사와 함께 음악 및 극 레코드를 홍수같이 쏟아 놓았다. 1926년에 도쿄, 오사카, 나고야에 이어 네 번째로 개국한 경성방송국은 1926년부터 조선어를 도입했고, 1933년부터는 일본어와 조선어 채널을 분리해 조선어 전용 채널이 탄생했다. 이어 1935년부터는 지방 방송국이 개국해 전국적으로 조선어 방송 청취가 가능해졌다. 음악, 코미디, 방송극, 영화 해설 등의 프로그램이 대중적으로 인기를 끌었고, 그에 따라 라디오 보급률도 점점 늘어났다. 처음 라디오 방송을 시작할 때에는 949대에 불과했던 라디오 수신기가 1933년에는 6401대까지 늘어난 것이다. 특히 카페, 레스토랑, 여관, 상점 등 다중 이용 시설에 보급된 덕분에 라디오는 조선인 대다수가 쉽게 접할 수 있는 대중매체로 자리 잡았다. 한편 흥행업 가운데 가장 인기가 좋았던 영화 역시 1930년대를 기점으로 환경 변화에 직면했다. 일본 영화사들이 적극적으로 조선에 진출하면서 대형 영화관이 생기기 시작했고, 이후 조선인들도 그 고급스러운 환경을 함께 누리게 되었던 것이다.

1910년 즈음의 일본 식민기구는 일본인의 이주와 정착, 건전한 풍기 향상을 돕기 위해 '경성의 취미화'를 외쳐 왔다. 다시 말해 당시 경성은 제도적 차원의 지원이 필요할 만큼 근대 문화 인프라가 부족했던 것이다. 하지만 1930년 즈음이 되면 경성은 이제 정말로 '내지(일본)와 별다르지 않은', '별천지' 같은 근대적 대도시의 면모를 자랑하며 사람들을 불러들였다. 1930년대 전후로는 경성 유람 버스도 등장했는데, 이 버스의 코스는 다음과 같다. 경성역 — 남대문 — 조선 신궁 — 경성 신사 — 장충단 — 박문사 — 동대문 — 경학원(구 성균관) — 창경원 — 파고다 공원 — 총독부 — 총독부 박물관 — 덕수궁. 식민 통치를 상징하는 장소들과 조선의 전통 건축물들을 고루 살필 수 있는 이 코스는 경성 도시 관광의 표준으로 자리 잡았다.

그러면 근대 대도시 경성에서 어린이들이 좋아할 만한 곳은 어디였을까? 아이들을 위한 경성 유람 코스가 있었다면 아마도 다음과 같은 곳들을 방문했을 것이다. 마치 별세계와 같은 곳들.

미츠코시 백화점
1930년 10월 개관

현 신세계백화점 본점 더 리저브

시설: 지하1층, 지상 4층(대지 739평, 연건평 2300평), 엘리베이터

그 외에도 조지아(丁子屋)*, 미나카이(三中井)**, 히라다(平田)***, 화신(和信)**** 등 여러 백화점이 있었다.

창경원 동·식물원
1909년 개관
현 창경궁

---

* 조지아(丁子屋): 1867년 일본 미에현 쓰시(三重県津市)에서 작은 양품점을 차린 코바야시 겐로쿠(小林源六)가 1904년 부산에 양복점을 개점한 것이 시초이다. 같은 해에 경성 지점을 개점했고, 일제 통감부 관리나 경찰관의 제복을 납품하면서 정착했다. 1921년 주식회사를 설립하여 메이지 거리라 불리던 명치정에 본점(현 서울 중구 소공동 롯데백화점 본점 영프라자)을 두었다. 이 건물은 1929년에 증축을 시작하여 1939년에는 2,200평 면적의 백화점으로 탈바꿈했다. 당시 미츠코시 백화점의 주 고객이 일본인이었던 반면, 조지아는 조선인 점원을 대거 고용하며 조선인을 주 고객으로 삼았다. 1935년에는 만주점까지 오픈했다.

** 미나카이(三中井): 간사이 상인 출신 가문 나카에 카츠지로(中江勝次郎)가 사가현에서 창업한 미나카이 오복점이 시작이다. 러일 전쟁 이후 부산에 건너왔다가 경쟁을 피해 대구에 미나카이 상점을 오픈했다. 1911년 경성으로 본거지를 이전, 1933년에는 808평 부지에 지하 1층 지상 6층짜리 본점(현 서울특별시 중구 충무로1가 호텔스파이파크 명동 1호점)을 세웠다. 패전하기 전까지 조선과 만주, 중국, 일본을 아우르는 거대 백화점 체인으로 성장했다.

*** 히라다(平田): 창업주 히라타 치에토(平田智恵人)가 1908년 조선으로 넘어와 차린 잡화점과 가구점에서 출발한 곳이다. 점포를 계속 확장하다가 1926년에 2층 목조 건물로 개조했다. 현 서울특별시 중구 충무로1가 고려대 연각타워 자리.

**** 화신 백화점(和信百貨店): 1937년 종로에 조선인 자본으로 세워진 백화점이다. 신태화가 설립한 화신상화를 모태로 하는 상업 공간으로, 자본가 박흥식이 이를 인수했다가 1935년에 화재를 겪은 뒤 새 위치(현 서울 종로구 공평동 종로타워)에 재건축했다. 지하 1층 지상 6층 규모의 새 건물은 당시 경성에서 가장 높은 건물이었으며, 조선인 거리인 종로에서 가장 화려한 건물로도 꼽혔다.

입장료: 어른 10전, 어린이 5전, 군인 5전

― 동물원

규모: 1,200평

시설: 동물 온실, 동물사, 수금방양소(큰물새장)

총 동물 수: 172종 585마리(1940년 기준)

- 포유류(62종 171마리)

  캥거루과: 1종 2마리, 원숭이과: 18종 48마리, 쥐과: 4종 20마리, 육식동물: 24종 53마리, 토끼과: 1종 3마리, 코끼리과: 1종 2마리, 말과: 3종 10마리, 소과: 10종 33마리

- 조류(106종 403마리)

  타조과: 3종 6마리, 펠리컨류: 1종 2마리, 황새류: 3종 3마리, 기러기과: 19종 135마리, 매과: 10종 18마리, 닭과: 17종 77마리, 두루미과: 12종 43마리, 올빼미과: 3종 5마리, 딱다구리과: 2종 3마리, 앵무새과: 10종 27마리, 참새과: 26종 84마리

- 파충류(4종 11마리)

  거북이과: 1종 6마리, 악어과: 2종 4마리, 뱀과: 1종 1마리

― 식물원

규모: 20,060평

열대식물: 407종, 난과식물: 343종, 다육식물: 139종, 온실화훼: 78종, 화단화초: 50종, 산야초: 405종, 정원

수: 88종, 과수류 외: 4종

1940년 창경원 안내 리플릿 「창경원 12경」

1월은 춘당지 스케이팅, 2월은 식물원 대온실, 3월은 배양실 내부, 4월은 벚꽃 터널, 5월은 명정전 앞 모란꽃, 6월은 통화전 앞 꽃창포, 7월은 큰물새장, 8월은 춘당지의 수련, 9월은 온실 안의 하마, 10월은 어린이 승마, 11월은 물가의 단풍, 12월은 수정 앞의 설경.

이왕가(李王家)박물관

1909년 창경궁에 개관, 1933년 덕수궁으로 이전, 1938년 덕수궁에 고미술품 따로 전시.

현 국립현대미술관 덕수궁관

2층 중앙홀: 조선 전래 불상 및 청동 종

2층 제1실: 조선 시대에 출토한 신라 및 고려 시대 도자기

2층 제2실: 고려 시대 도자기

2층 제3실: 고려 시대 도자기 및 지나(중국) 제작 도자기

2층 제4실: 조선 시대 도자기

3층 중앙실: 삼국, 신라, 고려 시대 기와

3층 제5실: 신라, 고려 시대 공예품

3층 제6실: 조선 회화

3층 제7실: 삼국, 신라, 고려 시대 불상

3층 제8실: 임시 특별 진열실

그 외에 조선총독부 박물관, 은사 과학 기념관 등이 있었다.

경성운동장(그라운드)
1925년 설립
현 동대문디자인플라자
규모: 22,700평
수용 인원: 25,800명
시설: 육상 경기장(8500평), 야구장(5500평), 정구장(1200평), 수상 경기장(600평), 마장(550평), 식수자생지 도로(6350평)

그 외 용산철도운동장(그라운드) 등 여러 운동장이 있었다.

경성부립도서관
1922년 개관(구 한성병원), 1927년 이전(구 대관정)
매월 10일 휴관
운영시간: 오전 9시~오후 10시(4월~10월), 오전 10시~오후 9시(11월~3월)
입장료: 12세 이하 2전(1937년부터 신문 열람료 폐지)
시설: 본관(사회관) - 1층 일반 및 어린이 열람실, 2층 일반 및 부인 열람실, 3층 사회관

그 외 옥상 정원 및 별관(구 대관정). 비슷한 곳으로 조선총독부 도서관, 철도도서관, 경성부립도서관(종로분관) 등

이 있었다.

뚝섬유원지

1933년부터 경성궤도주식회사에서 조성 시작

현 한강 뚝섬 공원

규모: 1만여 평.

시설: 어린이 수영장, 낚시못, 분수탑, 각종 운동 기구, 정원, 운동장, 식당 등

입장료: 5전(동대문 및 왕십리부터 유원지까지 왕복 승차권 소지자는 무료 입장)

경성부민관

1935년 설립

현 서울시의회 본관

시설: 대강당(1800석), 중강당(400석), 소강당(160석)

1936년부터 경성 학우 영화회를 통해 초·중등 어린이에게 단체 영화 상영 시작. 화신 백화점 6층 그랜드홀에서도 어린이용 영화를 상영했다.

총독상 글짓기 경연대회에서 선발된 작품 중에도 이러한 근대 도시 문화를 향유하는 내용을 담은 것들이 있다. 대개는 일본인 어린이들인데, 만약 조선인이 있다면 지배층 관료의 자제들일 것이다. 하늘에서 내리는 눈이 최고의 장

난감이 되고, 그 눈에 둘러싸인 마을이 최고의 유원지가 되는 보통의 조선인 어린이들은 이런 도시 문화를 거의 떠올리지도 못했을 것이다. 하지만 어린이들은 자신이 어느 지역에 살건, 어떤 계급에 속하건 즐거운 일상을 보낼 수 있는 신비한 존재들이다. 이 장에서 소개하는 글들에서 아이들의 그러한 능력을 느낄 수 있다.

제1회 조선총독상 글짓기 경연대회

눈이 내린 아침

충청북도영동제2공립심상고등소학교(忠淸北道永同第二公立尋常高等小学校)
제2학년 이규인(李揆寅)

　오늘 아침 일어나 보니, 하얀 눈이 많이 내리고 있었습니다. 자를 가지고 재어 보니, 6센티미터 정도나 되었습니다. 저는 노래를 부르며 괭이와 빗자루로 눈을 모았습니다. 점점 눈이 산처럼 되었습니다. 이번에는 공처럼 작은 원을 만들어 눈 위에 굴리니 점점 커지며 큰 원이 되었습니다. 기뻐서 어쩔 줄을 몰랐습니다. 나뭇조각을 몸 가운데에 줄지어 찔러 놓고 단추를 만들었습니다. 몸과 머리는 다 되었는데, 눈과 코와 입이 없습니다. '지금까지 열심히 만들었는데, 얼굴을 만들지 않으니, 눈사람 같지가 않네?' 하고 여러 방면으로 생각해 보았습니다 그리고 좋은 것을 생각해 내었습니다. 저는 아궁이에서 나무가 타서 까맣게 된 것을 가지고 와서, 동그란 것으로는 눈을, 긴 것으로는 코와 입을 만들었습니다. 그리고 눈이 내려 추우니까, 모자를 만들자고 생각했습니다. 뒷마당으로 가서 네모난 나무판과 동그란 땔감을 가지고 왔습니다. 네모난 판 위에 동그란 것을 올려 머리 위에 놓으니 정말로 모자가 되었습니다. 너무 즐거웠습니다. 멀리서 보니까 진짜 사람 같았습니다. 저는 눈사람 주변을 둥글게 돌아 보기도 하고, 발로 차 보기도 하고, 손가락으로 제 이름을 써 보기도 했습니다. 가족들도 잘했다고 칭찬해 주었습니다.

축음기

전라남도여수동정공립심상고등소학교(全羅南道麗水東町公立尋常高等小学校)
제2학년 사와나베 쵸우코(澤邊蝶子)

저희 집에는 축음기가 있었습니다. 그런데 저희가 여기로 올 때 내지에 두고 왔습니다. 바아야*가 죽고 쓸쓸해져서, 저는 할머니에게 축음기를 보내 달라고 편지를 보냈습니다. 좀처럼 도착하지 않아서 다시 편지를 보내니, 이번에는 꼭 보내 주겠다고 편지가 왔습니다. 축음기는 그로부터 2주 정도 지나서 도착했습니다. 도착하던 순간에는 제가 놀러 나가 있었습니다. 돌아와 보니 축음기가 와 있었고, 너무 기뻐서 참을 수가 없었습니다. 제가 아버지에게 "틀어도 돼?"하고 물으니, "조금 고장 난 것 같으니, 고친 다음에 틀도록 해!"하고 말씀하셨습니다. 틀고 싶어 참을 수가 없어서 "틀고 싶은데?"하고 말했습니다. 축음기와 함께 어머니의 꽃꽂이 도구도 같이 왔습니다. 그날 아버지는 축음기를

---

* 바아야(ばあや): 일본에서 나이 많은 가정부를 친근하게 부르던 말이다. 일본어로 할머니인 오바아상을 줄인 말이고, 나이 어린 가정부를 뜻하는 '네에야'도 언니라는 뜻을 가진 일본어 오네에상의 줄인 말이다. 네에야와 바아야는 조선인이 아닌 일본인 가정부를 말한다.

고쳐 와서 밥을 먹을 때 틀어 주셨습니다. 제가 좋아하는 하카타 인형*도 왔습니다. 저는 외로울 때면 항상 축음기를 틉니다. 어머니가 꽃꽂이를 배우러 가실 때는 언제나 축음기를 틉니다. 아버지도 학교에서 돌아오시면 종종 틉니다. 일요일에 비가 내리면 놀러 나가지 못하니까, 축음기를 틉니다. 어머니도 제가 학교에 가서 외로울 때 축음기를 틀겠지요?

나의 프랑스 인형

전라북도정읍공립심상고등소학교(全羅北道井邑公立尋常高等小学校)
제3학년 사토우 요오코(佐藤陽子)

사랑스럽고 사랑스러운 저의 프랑스 인형은 초록색 옷을 입고, 손에는 튤립을 들고 있으며, 언제나 생긋생긋 웃고 있습니다. 올해 내지에 갔을 때, 할머니께서 주신 용돈으로 돌아오기 전 시모노세키의 산요 백화점**에 들러, 많은 인형들 가운데 고른 인형입니다. 머리카락은 갈색이고 하얀 양말에 빨간 구두를 신었습니다. 길이는 50센티미터 정도입

---

* 하카타 인형(博多人形): 일본 후쿠오카현 후쿠오카시 하카타 교외에서 생산된 전통 공예품으로, 점토 채색 인형이다. 1600년 무렵부터 만들어지기 시작했다.
** 산요 백화점(山陽百貨店): 구 시모노세키역 앞 번화가에 있던 최신식 백화점이다. 철근 콘크리트 구조의 6층 건물로 엘리베이터까지 설치되어 있었다. 1939년 개점했다가 전쟁의 여파로 1944년에 폐점했다.

니다. 가격은 5엔 80전입니다. 큰 상자에 넣어 주셔서 가지고 오는 데 힘이 들었습니다. 긴 배의 잔교***에서 인형을 가지고 걷는 것도 힘이 들었습니다. 아카츠키 기차**** 안에서도 놓을 곳이 없어 도착할 때까지 어머니와 제 무릎 위에 두었는데, '고개가 밑으로 꺾이지 않을까?' 하고 몇 번이나 상자를 열어 보았습니다. 제가 학교에서 돌아오면 '다녀오셨어요?' 하고 인사하는 듯이 고개를 갸우뚱하고 있습니다. 방의 탁자 위에 올려 놓았습니다. 곧바로 이름을 마리코쨩이라고 붙여 주었습니다. 아버지가 집에 돌아오시면 인형은 한층 더 기뻐 보입니다. 그래서 방이 더 밝아지는 느낌입니다. 최근에는 먼지가 쌓이지 않도록 머리에서부터 셀로판 종이를 푹 하고 씌워 주었습니다. 저는 마리코쨩이 제일 좋습니다.

*** 잔교(桟橋): 부두에서 선박이 닿을 수 있도록 설치해 놓은 다리 모양의 구조물. 이곳을 통해 화물을 실어 나르거나 선객이 오르내린다. 부산항 잔교는 하사마 후타로(迫間房太郎)가 잔교(아사바시)주식회사를 설립하여 건설한 것이다.

**** 아카츠키(あかつき): 부산 잔교역에서 경성까지 운행하는 조선총독부 철도의 유일한 특별 급행 열차. 1936년 12월에 운행을 개시했으며, 도중 정차역은 대구와 대전 뿐이었다. 1937년 10월 시점에는 상행선과 하행선 모두 6시간 45분 만에 종점에 도착했다.

눈 오는 아침

함경북도경성제1공립심상소학교(咸鏡北道鏡城第一公立尋常小学校)
제4학년 임종낙(林鐘洛)

  오늘 아침에는 눈이 내리고 있었습니다. 저는 기뻐서 밖으로 나갔습니다. 눈이 머리에도 소복이 쌓였습니다. 그게 너무 기분이 좋았습니다. 그래서 '누구라도 있으면 눈싸움도 하고 좋을 텐데.' 하고 혼잣말을 하면서 눈싸움이라도 하는 기분으로 눈을 뭉쳤습니다. 바로 그때 누군가, 제 머리에 눈을 던졌습니다. 저는 깜짝 놀라 주위를 둘러봤습니다. 그런데, 아무도 보이지 않습니다. '정말 이상하네?' 하고 생각하며, 또 몸을 숙여 양손으로 눈을 긁어모았습니다. 그런데 또 어디선가 눈덩이가 날아와 제 머리를 맞혔습니다. 저는 머리를 두 번이나 맞아 화가 나서, "야! 내 머리에 눈 던진 놈 누구야?" 하고 큰 소리로 화를 냈습니다. 그리고 이쪽저쪽을 둘러보았습니다. 그래도 아무도 보이지 않았습니다. 저는 "좋아, 각오해." 하고 말하며, 이번에는 일부러 눈을 뭉치는 척을 하며 어디에서 눈이 날아오는지 몰래 지켜보았습니다. 담장 저편에 누군가 숨어 있는 것 같았습니다. 그래서 눈을 뭉쳐 두 개를 손에 든 채 발꿈치를 들고 살금살금 가 보았습니다. 거기서 박경진군이 열심히 눈을 뭉치고 있는 게 아니겠습니까? 저는 '잡았다.' 생각하고 "이 녀석, 너 거기서 움직이지 마!" 하고 소리치며, 손에 들고 있던 눈덩이를 박경진군 머리에 던졌습니다. 그러자 박경진군이 놀라, "아아~" 하고 소리치며 도망갔습니다. "너! 비겁한 놈, 돌아와! 돌아와!" 하고 소리를 지르며 맹렬하게 추격했습니다. 그래도 비겁한 박경진군은 장제스*처럼 도망가는 것은 1등으로 빨라서, 결국 모습을 감추었습니다. 저는 '도망가 버리면 아무것도 못 하잖아.' 하고 혼잣말을 하며 당당히 개선했습니다. 이것이 저의 올해 첫 눈싸움이었습니다. 박경진군은 비겁하게 도망갔지만, 어딘지 모르게 허전한 느낌이 들었습니다.

그물 낚시

경성용산공립심상소학교(京城龍山公立尋常小学校)
제4학년 이케자와 토키오(池澤登起夫)

어제는 아버지와 관공서 사람들과 그물로 물고기를 잡으러 갔다. 아침에 일어나니 아버지께서 "원정 4정목**으로

---

* 장제스(蔣介石): 중화민국의 군인, 정치, 군사지도자(1887~1975). 1911년 손문의 신해혁명에 의해 청조가 무너지고 공화제가 시작된 후, 손문과 합심해 세운 국민당의 최고 지도자였다. 중일 전쟁 시기, 중국은 일본군과의 충돌보다는 방어 전략을 택하여 대륙 깊숙히 일본군을 유인하였는데, 이를 두고 일본에서는 도망가는 장제스라 선전하였다.

** 원정(元町): 일본어로 모토마치라 불리던 지역으로 현 원효로이다. 원정 4정목(元町四丁目)은 전차 원정행의 종점으로 현재는 서울특별시 용산구 원효로 4가이다. 조선시대에는 용산방으로 불리던 지역으로 1884년 용산을 개시장(開市場)으로 개방하면서 외국인들이 거주하기 시작했다. 이후 1899년에 경인철도의 용산역을 건설하고, 러일 전쟁 시기 일본군이 조차하면서 일본인 거주가 급증했고, 경인선 철로를 기준으로 양쪽으로 나뉘며 구용산과 신용산으로 구별해 부르게 되었다. 원정은 구용산에 해당하며

9시까지 아키라와 미키오를 데리고 오너라." 하고 말씀하셔서, 나는 너무 기뻤다. 재촉하듯 아침밥을 먹고 시계를 보니 8시였다. 깜짝 놀라 서둘러 채비를 하고 출발했다. 남동생을 끌어당기듯 하며 정류장까지 뛰어가 전차를 탔다. 왠지 전차가 늦게 가는 것만 같다. 마음이 두근두근했지만 어느새 연병정*에 도착했다. 전차에 내려 원정행 전차를 기다렸다. 노량진행 전차만 네 대나 지나가고 원정행은 좀처럼 오지 않아 한층 더 격하게 두근거려 왔지만, 마침내 원정행 전차가 왔다. 우리는 서둘러 올라탔다. 원정 종점에 내리니, 낚시 도구를 든 사람들과 배낭을 멘 사람들이 아주 많이 모여 있었다. '관공서 사람들인가?' 하는 생각이 들어, 그쪽으로 가 보니 친한 아저씨가 계셔서 마음이 놓였다. 문득 강쪽을 보니 야카타부네** 두 척이 유유히 이쪽을 향해 오고 있었다. '저게 우리가 타는 배구나.' 하고 생각해, 관공서 아저씨에게 "저 배를 타는 거예요?" 하고 물어보니 "저거겠지?" 하고 말씀하셨다. 이윽고 배가 물가에 도착하였다. 모두가

일본인들이 형성한 시가지이다.

* 연병정(練兵町): 현 서울특별시 용산구 남영동. 조선시대 둔지방이라 불리던 지역으로 용산의 동쪽 부분 신용산에 해당하던 지역이다. 러일 전쟁 당시 일본군이 조차하다 승리 이후 1906년부터 본격적으로 조선 주둔 일본군 사령부(당시 한국주차군사령부)가 들어섰고, 118만 평의 군사 기지와 1908년 연병장을 완공했다. 이렇게 형성된 군사 기지 주변으로 일본인들이 정착했는데, 이때 연병장 일부 토지(동서 100m, 남북 500m)를 민간인용 시가지 구역으로 사용하게 되었다. 이때부터 연병정이라는 지명이 기존의 한강통이라는 지명을 대체하게 되었다.

** 야카타부네(屋形船): 일본 배의 한 종류로, 지붕이 있고 그 안을 방처럼 꾸며 만들어 놓은 배이다. 주로 선상에서 연회를 열거나 식사를 즐긴다.

우르르 배를 타고 왁자지껄 소란을 피웠다. 아직 시간이 남아, 나는 아주 뚱뚱한 아저씨한테 백조환[百鳥丸]이라는 일본선을 태워 달라고 해서 거기에서 잠시 놀았다. 잠시 후, 아버지께서 "다들 모였으니 출발합니다!" 하고 말씀하셨다. 모두가 배에 올랐다. 기뻐서 참을 수가 없었다. 뱃사공이 강 밑을 향하여 긱긱 하며 노를 저었다. 물은 진한 파란색으로 맑고 아주 깨끗했다. 하늘도 니혼하레***로 바람도 없는 좋은 날씨였다. 도중에 큰 돛단배나 작은 고기잡이 배 등 여러 배들을 만났다. 발전소**** 아래를 지나가는데, 저쪽에서 일본선에 모터를 단 아주 빠른 배가 왔다. 예닐곱 명이 타고 있었고 접어 놓은 그물이 실려 있었다. 저 배일지도 모른다고 생각되어 사람들에게 물어보니, 아버지가 "자! 이제부터 그물낚시입니다. 모두 도와주세요." 하고 말씀하셨다. 배는 어느새 물가에 도착했다. 나는 바지를 올려 접고 맨발로 육지로 뛰어내렸다. 고기잡이배 안을 보니 어장 안에는 많은 물고기들이 가득 들어 있었다. 손잡이 물고기 통을 건네받아 잘 들여다보니 하야*****와 기규******라는 생선이 많이 있었다. 특

*** 니혼하레(日本晴): 직역하면 '일본 맑음'인데, 구름 한점 없는 쾌청한 하늘이라는 의미로 일본어권의 독자적 표현이다.

**** 발전소(発電所): 이와네쵸(岩根町)라 불리던 현 청암동에 있었던 한성전기회사의 제2발전소인 용산발전소이다. 1899년 청량리선이 개통하면서 전차의 전기를 공급하기 위한 발전소가 동대문에 건설되었고, 이후 용산선의 부설로 공업과 관련된 기관들이 이전하면서 용산에도 1903년 발전소가 건설되었다.

***** 하야(ハヤ): 일본산 잉어과 민물고기 중 중간 크기로 길쭉한 체형을 가진 종들을 뭉뚱그려 부르는 말이다.

****** 기규(ギギュウ): 동자갯과의 민물고기. 동자개는 흔히 말하는 빠가사리이다.

히 재미있었던 것은 모래무지였다. 짙은 갈색에 납작하다. 조금 광어처럼 생겼는데, 가슴의 지느러미가 아주 크다. 물속에서는 바닥에 가라앉아 있어 가만히 있으면 전혀 모른다. 아! 벌써 아저씨들이 그물을 당기기 시작했다. 나도 서둘러 가서 끌어당겼다. 그물 위를 뛰어넘어 도망가는 물고기도 있었다. 쭉쭉 끌어당기니 물고기가 찰싹하고 물을 튀겼다. '반드시 큰 게 들어 있을 거야.' 하고 생각하며 열심히 끌어당겼다. 물속에서 바지가 축축하게 젖은 것도 몰랐다. 마침내 망을 전부 올려 보니, 하야가 네다섯 마리, 기규가 아주 많이 들어 있었다. 아버지가 "기규 만지면, 찔려서 아파." 하고 말씀하셨다. 대여섯 번의 그물질을 끝내고 이번이 마지막이라고 했을 때, 마침내 커다란 숭어가 열일곱 마리나 잡혔다. 모두가 기뻐 난리법석이었다. 생선 장수를 흉내 내는 사람이 있는가 하면, 팔딱팔딱 뛰는 숭어를 손으로 잡고 즐거워하는 사람도 있었다. 요리사가 자꾸만 그 숭어들의 배를 가르는 걸 보니 어쩐지 요리에 쓰는 게 너무 아깝게 느껴졌다. 된장국과 튀김, 회로 해서 점심을 넓은 배 안에서 먹었다. 너무 맛이 있어서 많이 먹었다. 모두가 천천히 뱃놀이*를 하고 물고기를 각자 기념품으로 가지고 즐겁게 돌아갔다.

---

* 1937년 한강 유선 조합에서 경찰청에 영업 허가를 받은 배의 숫자는 다음과 같다. 모터보트 20척, 보트 250척, 일본선 150척, 야카타부네 25척. 승선 가격은 2~3인용 보트 한 시간에 30전, 사공을 쓰는 5~6인승은 1엔 20전 정도였다. 이런 놀잇배들과 함께 수영장까지 생긴(1933년) 한강은 경성의 대표적인 휴양지가 되었다.

박물관

경성남산공립심상소학교(京城南山公立尋常小学校)
제5학년 나지마 카오루(名島芳)

오늘은 박물관을 구경하기로 했다. 대한문**을 지나서 박물관을 향해 서두르자 마침내 제국의사당***같은 건물이 보이기 시작했다. 박물관이다. 관내에 들어가니 정문에 커다란 불상****이 있었다. 연호를 보면 400년 전의 물건이다. 잘 보니 그리운 마츠시타 선생님이 가셨다는 광주에서 가져온 것이다. 실내는 고요하고 걷는 발자국 소리만 또각또각 하고 들린다. 실내에는 깨끗한 유리 상자가 줄지어 있고, 그 안에 옛날 조선의 토기가 진열되어 있다. 먼저 상자 안을 들여다보았다. 술잔 같은 불투명한 유리 세공품이다. 그 옆에는 작은 주전자가 있었다. 아름다운 모양이 새겨져 있다. 그런 옛날에도 잘도 만들었다. 모두의 입과 입에서 감탄의 소리가 터져 나온다. 저쪽에 사람들이 잔뜩 모여 있어 나도 가

** 대한문(大漢門): 경운궁이라 칭하던 덕수궁의 정문이다. 본래 '나라가 편안하고 국민을 편안하게 하라'는 뜻의 대안문(大安門)이었지만, 1904년 덕수궁에 발생한 화재로 1906년에 수리해 대한문으로 개칭했다.

*** 제국의사당(帝国議事堂): 일본의 국회의사당을 말한다.

**** 불상(仏像): 경기도 광주 하사창동에서 출토한 철불로, 현존하는 철불 가운데 가장 크다(높이 2.81미터, 무게 6.2톤). 고려 초 10세기 제작. 경기도 하남시 하사창동의 절터에 허리까지 땅속에 묻힌 상태로 발견되어 1911년 이왕가 박물관으로 옮겨졌다. 한쪽 어깨를 드러내는 법의와 무릎 앞에 펼쳐진 부채꼴의 주름, 오른손으로 땅을 짚으려는 듯한 제스처와 다리 위에 올린 손 모양이 석굴암 본존불과 흡사하다. 현재 국립중앙박물관 소장.

보았다. 박물관의 아저씨가 열심히 설명하고 있었다. 아저씨가 가리키는 곳을 보니, 아직 조금도 때가 타지 않은 꽃병이 있었다. 연호를 잘 보니 1200년 전의 물건이었다. 아저씨의 설명에 의하면 무늬가 유리와 유리 사이에 있는 것처럼 흐릿하게 보이는 것이 이 꽃병의 제일 훌륭한 부분이라고 한다. 그런데 애석하게도 지금으로부터 500년 전, 이 장인에서 대가 끊겼다고 한다. 그래서 이 방에서는 이 꽃병이 제일 좋은 것이라고 한다. 제1실을 나와 휴게실로 갔다. 조금 머리를 식히고, 제2실로 간다. 긴 복도의 막다른 곳이 제2실이다. 내가 안내원에게 "석기는 어디 있나요?" 하고 물어보니 "저 안쪽입니다." 하고 가르쳐 주셨다. 서둘러 가 보니 옛날 전쟁에 사용했던 화약 항아리 같은 것들이 많이 있었다. 불상도 있어 가 보니 대리석에 조각한 것이라고 한다. 옆에는 평양에서 자주 나오는 낙랑[樂浪] 기와가 진열되어 있다. 앞으로 앞으로 걸어간다. 옛날 부자들이 사용하던 금으로 만든 의자가 있었다. 부자들도 옛날에는 상당히 사치스러웠나 보다. 돌비녀, 노리개, 많은 장신구들을 차례차례 보았다. 이윽고 통로가 좁아지고 밖으로 나왔다. 밖으로 나왔다고 생각했는데, 긴 돌다리 위였다. 입구 앞 분수대의 물소리가 차갑게 느껴졌다. 놀이터 쪽에서는 아이들이 그네나 시소를 타고 재미나게 놀고 있고 있다. 노랗게 물든 은행나무 잎은 바람이 불 때마다 하나둘 떨어진다. 가을이다, 가을이야.

경성 구경

충청남도공주본정공립심상소학교(忠淸南道公州本町公立尋常小学校)
제5학년 김영곤(金營琨)

　7월 25일, 아침 8시에 어머니와 함께 공주를 출발한 나는 태어난 고향인 경성으로 향했다. 기차 안은 휴일이어서 매우 붐볐다. 경성역*에 도착한 것은 오후 1시 정도였다. 경기중학교**에 다니는 형과 총독부에서 근무하시는 숙부의 마중을 받고 멋진 자동차를 탔다. 우리를 태운 택시는 빵~ 빵~ 하고 경적을 울리면서 전차, 자동차, 마차 등의 왕래가 빈번한 아스팔트 도로를 달렸다. 문득 정신을 차리고 보니 자동차가 가는 방향이 집 쪽이 아닌 느낌이 들어서 "어디 가는 거예요?" 하고 물었다. "경성에 오면 먼저 조선 신궁***으로 가서 참배를 하는 거다." 하고 숙부가 말씀하셨다. "아, 맞다. 잊고 있었네." 하고 머리를 긁적였다. 너무 창피했다. 숙부는 역시 훌륭하다고 생각했다. 엄숙한 신 앞에 서서 정중

---

* 경성역(京城駅): 구 서울역이며 현 문화역284이다.

** 경기중학교(京畿中学校): 재조 일본인들이 설립한 경성중학교와 달리, 경기중학교는 대한제국이 설립한 조선인 중등교육기관이다. 일제 강점기에는 경성제국대학 진학률이 가장 높은 엘리트 학교였는데, 조선인 중에서 중견 관리자나 중견 지식인, 하급 관리를 배출함으로써 식민지 체제를 유지 및 강화하려는 목표를 갖고 있었다. 현 서울특별시 종로구 화동 정독도서관 자리.

*** 조선 신궁(朝鮮神宮): 현 서울특별시 중구 회현동 남산 중턱에 세워졌던 일본 고유 종교 '신도'의 사찰이다. 일본 건국 신화의 주인공인 아마테라스 오오카미(天照大神 혹은 天照大御神:아마테라스 오오미카미)와 메이지 천황을 모셨다. 조선 신궁 완공 전에는 1898년 서울 남산 왜성대 공원(현 숭의여대 일대)에 일본 거류민들이 아마테라스 오오카미를 모시는 남산 대신궁을 세웠는데, 이곳이 1916년에 경성 신사로 개칭했다.

하게 참배를 하고, 나는 신궁 광장에서 경성 시내를 내려다보았다. 전망 끝 저 멀리에는 지붕 같은 산이 희미하게 보였다. 참배객들이 끊임없이 이어지던 중에 카키색 군복을 입은 말끔한 병사가 눈에 띄었다. '비상시에 일본은 저 병사님들 덕분에 안전하구나.' 하고 생각하며 가볍게 고개를 숙여 인사했다. 참배를 마치고 다시 자동차에 올랐다. 창문에서 바라보니 크고 작은 건물들이 줄지어 서 있다. 대부분 콘크리트로 만든 것들이다. 교차로에 서서 교통정리를 하고 있는 순사가 특히 눈에 들어왔다. 시간이 지나 집에 도착했다. 숙부와 숙모를 비롯해 친척 어른들과 이웃 어른들이 기다리고 계셨다. 숙부는 내 손을 잡으시면서 "많이 컸다. 열두 살이면 다 컸어. 많이 구경하고 공주의 친구들에게 이야기해 주거라." 하고 말씀하셨다. 나는 여섯 살 때 공주로 이사 가서 7년 만에 이곳에 온 것이다. 주변 사람들로부터 경성 이야기를 들을 때마다 사실 나는 그곳에 관한 기억이 없어 창피했었다. '이번에야말로 구경할 수 있는 만큼 많이 구경하고 돌아가야지.' 하고 생각했다. 숙부께서 "내일은 총독부*를 견학시켜 줄 테니까 형이랑 함께 오너라." 하고 말씀하셨다.

다음 날, 형과 함께 숙부를 찾아가 총독부 구석구석까지

---

* 총독부(総督府): 경복궁 앞에 위치했던 조선총독부 청사는 1925년에 완공한 것이다(이전까지는 1907년 2월에 남산 왜성대에 건축한 통감부 청사를 총독부 청사로 사용). 신 청사는 일본인과 중국인 석공 300명, 조선인 노동자 200만 명을 동원해 10년에 걸쳐 만든 대규모 건물로, 당시 동양 최대의 근대식 건축물로 꼽혔다.

구경을 했다. 이쪽저쪽 잘 닦은 대리석이 깔려 있었다. 건물이 크고 훌륭해서 깜짝 놀랐다. 형은 "석조 건물 중에서는 동양 제일이야." 하고 설명해 주었다. 다음은 경회루**를 보았다. 푸르른 연못 한 가운데에 붉은 집이 서 있었고, 기슭에는 그 집으로 이어지는 여러 색의 다리가 놓여 있었다. 돌아가는 길에는 경복궁도 구경했다. 그리고 나서 나는 번잡한 도로로 나갔다. 전차나 자동차가 사방팔방으로 경적을 울리면서 달려가는 그 무시무시한 모습은 '정말이지. 경성이구나.' 하고 생각하게 했다. 다시 집으로 돌아갔다. 거기서 형이 내일 구경할 계획을 다음과 같이 짜 주었다. "내자정***의 집을 나와 종로, 파고다 공원에서 동대문으로, 다음은 장충단에 가서 박문사****에 절을 하고, 본정 거리를 빠져 나와 남대문까지 걸어, 그런 다음 집에 돌아온다." 그 후에도 형이 유원지의 뚝섬 수영장과 동소문***** 밖도 데려가 주었다.

** 경회루(慶會樓): 경복궁 근정전 서북쪽 연못 안에 위치한 곳으로, 나라에 경사가 있거나 사신이 왔을 때 연회를 베풀었다.

*** 내자정(内資町): 현 서울특별시 종로구 내자동.

**** 박문사(博文寺): 조선총독부가 이토 히로부미의 업적을 기리고 그를 추도하기 위해 세운 사찰이다. 당시 장충단 공원에 위치해 있었는데, 장충단은 본래 을미사변 때 피살당한 시위연대장 홍계훈과 궁내부대신 이경직 등을 기리기 위해 대한제국 고종이 쌓은 제단이었다. 따라서 장충단은 항일 감정을 상징하는 장소였기에, 1919년 조선총독부는 이곳 터를 공원으로 바꾸고 이토 히로부미 사찰을 세웠다.

***** 동소문(東小門): 한양 도성의 동문과 북문 사이에 세워진 소문이다. 태조 5년(1397년) 흥화문(弘化門)이라고 하다가, 중종 6년(1511년)에 혜화문(惠化門)으로 개칭했다. 1938년 동소문로 부설로 철거되었다.

경성에는 유원지도 많고 거리도 넓고 교통도 편리하다. 건물은 모두 멋지고 지나다니는 사람도 많아 실로 활기차다. 밤에는 상점의 네온이 아름다워서 도시에 사는 사람들은 행복하겠다고 생각했다. 또 옷은 모두 하이카라*에 아름답다. '그런데 돈이 없으면 곤란하겠지?' 거기에 비하면 시골 사람들은 소박하고 수수하고 성실하다. 견문을 넓히려면 도회지가 좋을지 몰라도 건강을 지키면서 수양하기 위해서는 시골이 좋겠다고 깊이 생각했다. 백화점도 유명한 화신이나 미츠코시, 조지아 그리고 미나카이 등을 구경하고 경성기념품도 샀다. 3일간의 경성 구경을 끝내고 돌아올 때는 형과 함께 조선 신궁에 가서 참배를 하고 기념 스탬프도 찍었다. 그 스탬프는 지금도 소중하게 간직하고 있다. 마침내 돌아갈 시간이 되었다. 서둘러 짐을 가지고 경성역에 갔다. 표를 사고 조금 기다리니 '10시 45분' 하고, 역 라디오에서 방송이 흘러나왔다. 드디어 기차에 탔다. '폭! 폭!' 하고 기적을 울리며 기차는 점점 속력을 올렸다. 나는 모자를 흔들어 형에게 작별 인사를 했다.

---

* 하이카라(ハイカラ): 서양풍의 옷차림이나 생활 양식 혹은 그것을 따르는 인물이나 사물을 지칭하던 일본어. 어원은 메이지 시대 남성 양장의 와이셔츠 옷깃을 뜻하는 단어다.

제2회 조선총독상 글짓기 경연대회

학무국장상 제5석

아세틸렌 자동차**

경성사범학교부속제1소학교(京城師範学校付属第一小学校)
제1학년 시마이 노리코(島井規子)

지난 일요일, 우리는 아세틸렌 자동차에 타게 되었습니다. 아침부터 너무 기뻐서 자동차가 오기를 기다렸습니다. 붕붕하는 소리에 왔나 하고 현관으로 달려 나갔습니다. 가서 보니 당연하게도 다른 자동차와 똑같이 생겼었습니다. 그래도 크고 아름다웠습니다. 아버지와 함께 탔습니다. 어머니와 오모니가 "다녀오세요." 하고 길까지 나와 주었습니다. 나는 남동생과 함께 앉지 않고, 그냥 서서 밖을 바라보았습니다. 전차나 버스와 시합을 하였습니다. 그러나 모두 앞질러 이겼습니다. 동소문을 지나 돈암정*** 쪽으로 가니 점점 시골이 나왔습니다. 소가 많이 지나가서 "한 마리, 두 마리." 하고 세어 보았습니다. 그런데 너무 많아서 헷갈렸습니다. 닭도 길 한가운데에서 놀고 있습니다. 자동차가 오자,

---

** 아세틸렌 자동차(アセチレン自動車): 아세틸렌은 중일 전쟁 이후 미국과의 마찰로 석유 수입이 금지된 일본이 시도했던 대체 연료이다. 카바이트(탄화칼슘)에 물을 부어 발생하는 무색의 화연성 기체로, 독성이 있으며 특유의 냄새가 난다. 특히 식민지국 조선에서 아세틸렌 사용을 적극 권장했던 것으로 보인다.

*** 돈암정(敦岩町): 현 서울특별시 성북구 돈암동.

(Ⅳ) 놀이   151

꼬끼오, 꼬끼오, 꼬끼오 하고 엉덩이를 흔들며 옆으로 도망갔습니다. 저는 그것이 재미있어 참을 수가 없었습니다. 그러던 중 운전수가 "잠깐만요. 자동차에 물이 없어서 조금만 기다려 주세요." 하고 말하더니 밖으로 나가서 자동차의 뒤를 열고 무언가 물 같은 것을 꺼냈습니다. 거기에서 놀고 있던 조선 아이들이 몰려와서 모두 말없이 열심히 지켜보고 있었습니다. 아버지가 남동생과 함께 밖으로 나가길래 저도 나가고 싶어졌습니다. 아버지에게 문을 열어 달라고 해서 밖으로 나가 보니, 아주 고약한 냄새가 나서 "으, 냄새!" 하고 코를 막고 입으로 숨을 쉬면서 자동차 안으로 뛰어들어 왔습니다. 아버지께서 "그게 아세틸렌 냄새야." 하고 말씀하셨습니다. 잠시 후, 차를 다 고쳐서 다시 달리기 시작했습니다. 밭에는 눈이 조금씩 남아 있었는데, 무늬처럼 예쁘다고 생각했습니다. 연못에는 스케이트를 탈 수 있을 정도로 얼음이 얼어 있었습니다. 물이 조금밖에 없는 강변을 지나갔습니다. 다리가 없어서 자동차가 물속을 아무렇지 않게 자르르, 자르르 하고 지나갔습니다. 우리는 차가 덜컹덜컹 흔들리는 게 너무 재미있어서 꺄르르르 하고 웃었습니다. 긴 시간을 달려서 내렸고, 아무도 없는 조용한 숲속을 지나 절에 갔습니다. 커다란 종이 매달려 있었습니다. 저는 댕 하고 쳐 보고 싶다고 생각하며 바라보았습니다. 돌아오는 길에는 아주 커다란 솔방울을 발견했습니다. 자세히 보니 잣이 들어 있었습니다. 너무 신기해서 "집으로 가지고 가야지." 하고 말하며, 주워 왔습니다. 다시 자동차를 타고 돌아갔습니다. 너무 긴 시간을 타서 기분도 좋아, 저도 모르는 사이에 잠이 들어 버렸습니다.

학무국장상 제4석

고리 던지기

경성사범학교부속제2소학교(京城師範学校付属第二小学校)
제2학년 백향주(百香洲)

어느 날 밤, 어머니가 "고리 던지기 하자." 하고 말씀하셨습니다. 남동생과 저는 기뻐서 손뼉을 치며 곧바로 방 가운데에 준비를 했습니다. 그 사이, 어머니는 하얀 종이에 선을 긋고 채점표를 준비하셨습니다. "그럼 가위바위보 하자. 자아, 가위, 바위, 보!" "아아, 악[樂]짱이 1번, 2번은 향[香]짱, 마지막은 어머니." 하고 말씀하셨습니다. 남동생은 어설픈 자세로 겨우 5점을 땄습니다. 그래도 모두가 "대단해. 대단해." 하고 칭찬하자, 기분이 좋아져 아래로 내려갔습니다. 어머니가 "이번에는 향짱 순서네." 하고 말해, 저도 모르게 가슴이 두근거렸습니다. 링 던지기 대를 단단히 노려보며, 과감하게 퐁 하고 던졌습니다. 으샤 하는 소리와 함께 훌륭히 잘 들어갔습니다. "그 기세로." 하고 어머니가 응원해 주셨습니다. 다시 한번 퐁 하고 던지니, 또 잘 들어갔습니다. "향짱은 10점이야." 하고 말했을 때는 저도 모르게 "와!" 하고 기뻐했습니다. 이번에는 어머니 차례입니다. "어머니도 힘내!"하고 손뼉을 쳤습니다. 어머니는 너무 쉽게 고리를 넣어서, 남동생과 제가 결국 "더 멀리서 던져." 하고 말했습니다. 어머니가 싱글벙글하시며 "알았어, 알았어." 하고 말하며 멀리서 던지셨습니다. 그러자 이번에는 빗나가서 남동생과 저는 방방 뛰며 기뻐했습니다. 우리가 "꺄~ 꺄~" 소란을 피우며 몇 번이고 몇 번이고 반복하던 사이, 등은 땀으로 축축해졌습니다. "이제 9시니까, 오늘 밤은 이걸로 그만하자." 하고 말씀하셔서, "어머니! 내일도 또 해요." 하고 조르며, 쉬었습니다.

(V) 일상

 앞서 언급했듯이 제1, 2회 글짓기 경연대회 우수작 중에 놀이를 다룬 작품들은 교과 시간 이외의 즐거웠던 순간에 대해 쓴 글이다. 앞으로 소개할 '일상'은 그 맞은편에 있는 이야기를 담고 있다. 즐겁지만은 않은 일들 말이다.

 열정, 성취, 행복, 정, 평안, 사랑, 재미, 감동, 설렘, 권태, 분노, 혐오, 질투, 심란, 놀람, 공포, 불안, 연민, 슬픔, 우울, 수치, 죄책.

 이런 여러 감정 가운데 놀이는 재미, 설렘, 감동, 사랑, 행복에 해당하겠지만, 노동이 포함된 일상에서는 이 감정들이 제외되곤 한다(물론 가끔은 포함될 수도 있다). 다만 일상을 다룬 어린이들의 글 속에 분노나 혐오는 존재하지 않는다. 아이들은 화내지 않고 미워하거나 싫어하지 않으며, 진심으로 노여워하거나 역겨워하지 않는다. 권태 역시 존재하지 않는다. 그저 약간의 귀찮음이 있을 뿐이다. 엄마의 잔소리를 들으며 정리정돈하기 귀찮고, 할머니를 도와 밭매기 귀찮고, 일손이 부족한 과수원에서 농약 치기 귀찮고, 친구와 놀기로 한 시간에 아버지를 도와 수금하러 다니기 귀찮고, 학교에 다녀와서 피곤한 몸에 밥 짓기 귀찮고, 무서운 밤에 아버지의 담배 심부름 가는 것이 귀찮다. 그런데 이 귀찮음은 아이들의 마음속에서 곧 죄책감으로 변하여 그 일을 성취하도록 이끈다.

그리고 연민의 시선, 가여운 처지에 놓인 이들을 바라보는 시선이 있다. 아이들에게 유난히 많은 연민은 상대에 비해 평안한 자신의 현 상황을 감지하는 순간으로 변하곤 하며, 이는 다시 자신의 미래에 대한 열정으로 변한다. 불안과 놀람, 공포 속에서도 아이들은 타인을 향한 연민을 통해 심란함과 우울함을 힘찬 열정으로 바꾼다. 수치심과 죄책감 역시 열정으로 귀결된다. 왜 이렇게 완벽한 걸까? 어떻게 이렇게 건전하고 착하기만 한 체계가 존재할까? 여기에 또 하나의 질문이 추가된다. 분명 아이들의 마음속에 존재했을 질투는 이 글들 속 어디에 숨겨져 있는 걸까?『총독상 모범 문집』속의 착하고 모범적인 얼굴, 그 만들어진 얼굴(혹은 가면)은 종주국인 일본인 어린이들보다 식민지인 조선인 어린이들에게 더 두텁게 씌워져 있었다. 이런 얼굴-가면들은 어떻게 만들어지고 씌워진 것일까?

보통 지배 집단은 노골적인 메커니즘을 사용하지 않고도 해당 사회의 문화를 보존 및 분배하는 학교 등의 기관을 통해 사람들의 의식 구조를 형성함으로써 통제를 지속해 갈 수 있다. 이 문집에 등장한 어린이들의 거의 유일한 공통점 역시 학교에 다니고 있었다는 것이다.

'천황의 나라'라는 시스템은 근대 일본의 헌법과 교육 제도를 통해 사람들의 정신에 새겨졌는데, 이 시스템 교육의 핵심은 수신 교과서였다. 수신(修身)이란 몸을 수양한다는 의미로 지금의 윤리 교과목에 해당한다. 하지만 당시에는 단순한 교양 교육을 넘어 학생들을 근대 일본 사회의 일부가 되도록 만드는 하나의 정신적 프레임이었다. 국가는 어린이들의 사회라 할 수 있는 학교를 통해 이상적인 아동상을 형성하려 했다.

  여기서 주목할 부분은 제1, 2회 총독상 글짓기 경연대회가 개최되었을 즈음의 일본인(국정4기 1934~1940년)과 조선인의 수신 교과서(국정4기 1938~1941년) 내용이 서로 달랐다는 것이다. 일본인 어린이들은 일본 본토의 국가검정 수신 교과서를 사용했고, 조선 어린이들은 조선총독부가 따로 펴낸 수신 교과서를 사용했다.

  물론 양국 어린이들이 공통으로 배우는 것들도 있었다. 공부를 열심히 해야 하고, 선생님 말씀을 잘 들어야 한다. 부모님께 효도해야 하고, 형제와 싸우지 말아야 하고, 친구와 사이좋게 지내야 하며, 노인을 공경해야 한다. 동식물을 사랑해야 하고, 이웃과 도우며 살아야 하고, 남의 어려움을 도와야 하며, 항상 예의 바르게 행동해야 하며, 열심히 일해야 하고, 미신에 빠지지 말아야 하고, 물건을 소홀히 하지 말아야 하며, 근검절약해야 한다. 거짓말하지 말아야 하고, 시간과 규칙, 질서를 잘 지켜야 하고, 남에게 폐를 끼치지 말아야 하며, 매사에 친절해야 하고, 모든 일에 당황하지 말아야 하고, 자신의 일에는 책임을 져야 한다. 먹을 것에 주의해야 하고, 몸을 청결히 해야 하고, 게으르지 말아야 하며, 정리정돈을 잘해야 하고, 근면성실한 습관을 길러야 한다.

양국의 아이들이 지배 국가와 사회에 관해 익힌 기본 지식 역시 동일하다. 아이들은 일장기와 천장절(천황 탄생일)에 대해, 천황과 황후가 어떤 인물이고 황실과 황궁은 어떤 존재인지 배웠다. 이를 바탕으로 아이들은 천황을 위해 싸우다 죽은 자들을 추모하는 야스쿠니 신사*가 왜 중요하며 국민의 의무는 왜 꼭 지켜야 하는지를, 나아가 법과 선거, 산업과 세금이 왜 필요한지를 배웠다. 교과 과정의 끝에는 전쟁과 그에 관한 조직 및 인물들이 등장했는데, 이는 충성과 충의, 애국이라는 개념으로 포장되었다.

그렇다면 양국의 어린이가 보던 수신 교과서의 차이점은 무엇이었을까. 가장 큰 차이는 주체성이다. 일본인 어린이용 수신 교과서는 자발적인 행위를 바탕으로 스스로 주체가 되는 상황을 자주 상정하는 반면, 조선인 어린이들의 교과서는 가족, 형제, 친구, 이웃, 사회, 국가 같은 '외부'를 중시하는 상황이 더욱 많이 담겨 있다. 일본인 어린이들이 가

---

* 야스쿠니 신사(靖国神社): 원래 야스쿠니 신사는 반막부 세력에 있었던 천황이 1869년 메이지 유신을 위해 희생되었던 이들을 추모하기 위해 세운 신사다. 1887년부터 군부의 관리하에 들어갔으며, 이후 제국 건설을 위해 전쟁에서 희생되었던 군인들을 추모하는 신사가 되었다. 아시아·태평양 전쟁 시기에는 국민들에게 야스쿠니에 모셔지는 것이 최고의 명예라고, 죽음의 고귀함과 순결함을 보장받을 수 있다고 선전했다. 당시 야스쿠니 신사는 천황 가문에 대한 절대적인 충성을 상징했다.

족 다음으로 형제에 대해 배울 때 조선인 어린이들은 선조와 조상에 대해 배웠고, 일본인 어린이들이 자신의 역할에 대해 배울 때 조선인 어린이들은 어머니와 아버지의 역할에 대해 배웠다. 조선인 어린이들은 일본인 어린이들에 비해 스승 즉 '나를 지도해 주는 어른'을 공경하자는 내용을 더 자주 접했다. 동양의 봉건적인 유교 질서 가운데 상하관계를 중요시하는 특성은 일본이 조선을 지배하는 데 그대로 적용되었다. 유교 문명의 틀 위에 천황제와 국가주의, 민족주의를 쌓아 올린 꼴이었다. 조선인 어린이는 심지어 일본의 수신 교과서에는 없는 이러한 단원을 배우기도 했다.

> 요컨대 '위를 쳐다보지 말라', '분수를 알라'는 말이 있습니다. '위를 쳐다보지 말라'는 말은 쓸데없이 위를 올려다봐서는 안 된다는 뜻으로, 신분이 높은 사람이나 부유한 사람을 부러워하지 말라는 의미입니다. '분수를 알라'고 하는 것도 같은 의미로, 모름지기 사람은 자신의 분수를 알고 무슨 일이든지 분수에 맞게 행동해야 한다는 것을 이르는 말입니다. (중략) 사람은 쓸데없이 위를 올려다보지 말아야 하며, 자신이 가지고 있는 지식이나 재능 등을 잘 고려하여 제각기 그 분수에 맞는 생활을 하도록 하여야 합니다.
>
> 『조선총독부 수신서 4학년』 16장 '분수를 알라' 중에서

또한 조선인용 수신 교과서는 더러운 민족, 더러운 아이,

더러운 식민지인이라는 소리를 듣지 않게끔 본토의 교과서에 비해 청결을 더 자주 강조했으며, 일본의 통치 덕분에 진보하는 조선의 치안, 산업, 교통, 통신, 교육에 대해 감사하자는 내용이 반복되었다.

수신 교과서에 등장하는 조선인(의 이름을 가진 인물)들의 공통점도 눈여겨 볼 만하다. 이들은 하나같이 농촌을 위해 발벗고 나서거나 농촌 사회에 봉사하는 모습으로 근면한 노동의 가치를 알려 준다. 아이들의 근로 정신을 고취하기 위해 등장한 이 인물들은 성실을 최상의 가치로 삼았다. 이런 기조는 교과서 속 여러 단원명에서도 확인할 수 있다. '일에 힘쓰라!', '열심히 일하라!', '일은 열심히!', '근로!', '진심을 다하라!', '공익!' 등등.

양국의 수신 교과서 맨 마지막에는 「착한 어린이(良い子供)」라는 단원이 매 학년별로 반드시 수록되었다. 이 단원은 일본이 근대적 교육 제도를 정립한 뒤 1890년에 천황이 발표한 '교육 칙어'를 기반으로 했다. 교육 칙어의 내용은 다음과 같다.

짐이 생각건대 아득한 옛날에 황조(皇祖)·황종(皇宗)께서 나라를 세우시고는 깊고 두텁게 덕을 베푸셨다. 나의 신민(臣民)들은 마땅히 모든 사람이 한 마음으로 충과 효를 대대로 다하여 아름다움을 이루어야 한다. 이것이 우리 국체(國體)의 정화(精華)이니, 교육의 연원은 바로 여기에 있다. 신민들은 부모에게 효도

하고, 형제 간에 우애하며, 부부 간에 화목하고, 친구는 서로 믿으며, 공손하고 검소한 마음을 가지고 이웃을 박애하며, 학문을 닦고, 기예를 배우며, 지능을 계발하고 덕을 이루어 공익을 넓혀야 한다. 언제나 국헌을 존중하고 국법을 따라야 하며, 만약 나라가 위급할 때는 스스로 몸을 바쳐 천하에 유례가 없을 정도로 끝없이 황국의 번영에 힘을 다해야 한다. 이렇게 할 때 너희는 짐의 충량한 신민이 될 수 있으며, 선조가 남기신 아름다운 전통을 밝히게 될 것이다. 나는 너희 신민과 함께 이것들을 마음에 명기하고 지켜 나갈 것이니, 모두가 한마음으로 그 덕의 길을 걸어가기를 희망하는 바이다.

일본의 근대 교육은 이 칙어에 따라 '착한 어린이'들을 양성하고자 했다. 규율과 규제를 학습하고, 이를 자신에게 선사하는 부모와 선생님을 존경하는 어린이. 형제 및 친구들과 사이좋게 지내고 이웃들과 협동하며, 나아가 사회에 봉사하고 국가에 충성하여 천황폐하의 은혜에 보답하는 어린이. 특히 '사회에 봉사하고 국가에 충성'한다는 내용은 당시 세계로 확장해 나가던 일본의 정세에 보다 적합한 덕목으로 바뀌며 마무리된다. '나라가 위급할 때에는 스스로 목숨을 바쳐 천하에 유례가 없을 정도로 끝없는 황국의 번영'을 위하는 것. 그것이 아동 교육의 최종 목적이었다. 하지만 이러한 '교육' 속에서도 조선인 어린이들은 분명 일본인 어린이들과는 다른 식민지적 인간상을 종용받고 있었다.

　물론 조선총독상 글짓기 경연대회에 조선인 어린이들이 출품한 작품들이 일본인 어린이들의 그것보다 훨씬 더 '착하고 어른스러워' 보이는 데에는 여러 이유가 있을 것이다. 이 아이들이 열등한 식민지인의 콤플렉스를 일찌감치 내재화했을 수도 있고, 아니면 그저 선생님의 사랑을 얻고 싶었을 수도 있다. 혹은 이 대회 심사위원들이 이런 주제 의식을 가진 작품들만 가려 뽑았을 가능성도 배제할 수 없다.

　여기서 흥미로운 점은, 이 대회와는 달리 조선어 잡지나 신문에 조선인 어린이들이 투고한 글에는 '축소된 어른' 대신 솔직하고 천진한 '어린이'가 등장하곤 했다는 것이다. 1933년 1월 8일자 『조선일보』에 실린 「꿈」이라는 글은 경성(鏡城)에 사는 한 어린이가 썼는데, 길 위에 수북이 쌓여 있는 동전을 많이 주워서 돌아오는 꿈을 꾸었다는 이야기다. 1935년 10월 20일자 『동아일보』에 실린 「저녁」이라는 글에서는 어린이가 피곤한 몸을 이끌고 귀가했더니 아버지가 자꾸 핀잔을 준다. 일찍 다니라는 둥, 밥을 빨리 먹지 말라는 둥. 이 어린이는 집에서 입을 열기 싫어진다고 쓴다. 1937년 9월 12일자 『조선일보』에 「꽃밭」이라는 글을 기고한 어린이(강릉의 사립학교 삼악학원 2학년)는 자기가 가꾸는 꽃밭의 해바라기를 꺾는 동생을 때리기도 한다. 심지어 한 어린이는 방정환이 펴낸 잡지 『어린이』에서 이렇게 호소한다.

다른 것이 아니라 그저 어머님, 아버님께서 우리 어린 목숨을 좀 더 뜻있게 귀엽게 사랑해 달라는 말입니다. 저는 금년 얼마 안 되는 나이를 먹은 어린이입니다마는, 오늘날까지 자라 오는 그 짧은 동안에 저는 어른들의 무수한 비난과 권리에 눌리어 자라났습니다. 그 일례를 들어 보면, 이런 일이 있습니다. 어머님, 돈 십 전만 주세요. 돈은 해 또 무엇하니? 저 잡지 책을 사 보겠어요. 아이고 학생이 잡지 책이 무어냐. 공부나 하지 않고.

이정구, 「윽박만 지르지 말고 좀 더 자유롭게」, 『어린이』, 1928년, 제6권 3호

수신 교과서에서 올바른 인간성과 자아 형성을 위해 가르쳤던 요소들을 보자. 존중, 책임, 배려, 자율, 성실, 절제, 효도, 예절, 협동, 준법, 공익, 애국심, 인류애, 자연애, 생명 존중. 이는 근대적 인간이 가족과 민족을 위해, 나아가 국가와 지도자를 위해 가져야 할 덕목이었다. 당시 많은 사상가와 교육자들이 가장 강조했던 탈근대적 덕목, 즉 어린이의 해방과 자유가 수신 교과서에 존재할 수 있을 리 없었다. 이는 당시 사회가 무엇을 '원하지 않았는지' 보여 준다. 도덕적 자율성과 사고력을 갖춘 존재, 즉 '도덕적 문제를 합리적으로 해결해 나가는 인격인'을 양성하는 일은 일본 제국주의가 바라지 않는 목표였던 것이다. 일제는 순응하는 피지배자를, 선한 '자녀'를 원하고 있었다.

제1회 조선총독상 글짓기 경연대회

정돈

전라북도이리공립심상고등소학교(全羅北道裡里公立尋常高等小学校)
제3학년 토도 히데코(藤堂秀子)

어느 일요일 아침이었습니다. 날씨가 너무 좋아 정원에 나가 정원수에 물을 주었습니다. 완전 겨울이 되어 초목들도 모두 시들고, 처마 밑 담장의 넝쿨만이 쓸쓸하게 남아 있었습니다. 담장 옆 앙상한 나무의 가지 끝에서는 참새 두세 마리가 추운 듯이 가슴 털을 떨고 있었습니다. 저는 '이제 곧 겨울이 되는데, 너희들도 많이 춥겠다.' 하고 혼잣말을 하면서 참새를 물끄러미 바라보고 있었습니다. 그런데 갑자기 어머니의 큰 목소리가 공부방에서 들려왔습니다. "히데짱! 잠깐 이리 와 봐!" 저는 깜짝 놀라 목소리가 나는 쪽을 바라보았지만, 아무도 보이지 않아, "엄마! 어딨어?" 하고 말하며 공부방 쪽으로 갔습니다. 문을 열고 안으로 들어가 보니 잔뜩 어질러진 종잇조각이 눈에 들어왔습니다. 어머니는 거북이처럼 보이는 무늬가 들어간 옅은 색의 기모노를 입고 계셨습니다. 앞치마 차림을 하고 먼지떨이와 빗자루를 들고 계셨습니다. 약간 어두운 얼굴이었습니다. '또 혼나는 건가?' 하는 생각이 들었지만, 일부러 아무렇지 않은 척 "뭐야?" 하고 물었습니다. 어머니는 바닥을 보면서 "이것 좀 봐! 이렇게 어질러 놓고, 몇 번이나 주의를 줘도 이런 식이니까, 아무리 공부를 해 봐야 머릿속에 들어오겠니?" 하고 말씀하셨습니다. 그러면서 가장 지저분한 곳을 손으로 가리키셨습니다. 저는 정돈은 하기 싫었기 때문에, "응." 하고 말하고 옆을 쳐다보았습니다. 어머니는 "똑바로 해!" 하고 상냥하게 말씀하시면서 방을 나가셨습니다. '진짜 엄마는 이상해! 아무리 어질러도 머리에는 잘 들어오는데.' 하고 생각하면서 바로 정리를 시작했습니다. 방에는 지우개 가루, 계산을 써 놓은 종이 등 여러 가지 물건들이 발 디딜 틈이 없을 정도로 잔뜩 어질러져 있었습니다. 하기 싫었지만, 자기 물건은 자기가 정리하지 않으면 안 된다고 생각하면서 열심히 치웠습니다. 정리가 끝나니 몰라보게 깨끗해졌습니다. 문득 시계를 보니, 정리를 시작한 지 두 시간 반이나 지난 뒤였습니다. 저도 모르게 가슴을 쓰다듬으며 아하~ 어유~ 어유~ 하고 말하고 책상에 털썩 주저앉았습니다. 그리고 옆에 있던 사탕을 입에 넣고 책에 빠져들었습니다. 조금 지나, 왠지 방문을 열고 누군가 들어온 것 같은 기분이 들었지만, 계속 책을 읽었습니다. 그러다 갑자기 어머니의 목소리가 들려왔습니다. "아이구, 모처럼 깨끗해졌는데, 책상 같은 데에 앉아 있기나 하고." 아! 어머니였구나! 제가 책에 빠져 있을 때 방에 들어오신 거였습니다. 황급히 다시 앉으려는 찰나에 책을 방바닥에 떨어트리고 말았습니다. 책상은 다다미보다 높기 때문에 쿵 하고 큰 소리가 났고, 심지어 저는 엉덩방아까지 찧었습니다. 옆에 계시던 어머니는 하하, 호호, 하고 웃으셨습니다. 입 안에 있던 사탕은 어느새 작아져 있었습니다.

추운 날에

부산부부산목도공립심상소학교(釜山府釜山牧島公立尋常小学校)
제5학년 박수진(朴守珍)

　청소 당번이 끝나고 집으로 돌아가려는데, 갑자기 바깥의 추위가 신경이 쓰였습니다. 오늘은 올해 중 가장 추운 날이라서 아침에 학교에 올 때는 발과 손끝이 끊어질 정도로 아팠습니다. 오후가 되어서도 좀처럼 따뜻해지지 않습니다. 쉬는 시간에는 교정 남쪽 해가 잘 드는 곳에서 사방치기와 고무줄을 하고 놀았습니다. 당번 일을 하는 동안에는 추운 것도 잊고 있었는데, 돌아갈 때가 되자 다시금 그 추위가 생각이 났습니다. 그래도 집으로 돌아가지 않을 수는 없기에, 과감히 밖으로 뛰쳐나왔습니다. 태양이 노란빛을 비추며 운동장을 차갑게 물들입니다. 넓은 운동장에는 가지를 싹둑 잘라낸 플라타너스가 하얀 피부에 빛을 받으며, 춥다는 듯, 긴 그림자를 드리운 채 고요히 서 있습니다. 여느 때 같으면 항상 일고여덟 명의 아이들이 놀고 있어야 할 미끄럼틀에도 누군가 두고 간 모자만이 혼자 걸려 있고, 사람의 그림자는 하나도 보이지 않습니다. 저는 보자기를 옆구리에 끼고 단숨에 운동장을 달려 나왔습니다. 교문을 나와 새로 지은 학교 건물을 지날 때에는 막아 주는 게 없어 바람이 심하게 불었습니다. 얼굴이 찢어질 것처럼 차가웠습니다. 쌩~ 하고 서쪽에서 바람이 불어오면, 숨을 제대로 쉬지 못할 정도였습니다. 쉬지 않고 달려서 겨우 집에 도착했습니다.

집 안은 사람이 있는지 없는지 모를 정도로 고요해서 깜짝 놀랐습니다. '무슨 일이지?' 하고 문을 열어 보니 온돌방 안에서 어머니가 아픈 목소리로 "지금 왔어?" 하고 물으셨습니다. 저는 "방금 왔어요." 하고 말하고는 걱정이 되어 "어머니 어디 안 좋아?" 하고 물어봤습니다. 어머니는 "왜 그런지 몸이 아파서⋯⋯." 라고 하시며 뒤척였습니다. "언니는 어디 갔어?" 하고 물으니 "빨래하러 갔어." 하고 말씀하셨습니다. "이렇게 추운데⋯⋯." 저는 어이가 없었습니다. 어머니가 "오늘 저녁밥 좀 해라!" 하고 말씀하셨습니다. 순간 '아⋯⋯ 하기 싫다.' 하고 생각했습니다. 지금까지 계속 추운 데 있다가 왔는데 그런 것도 생각해 주지 않다니, 저도 모르게 속에서 열불이 났습니다. 통에다 쌀을 넣고 공동 수돗가까지 가서 씻어 와야 된다고 생각하니 눈물이 날 것 같았습니다. 그래도 울 수는 없었습니다. 어머니와 언니를 생각하면 울 때가 아니었습니다. "네." 하고 대답하고, 보자기 가방을 책상에 두고, 쌀을 통에 담아서 수돗가까지 걸어갔습니다.

수돗가에서는 두세 명이 분주하게 일하고 있었습니다. 저도 지지 않으려 힘을 냈습니다. 수도꼭지를 비틀면 물이 나옵니다. 쌀을 씻습니다. 씻은 물을 버립니다. '쌀을 씻는다'*는 말처럼 몇 번이고 반복했습니다. 그러는 동안 사람들은 서로 각자의 일을 다 마친 듯 집으로 돌아갔습니다. 혼자 남아 쌀을 씻는데 손이 점점 차가워집니다. 빨개진 손을 옷에 훔치고 입김을 불어 댔습니다. 호호 불다가 고개를 드니, 고갈산** 너머로 석양이 희미하게 비치고 있습니다. 벌써 해가 진다고 생각하니, 멍하게 있을 때가 아니었습니다. 정신을 차려 또 씻었습니다. 집에 돌아갈 때는 통을 머리에 이고 걸어갔습니다. '집까지 몇 보나 되나?' "하나, 둘, 셋, 넷, 다섯, 여섯……" 하고 세었는데, 이백십일, 까지 세었을 때 집에 도착했습니다.

 '언니는 벌써 와 있겠지?' 하고 집안을 둘러보아도 언니는 없었습니다. '이렇게 늦게까지 무얼 하고 있는 걸까?' 하고 생각했습니다. 쌀을 솥에 넣어 불을 지피려고 하는데, 어찌된 일인지 조금도 불이 붙지 않습니다. 몇 번이나 해 보아도 붙지 않아 화가 나서 솔잎을 내팽개쳤습니다. '이것은 내가 너무 화를 내니 불이 붙지 않는 거다.' 하고 생각하며, 이번에는 차분하게 불을 붙여 보니 바로 타올랐습니다. '화를 내면 나만 손해구나.' 하고 생각했습니다. 얼굴과 손이 점점 따뜻해졌습니다. '쌀 씻는 것보다 불 피우는 게 훨씬 낫다.' 하고 생각하며 불을 계속 지폈습니다. 그런데 언니가 돌아

---

* 저자는 여기서 쌀을 씻는다고 표현하면서 아라우(洗う)라는 동사 대신 미가쿠(磨く)를 썼다. 미가쿠는 '씻다'라는 의미와 함께 '갈다' 또는 '윤을 내다'라는 의미도 갖고 있다.

** 고갈산(古碣山): 현 부산광역시 영도구에 위치한 봉래산을 말한다.

오지 않아 점점 걱정이 되기 시작했습니다. 언니가 어디서 나쁜 일을 당해 집에 돌아오지 못하는 건 아닌지 점점 더 걱정이 되었습니다. 어머니에게 "언니가 아직 안 왔어요. 어찌 된 일일까요?" 하고 말하니, 어머니는 "정말, 그러네." 하고 말한 뒤 다시 잤습니다. 저는 걱정이 되었는데, 어머니는 그렇게 걱정하지 않았습니다. 그게 왠지 짜증이 나서 불쏘시개를 가지고 솥 밑의 아궁이를 마구 쳤습니다. 빨간 불똥이 별처럼 가득 튀어 올랐습니다. 재미있어서 '다닥다닥' 계속하고 있으니, 어머니가 "뭐해?" 하고 물었습니다. 대꾸하지 않았습니다. 언니는 밥이 다 되고 나서도 여전히 돌아오지 않았습니다. 걱정하고 있는데 7시가 되었습니다. 어머니가 "빨래가 많아서 늦는 거겠지?" 하고 말씀하셨습니다.

  7시 10분이 되어, 언니가 하얀 빨래를 머리에 잔뜩 지고 돌아왔습니다. 휴~ 하고 안심이 되어, "언니 늦었네? 추웠지?" 하고 말하자, 언니는 빨래를 내려놓으며, "오늘은 너무 춥더라." 하고 말했습니다. 보니 언니의 손과 얼굴이 빨개져 있었습니다. 저는 언니가 대단하다고 생각했습니다. 저는 잠깐 쌀을 씻고 오는 것도 화가 나는데, 언니는 이렇게 늦게까지 빨래를 하고 와서도 불평 하나 하지 않습니다. 그렇게 생각하니 제 자신이 창피해졌습니다. 다음부터는 저도 어떤 일이 있더라도 불평 없이 열심히 일해야겠다고 마음속으로 묵묵히 다짐했습니다.

모 손질

경상남도진주문산공립심상소학교(慶尙南道晋州文山公立尋常小學校)
제5학년 타무라 히로시(田村博)

올해 여름방학 때 아버지께서 "복습 다 끝났으면, 도시락 싸서 연못 옆 논으로 가지고 나오너라." 하시고는 "모 손질 하는 법 가르쳐 줄 테니까." 하고 말씀하셨습니다. 그다음 날부터 도시락을 가지고 논으로 갔습니다. 거리는 약 2킬로미터 정도 됩니다. 그 주변으로는 논이 넓게 펼쳐져 있고, 곳곳에 포플러나무가 우거져 있을 뿐입니다. 아버지를 따라가 보니 모종이 하나씩 길게 같은 간격으로 가지런히 심어져 있었습니다. 논을 보니 많은 인부들이 있었는데, 새로운 싹을 싹뚝싹뚝하고 바지런하게, 또 재미있다는 듯이 자르고 있었습니다. 저는 인부가 몇 명이나 되는지 세어 보았습니다. 여덟 명이었습니다. 논의 넓이는 우리 학교의 3분의 1 크기였고, 그 주위는 푸른 들이었습니다. 인부들이 쥐어뜯고 있는 것을 보니, 모두 새로운 싹이 나온 곳을 집어 들고는 1센티미터 정도만 남기고 싹을 다 잘라 버리는 것이었습니다. 제가 "왜 싹을 잘라요?" 하고 아버지께 여쭈어 보니, 아버지께서는 "야마한[ヤマハン] 벼는 키만 자라면 도움이 안 돼. 옆으로 굵어져야지. 그래야 검사에 통과할 수 있어. 그래서 옆이 굵어지도록 싹을 자르는 거다." 하고 말씀하셨습니다. 저는 '그렇구나.' 하고 생각했습니다. 저도 도와 드리려고 싹 자르는 도구를 받았습니다. 반지 같은 것에

손가락을 끼우게 되어 있는데, 거기에 칼날이 붙어 있었습니다. 논두렁을 지나갈 때에는 발밑이 미끄덩미끄덩거려서 너무 기분이 나빴습니다. 인부들은 단번에 새로 난 싹을 찾아내서 바로 손으로 잡고 싹뚝 하고 잘랐는데, 저는 처음이어서 잘 보이지 않았습니다. 종종 두리번거리고 있으면 인부가 내 앞으로 와서 슥슥 자르고 다른 곳으로 갔습니다. 잘라낸 건 시들도록 논두렁에 그냥 놔 둔다고 합니다. 처음 해보는 거라 그것만 해도 너무 피곤했습니다. 조금 자르고 주저앉고, 앉았다가 다시 일어나 허리를 두드렸습니다. 아버지는 그 모습을 보시고는 웃고 계셨습니다. 태양이 지글지글 내리쬐고 땀이 비 오듯 흐릅니다. 목 주변과 등 언저리에 끊임없이 땀이 납니다. 닦아도 닦아도 끝이 없습니다. 가끔 바람이 불어옵니다. 바람이 불 때마다 야마한 벼들이 파도를 칩니다. 그 옆의 논에는 메뚜기가 가득해서, 그것들이 폴짝폴짝하며, 밖으로 튀어나오곤 했습니다.

  얼마 뒤, 1시 반에 지나가는 기차를 보고 모두가 점심을 먹었습니다. 논 옆에 조금 넓은 공터가 있었습니다. 저는 그 부근에서 경치를 바라보며 먹었습니다. 아버지께서 제 머리를 쓰다듬으시며 논에 온 것을 칭찬해 주셨습니다. 그때는 저도 기분이 너무 좋았습니다. 12시 정도에 와서 1시 반 기차가 올 때까지 겨우 한 시간 반이 지났는데도 배가 고파져서 정말 맛있게 먹었습니다. 아버지께서 천막을 치셨습니다. 그늘이 생기니 인부들이 이쪽에서 뒹굴 저쪽에서 뒹굴 하며 낮잠을 잤습니다. 저는 멍석 위에서 쉬었습니다. 천막이 가끔 파닥파닥하고 소리를 냅니다. 천막이 움직일 때마다 시원한 바람이 솔솔 머리 위로 넘어갔습니다.

 잠시 후, 아버지가 모두를 깨우셨습니다. 인부들은 눈을 비비면서 머리를 받치고 있던 수건을 집어 들었습니다. 모두가 한숨 자서 기운이 났을 것입니다. 다시 노래를 부르며 즐겁게 일을 시작했습니다. 어른들이 노래를 부르는 것을 보니, 마치 아이들 같았습니다. 아버지가 "시끄러!"하고 말하니, 모두가 입을 모아 "야~(네)" 하고 대답하며 노래를 멈추었는데, 잠시 뒤, 한 사람이 다시 노래를 부르기 시작하자, 모두가 노래를 불렀습니다. 저도 일을 하러 논 안으로 들어갔습니다. 모종의 크기는 약 20센티미터 정도로, 새 싹은 연하고 연두색을 띠고 있습니다. 자를 때 뿌리까지 뽑지 않는 것이 저에게는 너무 어려운 일이었습니다. 얼마 있다가 4시 반 기차가 지나갔고, 아버지께서 "오늘은 처음이니까 가도 좋다." 하고 말씀하셔서, 저는 하던 일을 멈추었습니다. 그때는 등에서 짐을 내려놓은 기분이었습니다. 자전거에 도시락을 싣고 집으로 향했습니다. 도중에 몇 번을 돌아보았는데, 아버지와 사람들이 쌀알처럼 작게 보였습니다. 하루에 일을 이 정도밖에 하지 못한 것은 처음입니다. 내일도 논에 가야겠습니다.

학무국장상

곶감

경기도선원공립심상소학교(京畿道仙源公立尋常小学校)
제6학년 이범영(李範永)

 우리 마을, 두운리*는 옛날부터 감이 많이 나서 감의 명산지로 유명하다. 그건 기후와 풍토가 감에 알맞기 때문이겠지만, 마을 사람들이 감의 배양법에 힘쓰고 있기 때문이기도 하다. 감의 종자는 여러 가지가 있지만, 대체로 우리 마을에서 생산되는 감은 장순시[長筍柿], 방시[方柿], 중순시[中筍柿] 세 종류이다. 그중에서도 제일 품질이 좋고 맛이 좋은 것은 장순시이다. 그러나 장순시는 오래 놔두면 부패하기 쉬워 저장이 힘든 데다가, 상처가 잘 나서 멀리까지 운반하고 판매하기가 불편했었다. 그래서 사람들은 어떻게든 장순시를 방시처럼 곶감으로 만들겠다고 마음먹었는데, 마침내 쇼와9년[1934년] 가을에 장순시 곶감 생산에 성공하였다.

 곶감을 만들려면 우선 10월 중순부터 감을 나무에서 따기 시작한다. 수확한 감은 바로 껍질을 벗긴 뒤, 감꼭지에 실을 매달아 10개에서 20개 정도까지 묶고, 그것을 높은 봉에 걸어 말린다. 감은 마르면서 매일 눈에 띌 정도로 쪼그라든다. 그러면 손으로 주물러 주거나 관리를 해 준다. 곶감

---

 * 두운리(斗雲里): 현 인천광역시 강화군 불은면 두운리.

을 만들 때 제일 걱정이 되는 건 비다. 우리 마을에서 곶감을 제일 많이 만드는 곳은 구진서상[さん, 씨]네 집이다. 그의 말에 의하면, 올해 만든 곶감은 2만 4천 개 정도인데, 예전에는 그중 절반 정도를 방시로 만들었다고 한다. 그 집에서는 감을 말리는 집을 따로 만들고 그 지붕에는 함석을 덮었는데, 평소에는 그 지붕을 치워 뒀다가 비가 내리면 덮는다. 이렇게 해 놓으면 비가 올 때에도 하나씩 황급히 안으로 들여놓을 수고를 하지 않아도 되고, 덕분에 밖의 일도 틈틈이 할 수 있다. 이렇게 일을 하면서 곶감을 관리하는데, 한 달 정도면 완전히 마른다. 잘 마르면 크기를 구별해서 상자에 넣는다. 곶감도 큰 것 작은 것이 있기 때문이다. 상자에 넣는 수량이 정해진 건 아니지만, 보통 한 상자에 60개 정도가 들어간다. 이렇게 준비해 놓은 곶감을 매매조합에서 사 간다. 매매조합에서는 이걸 각지로 보내 파는데, 올해는 군청에서 사 모아 나라를 위해 일해 주시는 병사들의 위문품으로 봉납한다고 한다. 올해 우리 마을에서 만든 개량 곶감은 다 합해서 6만 개라고 한다. 이 장순시를 그냥 감으로 팔면 한 개에 1전 정도밖에 되지 않는다. 하지만 이걸 곶감으로 만들면 한 개에 1전 4리 정도를 받는 데다가 날개 돋친 듯 팔린다. 그래서 그냥 파는 것보다는 말려서 파는 쪽이 전체 마을을 통틀어 200엔 정도를 더 벌 수 있다. 감의 증산을 위해서는 배양법에 노력을 기울이지 않으면 안 된다. 감 배양은 2월 상, 중순 정도에 고욤나무의 종자를 심는 것으로 시작한다. 그 나무를 5년 정도 기르면 높이는 약 1.5미터 정

도, 가지 둘레는 2.5센티미터 정도가 된다. 그러면 봄에 감나무에서 노란색 싹이 나올 때 그 가지를 꺾어 와서 고욤나무에 접목한다. 감의 씨를 그냥 심어도 되긴 하지만, 성장도 늦고 열매도 작아 품질이 나쁘다고 한다. 접목을 하고 3년이 지나면 감이 열린다. 감나무가 크면 한 그루에 감이 무려 2천 개까지도 열린다고 한다. 이렇게 감이 많이 열리면 이득일 뿐만 아니라 보기에도 좋다. 가을에 바람이 불고 아침저녁에 서리가 내리면, 감나무 잎이 모두 말라 떨어지기 시작하고 주황색 잘 익은 감이 나무를 감싸는데, 그 무렵 감에 둘러싸인 마을의 아름다움이란 글로 표현하기가 힘들 정도다. 아름답고 푸른 하늘, 노랗고 빨갛게 물든 야산, 황금색으로 파도를 일으키는 논. 시골의 가을은 마치 솜씨 좋게 두루마리 위에 그려진 그림 같다. 나는 농촌에, 특히 감의 명산지에 태어났기 때문에 앞으로는 감의 배양법을 더욱 발전시켜 최고로 품질 좋은 곶감을 만들 생각이다.

제2회 조선총독상 글짓기 경연대회

비

경상남도동래제1공립심상소학교(慶尙南道東萊第一公立尋常小学校)
제3학년 김종준(金鐘準)

 올해는 비가 내리지 않아, 많은 마을 사람들이 곤경에 빠졌습니다. 넓은 논에 심어져 있는 벼는 시들었고, 논과 논 사이에 흐르는 강이나 하천에는 물 한 방울 없습니다. 그래서 저희 가족은 하천 바닥을 파서 연못처럼 둥근 웅덩이를 만들었습니다. 웅덩이에서 나온 흙탕물을 퍼 올려서 논에 넣고, 퍼 올려서 논에 넣고, 했습니다. 일요일 같은 날에는 저도 함께 점심때부터 저녁때까지 웅덩이에서 물을 퍼 올렸습니다. 웅덩이 안에 들어가니 밑에서 뜨거워진 흙과 진흙의 냄새가 코를 찌르고, 위에서는 해가 쨍쨍 내리쬐어 등이 타는 듯 따가웠습니다. 그래도 저는 참고 열심히 물을 퍼 올렸습니다. 한동안 퍼 올리자, 이제 물이 나오지 않습니다. 하는 수 없이 삽으로 웅덩이 밑을 조금씩 팠습니다. 웅덩이 바닥에는 작은 돌이나 바위 같은 큰 돌밖에 없어서, 그런 곳을 파느라 뼈가 부러질 것 같습니다. 점점 깊이 파니까 물이 졸졸 흘러나옵니다. 그 순간 기뻤던 건 지금도 잊을 수 없습니다. 다시 조금 더 깊이 팠습니다. 그리고 고인 물을 다시 퍼 올려 밭에 넣었습니다. 다른 사람들도 하천 바닥을 파서 각자 자기 논에 물을 퍼 넣고 있었습니다. 하루에 20전의 돈을 내고 연못의 물을 사서 논에 물을 대는 사람들도 있었습니다. 마을의 노인 분들은 저녁을 먹으면 항상 길가에 모여 "오늘 밤은 비가 올 거야." "내일은 비가 오겠지." 하고 말하며, 부채질을 하면서 하늘을 올려다보았습니다. 커다란 먹구름이 움직이며 몰려올 때에는 누구도 기뻐하지 않은 사람이 없었지만, 그게 그냥 지나가 버렸을 때에는 모두가 실망하고 말았습니다. 올해 여름은 결국 비가 내리지 않고 지나갔습니다. 그래도 저희 집에서는 식구들이 모두 힘을 합쳐 일하였기 때문에, 지금은 벼가 잘 여물어 있습니다. 물이 없어 시들어 버린 벼를 보고 있으면, 저는 안타까워 참기가 힘이 듭니다. 마을 사람들은 비가 무엇보다 큰 보배라고 합니다.

수금

전라남도여수동정공립심상고등소학교(全羅南道麗水東町公立尋常高等小学校)
제5학년 카와자키 토시코(河崎俊子)

아침부터 구름 한 점 없는 니혼하레. 햇빛이 눈앞의 양철 지붕에 반사돼서 눈부시게 빛난다. 오늘은 일요일이다. 나는 산술* 숙제를 하고 있었다. 오후에는 이노우에상 집으로 놀러 가려고 하고 있었다. 때앵, 때앵, 시계가 11시를 쳤다.

---

* 산술(算術): 당시 일본 소학교 교과 과정 중 하나로 지금의 수학에 해당한다.

그때 아버지가 문득 떠오른 듯, 일을 하고 있던 손을 쉬며 말했다. "토시코! 점심부터 타로 데리고 수금하고 와. 30분도 안 걸리니까." 동정*에 들를 곳이 너무 많아서 동정을 다 돌면 지로가 전기가 켜질 때까지도 돌아오지 못하니, 본정** 앞의 일부는 내가 맡아서 정리하라는 것이다. 나는 싫었지만 "네." 하고 씩씩하게 대답했다. 우리집은 간장을 판다. 얼마 뒤 시계가 12시를 쳐서 점심을 먹었다. 그리고 어머니에게 거스름돈을 받았다. 거스름돈이란, 만약 30전을 수금하는 것이라면, 50전을 받았을 때 20전을 거슬러 주는 것이다. 1엔짜리 지폐 5장, 50전짜리 5장, 10전짜리 20장, 5전짜리 10장 해서 총 10엔을 주머니 안에 수북이 넣었다. 작년 우에다 아저씨와 수금하러 갔을 때에도 똑같이 이 주머니를 가지고 갔던 것이 기억이 나서 그리워졌다.

나는 타로상과 가벼운 발걸음으로 집을 나섰다. 내가 앞장서서 걸었다. 큰길로 나갔다. 큰길은 언제나 북적인다. 화신 백화점***을 가로질러 오카모토 가구점 쪽으로 간다. 화

---

* 동정(東町): 본래 여수는 1895년 동학 농민 전쟁과 1908~1909년 호남 의병 대토벌을 겪으며 작은 어촌으로 변모했으나, 1911년부터 일본인 자본가들이 일본인 이주와 정착을 위해 여수항 매립과 간척 공사를 시작했다. 매립으로 조성된 토지는 일본인에게 집중적으로 분배되고 시가지가 형성되었는데, 1914년 행정 구역 통폐합에 따라 매립지 주변이 동정과 서정으로 나뉘었다.
** 본정(本町): 여수의 매립과 간척 공사로 이루어진 동정과 서정 사이의 지역으로, 군청과 우체국 등 각종 공공 기관과 편의 시설을 기반으로 형성된 일본인 상점 거리이다. 현 여수의 구도심이다.
*** 화신 백화점(和信百貨店): 조선 5대 백화점 중 유일하게 조선인 자본으로 출자된 화신 백화점의 여수점이다. 일본인이 형성한 본정에 위치했다.

신 백화점 바로 정면에 큰 건물의 서양요리점이 있다. 건물 때문에 그늘이 져서 그쪽으로 들어가니 서늘했다. 타로상이 "매번 감사드립니다. 오늘은 카와사키 간장 가게에서 수금하러 왔습니다." 하고 말하며 들어갔다. 나도 뒤따라 들어갔다. 여러 가지 모양의 거울, 서랍장, 과자 그릇, 쟁반, 그 외에도 거기에 있는 물건 하나하나에 눈길이 갔다. 돈을 받고 주머니에 넣었다. 이번에는 스시 조에 갔다. "안녕하세요." "안녕하세요." 하고 가면서 인사를 해도 대답이 없었다. 결국 주방까지 들어갔다. 나는 식당이나 요리점에 가는 것이 너무 싫다. 훅하고 무언가 코를 찔렀다. "카와사키에서 수금하러 왔습니다." 하고 말하자, 일하고 있던 여종업원이 쌀쌀맞게 "수금은 15일이에요." 하고 돌아보지도 않고 말했다. 나는 화가 났다. '그러면 종이에 15일이라고 써서 붙여놓지.' 하고, 나는 스시 조를 뛰쳐나왔다. 그러고 나서 츠루야 여관으로 갔다. "안녕하세요." 하고 인사하자, 지나가던 여종업원이 "뭐죠?" 하고 친절하게 물었다. 타로상이 수금이라고 말하자 "잠깐만 기다려 주세요." 하고 뒤돌아 안으로 들어갔다. 그리고 바로 다시 나와 "지금 장부 가지고 나갔는데요. 금방 돌아올 거니까 잠시 기다리세요." 라는 말을 남기고 바쁜 듯이 2층으로 올라갔다. 나는 점점 지루해졌다. 시계를 봤다. 10분, 15분, 처음에는 다소곳이 기다리고 있던 나도 참을 수 없어, 밖을 내다보거나 연못을 바라보거나 했다. 연못에는 15센티미터 정도의 관상용 잉어와 민물잉어가 사이좋게 헤엄치고 있었다. 분수의 물이 기세 좋게 위를 향해 올라간다. 그때 여자 한 명이 밖에서 돌아왔는데, '뭐지?' 하고 이상하다는 듯이 우리 둘을 힐끔힐끔 쳐다보았다. 그 손에는 장부가 들려 있었다. 내가 작은 목소리로 "수금이에요." 하고 말하니, "아, 잠깐 기다려." 하고 말하며 안으로 들어갔다. 잠시 후, 장부를 가지고 나왔다. 그러고는 "여기에 도장 찍어." 하고 타로상에게 말하더니 "여기." 하며 나에게 10엔 지폐를 주었다. 나는 그걸 주머니에 넣었다. 이번에는 코노에 오복점으로 갔다. 매일 아침 요시코짱을 부르러 가는 곳이지만, 오늘은 조금 창피했다. 코노에 집 점원이 "들어와, 들어오세요." 하고 말했지만, 나는 그대로 서서 『아사히신문』* 광고에서 눈을 떼지 않았다. 타로상이 10엔 지폐를 가지고 나왔다. 나는 그것을 주머니에 넣으며, 코노에 바로 옆에 있는 하야시 양장 연구소로 들어갔다. 아주머니는 눈을 부들부들 떨면서 식초 병과 덮밥을 가지고 나왔다. 조금 당황한 기색이었다. 수금이라고 말하자, 안쪽에다 무언가 알아듣지 못하는 말을 하고는 우리에게 "치과에 가 보세요." 하고 말했다. 다음은 이마가와에 갔다. 이마가와는 고향 사람이라 우리 집과 아주 친하게 지내는 사이

---

* 아사히신문(朝日新聞): 재조 일본인을 위해 조선에서 발행된 신문은 조선총독부 산하의 『경성신문(京城新聞)』 외에도 『조선신보(朝鮮新報)』, 『조선신문(朝鮮新聞)』, 『부산일보(釜山日報)』 등이 있었다. 오사카에서 1879년에 창간된 『아사히신문』은 내지의 신문사로서 1915년부터 만주와 조선의 소식을 다룬 『선만부록(鮮滿附錄)』을 발행했고, 1918년에는 본격적으로 『선만판(鮮滿版)』을 발행했다. 1925년에는 조선 단독판인 『조선 아사히(朝鮮朝日)』가 발행되었으며, 1928년에는 이 『조선 아사히』가 『남선판(南鮮版)』과 『서북판(西北版)』으로 나뉘었다.

이다. 이마가와 아주머니가 "토시쨩, 오늘 수금이네. 수고가 많네." 하고 말씀하셨다. 여기에서 5엔 지폐를 받았다. 이마가와를 나와서 마지 아저씨를 만났다. "토시쨩, 우리집에 갔었어?" 하고 물었다. "아니요." 하고 말하자 "오빠 있으니까, 오빠한테 받아." "네." 하고 마음 편히 대답하고는 모리노 가게 처마 밑으로 들어갔다. 마지 오빠는 얼마 전에 전쟁터에서 막 돌아온 병사님이다.

해안가로 나갔다. 통통배가 하얀 연기를 남기며 떠 간다. 벌써 많이 돌았다. 하기노상네까지 왔을 때, 반대편에서 카토우 선생님이 남자 두세 명과 함께 낚싯대를 어깨에 메고 걸어오는 게 눈에 들어왔다. 나는 타로상을 데리고 빨리 그 장소를 빠져나왔다. 타로상은 길목마다 센징**의 가게를 들여다보면서 걸어갔는데, 그러다 멈춰 서더니 "[어딘지] 잘 모르겠네." 하며, 머리를 긁적였다. "뭐를?" 하고 묻자, "[우리 간장을 쓰는 조선인] 김상이라고." 하고 말했다. 나는 말없이 바다를 바라보았다. 맑고 깨끗한 물, 작은 배, 큰 배가 바다 위에서 사이좋게 떠다녔다. 나는 즐거운 듯 갈매기와 어양선이 하얗게 남기는 물살을 가만히 지켜봤다. 갑자기 어디선가 "카와자키상~" "카와자키상~" 하고 부르는 소리가 들렸다. 처음에는 잘못 들었나 싶었는데, 왠지 바다 쪽인 것 같아서 바다를 보니 돌산***행 통통배 위에서 누군가가 손

** 센징(鮮人): 일본어로 조선인은 조센징이다. 재조 일본인들이 조선인을 부르던 말이다.

*** 돌산(突山): 현 전라남도 여수시 돌산읍. 서쪽의 가막만, 남쪽의 남해, 북쪽의 여

을 흔들고 있었다. 자세히 보니 하세가와상과 쿠마가에상이 무어라고 외치면서 손을 흔들고 있다. 등에는 배낭을 메고 있었다. 내 눈을 의심하게 만든 것은 그 [레저용] 배낭이었다. 나도 손을 흔들었다. 쿠마가에상이 큰 소리로 "수금?" 하고, 배에서 소리를 질렀다. 내가 웃어 보이자 무어라고 말했지만, 벌써 배는 기슭에서 멀리 떨어져 있었다. '우리 아버지도 저 집 아버지처럼 회사에 다니면 좋을텐데.' 아버지가 조금 밉게 느껴졌다. 그리고 동시에 가슴이 울컥했다. 하지만 나는 생각했다. '비상시인데, 놀아선 안 되지. 병사님은 우리 국민을 생각하며 일해 주신다. 우리도 병사님을 생각하며 일해야 한다. 일해야 한다.' 나는 아무렇지 않은 표정으로 뒤를 돌아보았다. 그런데 타로상이 없다. 주머니를 들고 여기저기 찾아다녀 봤지만 어디에도 타로상 같은 사람의 모습은 보이지 않았다. 나는 원래 장소에 가서 어리둥절해하고 있었다. "토시코짱!" 하고 뒤에서 소리가 났다. 깜짝 놀라 뒤를 돌아보니 타로상이 싱글벙글하며 "찾았어." 하고 말했다. 따라가 보니 어떤 수리치비*였다. 기기서 돈을 받고 마지막으로 전남치과에 갔다. 거기서도 쉽게 돈을 주었다. 집에 돌아가서 돈을 세어 보았다. 나갈 때 받은 거스름돈은 빼고 딱 82엔 50전이었다. 노다 아저씨와 갔을 때보다 적었지만, 내가 모은 돈이라고 생각하니 아주 기쁘고 아

수반도를 바라보고 있으며 한국에서 여섯 번째로 큰 섬이다.
* 수리치비(スリチビ): 조선어 '술집'을 일본식으로 발음한 것이다. 일본인이 아닌 조선인이 운영하던 술집을 말한다.

주 감사한 기분이 들었다.

동정금

경성용강공립심상소학교(京城龍江公立尋常小学校)
제6학년 김희운(金熙雲)

11월 하순 어느 날의 일이었다. 불어닥치는 북풍에 해는 완전히 저물었는데, 서대문** 밖 아현 거리의 길모퉁이에 남자 한 명이 돌 위에 찢어진 돗자리를 깔고 앉아 있었다. 열두세 살쯤, 내 또래로 보이는 시골에서 자란 남자 아이와 부인 같아 보이는 여자가 그 옆에 있었다. 그리고 그 옆에는 이불 같은 짐보따리 세 개가 놓여 있었다. 그 남자는 마흔다섯 살 정도로, 우리 아버지 나이와 비슷해 보였다. 중년의 착한 농민 같았다. 그 부인 역시 우리 어머니와 비슷한 나이로 보였다. 남자는 먼 길을 걸어와 지쳤는지, 아니면 식사를 걸러 굶주렸는지, 어디를 보고 있는지 알 수 없을 정도로 멍해 보였다. 조금도 기운이 없어 보였다. 앞으로 향할 행선지도 없는 듯 그냥 눈을 부릅뜨고 있었는데, 말라서 가느다란 팔을 종종 힘없이 머리에 올리며 '하아.' 하고 깊은 한숨을

** 서대문(西大門): 돈의문의 별칭. 한양 도성 서쪽 정문이라 서대문이라 불렸다. 태조5년(1396년) 한양 2차 성곽 공사 때 현 서울시 종로구 사직동에 세워졌다가 풍수학자 최양선의 건의에 따라 문을 폐쇄하고, 세종4년(1422년)에 현 서울시 종로구 평동에 새로 건설했다. 이후 1915년 일제 강점기 도시 계획에 따른 도로 확장으로 철거되었다. 사대문 중 유일하게 현존하지 않는 대문이다.

쉬었다. 이따금 불어오는 바람은 이 남자의 지저분한 머리카락을 살랑살랑 흔들었다. 기력을 잃은 아버지의 옆에 있던 아이 역시 한마디 말도 없이 지나가는 사람들의 모습을 힘없이 보고 있었다. 뼈와 가죽만 남은 앙상한 몸, 찢어진 짚신을 신은 발, 너무나 피곤해 보이는 세 명의 모습은 지나가는 사람들의 눈길을 끌었다.

잠시 후, 지나가던 어느 착한 노인의 물음에 남자는 힘없는 말투로 이야기했다. "올해는 가뭄 때문에 밭도 논도 농작물이 전부 말라붙어서 하나도 수확하지 못했습니다. 그래도 지금까지는 이렇게 저렇게 살아왔는데, 이제부터 오는 가을 겨울을 보낼 방법이 없어서 전라도에서 멀리 경성 지인 집에 일자리를 물으러 왔습니다. 그런데 그 사람도 지금 어디로 이사를 갔는지 모르겠고, 부탁할 사람도 없어서 그냥 이러고 있습니다." 하고 말했다. 귀를 기울이고 있던 노인이 "안됐구먼." 하고 말했다. 옆에 서 있던 대여섯 명 행인도 "불쌍하네." 하고 모두 중얼거렸다. 그 노인이 10전 백동화를 하나 주는 것을 시작으로, 그 밖의 사람들이 5전이든 3전이든 10전이든 동정의 손길을 내밀었다. 나는 그 가족 세 명을 보면서 너무 내 일인 것처럼 느껴져 어찌할 줄을 몰랐다. 나는 지금 따뜻한 옷을 입고, 매일 학교에 다니며 내년에 있을 입학 시험 준비를 하고 있다. '혹시 내가 이 소년처럼 된다면 어떻게 해야 할까?' 하고 생각하니, 더 격하게 슬픈 마음이 들어 참을 수 없었다. 지금 내 주머니에는 잡지를 사려고 아버지에게 받은 돈 15전이 들어 있다. '얼마 줄까? 다 줄까? 그래도 15전까지 준 사람은 없어.' 하고 생각했다. '근데 이 사람의 곤란한 처지에 비하면 잡지 한 권 정도는 안 사도 괜찮다.' 하고 생각하고, 과감히 15전을 다 주었다. 그때까지는 머리를 숙이고 감사하다고 말만 하던 그 사람이 놀란 듯이 나를 바라보며 "어린아이의 보살핌까지 받다니, 이건 정말 송구스럽네." 하고 힘은 없지만, 진심이 담긴 얼굴로 말했다. 그 사람의 눈에는 눈물이 반짝이고 있었다. 옆에 있던 아이는 이제까지 눈을 내 쪽으로 향해 바라보고 있었지만, 그때는 우는 아버지를 보고 자기도 슬퍼졌는지 아비지에게 엎드려 울었다. "정말 딱하네." 하고 사람들이 말했다. 집에 돌아올 때는 그 부자가 자꾸 머릿속에 떠올라서 어쩔 수가 없었다. 그래도 내가 '그 부자에게 군고구마 한 번 정도 먹을 수 있게 해 주었다.' 하고 생각하니, 왠지 모르게 너무 기뻤다. 집에 돌아와 아버지에게 그 이야기를 말씀드리자 "아주 좋은 일을 했구나. 불쌍한 사람을 동정하는 것은 아주 좋은 일이다. 언제나 그런 마음 씀씀이를 가지고 있으면, 나중에 분명히 좋은 사람이 될 것이야." 하고 말씀하셨다. 나는 지금도 그 소년의 모습이 눈에 아른거린다.

어린 거지

전라북도남원빈랑공립심상고등소학교(全羅北道南原賓郞公立尋常高等小学校)
제4학년 소병문(蘇秉文)

사오일 전 '눈인가?' 싶게 새하얀 서리가 내려앉은 추운 아침이었다. 집에서 밥을 먹고 있는데 어린 거지 한 명이 들어왔다. 더러운 얼굴, 덥수룩한 머리, 너덜너덜한 옷을 입은 본 적 없던 거지였다. 거지가 몸을 떨면서 작은 목소리로 "밥 좀 주세요." 하고 말해, 내 밥을 조금 나누어 주려고 하자, 어머니가 "됐으니까 그냥 먹어. 이쪽에서 줄 테니까." 하고 말씀하시며, 거지 바가지에 장아찌와 밥을 넣어 주셨다. 그러자 거지는 말없이 나갔다. 나는 밥을 먹고 학교로 서둘러 갔다. 산기슭에 접어들자 건너편 쪽에서 아까 거지가 받아 간 밥을 먹고 있었는데, 내가 가까이 다가가자 먹지 않고 가만히 있었다. "왜 안 먹어?" 하고 물으니, 내 얼굴만 바라보고 있다. "집은 어디야?" 하고 물어도 아무 말이 없다. 나는 귀머거리인가 하고 다시 좀 더 큰 목소리로 "아버지랑 어머니랑 어디에 있어?" 하고 물어보았다. 그러자 "어머니는 죽고, 아버지는 어디 있는지 몰라." 하고 말했다. 나는 불쌍한 생각이 들었다. 낙엽이 바람에 후두둑 떨어져, 거지의 바가지에 들어갔다. 그래도 거지는 그걸 내버려두었다. 몇 살인지 물으니 "열 살"이라고 대답한다. 나는 정말 귀머거리인지 확인하기 위해서 작은 목소리로 "그러면 집도 친척도 없네." 하고 말해 보았다. 그러자 그렇다고 대답한다. 귀머

거리는 아니었다. "밥 먹어." 하고 말해도 내 얼굴만 보고 있다. 너무 불쌍해서 연필을 사려고 아버지에게 받은 돈 2전을 꺼내 주면서 "이제부터 어디로 갈 거야?" 하고 묻자, 대답 없이 돈만 가져갔다. 이름은 복동[福童]이라고 가르쳐 주었다. 나는 학교가 늦을까 봐 서둘러 걷기 시작했다. 잠시 가서 뒤돌아보니 밥을 먹으면서 나를 바라보고 있었다. '내가 있어서 먹지 않았나?' 하고 생각하니, 너무 미안한 기분이 들었다. 나는 거지의 모습이 작아질 때까지 뒤돌아보고 또 뒤돌아보고 하며 학교에 갔다. 학교에 와서도 가끔 그 거지가 생각이 났다. 수업이 끝나고 '아침 거지는 어느 마을로 갔을까?' 하고 혼자 생각하면서 산기슭으로 가 보니, 아침 거지는 없었다. 나는 집에 돌아와 일손을 돕고 숙제를 마치고 마당에서 놀고 있는데 "오빠, 밥 먹어." 하고, 여동생 목소리가 들려 방으로 들어갔다. 그리고 밥을 먹고 있는데, '이제 이 마을에는 없겠지?' 하고 생각했던, 아침의 거지가 또 왔다. 이번에는 밥을 달라고 말도 안 하고 그냥 서 있었다. 어머니가 "또 왔네. 이번에는 여기서 먹고 가." 하고 말씀하시며, 다시 밥과 장아찌와 따뜻한 물을 주셨다. 그러자 거지는 툇마루에 앉아서 먹었다. 다 먹고 나서 고맙다고 말도 안 하고, 두 번이나 뒤돌아 내 얼굴을 보고 나갔다. 나는 빨리 밥을 먹고 '어느 집으로 가는 거지?' 하고 생각하며, 뒤를 따라가 보았다. 거지는 다른 집으로 들어가지 않고, 마을 어귀 논으로 들어가 쌓여 있는 짚 밑에 앉았다. 이제 가을의 해는 완전히 잠겨, 서쪽 하늘은 노을로 붉게 물들어 있었다. 뛰어가서 "왜 여기 앉아 있어?" 하고 말을 걸자, "여기서 자." 하고 작은 소리로 말하는 것 같더니, 쌓여 있는 짚을 이쪽저쪽으로 옮기면서 커다란 구멍을 만들었다. 나는 깜짝 놀랐다. 주변을 둘러보니 마을의 주[朱]상이 서 계셔서 뛰어가 그 사실을 말씀드렸다. 그러자 주상이 "어디?" 하고 말하며, 나를 따라왔다. 그리고 거지와 한참을 이야기한 후, 자기 집의 하인 방으로 데려가 재웠다. 집으로 돌아가서 식구들에게 아침 학교에 갈 때의 일과 지금의 이야기를 하니 "불쌍하게도, 그런 거면 집에서 재워 줄 걸." 하고 모두가 입을 모아 말했다. 그리고 아버지에게 다시 2전을 받았다. 그날 밤, 나는 거지를 생각하니 불쌍하고 불쌍하여 쉽게 잠이 오지 않았다. '나라는 사람은 백 배 천 배 행복하구나.' 하고 생각했다. 다음 날 아침, 그 거지가 올지 안 올지 기다리고 있었지만, 다시 오지 않았다. 후에 주상에게 물어보니, 다음 날 아침, 자기 아이의 낡은 옷 한 벌을 입혀 주었다고 했다. 그리고 거지는 주상 집에서 밥을 먹고, 어딘가 다른 마을로 가 버렸다고 한다. 머리를 잘라 주려고 하니까, 춥다고 싫다고 했다고 한다. 나는 주상이 정말로 정 깊은 사람인 것같이 느껴져 감동했다. 부모도 집도 없는 그 거지는 생각하면 생각할수록 불쌍한 아이다. '지금쯤 어디서 무얼 하고 있을까? 점점 추워지는데, 겨울 동안에는 어디에서 자는 걸까?'

(Ⅵ) 학교

　제2회 조선총독상 글짓기 경연대회가 끝난 1940년, 일곱 살의 조선인 김창국 어린이는 경성사범학교 부속 제2소학교에 들어가기 위해 입학 시험을 보았다. 일본에서 10년간 거주한 경험이 있는 조선인 아버지와 유치원 교사였던 조선인 어머니가 장남이었던 김창국 어린이를 (걸어서 통학할 수 없을 만큼 먼 곳이었음에도) 경성 엘리트 학교에 보내고 싶어 했기 때문이다. 시험은 세 번에 걸쳐 진행되었다. 제1 시험장에서는 세 명의 시험관이 앉아 이름과 주소, 아버지의 직업, 가정 형편에 대해 물어보았다. 일본어를 잘하는 부모님 밑에서 자랐지만, 가정에서는 조선어를 사용했던 데다 따로 유치원을 다니지 않았던 김창국 어린이는 일본어를 할 줄 몰랐다. 그런 어린이들을 위해 시험장에는 조선인 통역사가 동석해 있었다. 신상 조사가 끝나자, 이번에는 시험관이 다리가 있는 그림 하나를 보여 주었다. 여기가 어디냐고 묻자 김창국 어린이는 한강이라고 답했다. 노량진 집에서 언제나 내려다보이는 한강 다리 같았기 때문이다. 이어서 제2 시험장으로 가자, 여러 가지 교구와 그림책이 준비되어 있었다. 시험관은 그림책을 보여 주면서 "여기에 돼지는 몇 마리입니까?", "여덟 마리가 더 오면 몇 마리가 됩니까?" 등 간단한 수학 문제를 물어보았다. 이후 김창국 어린이는 여러 가지 지능 테스트를 받은 뒤 제3 시험장으로 갔다. 신체 테스트였다. 단순히 키와 몸무게를 재며 건강을 체크하는 정도가 아니었다. 많은 선생님들이 앉아서 지켜보는 가운데 줄 당기기, 높이뛰기, 링 던지기, 철봉 매달리기 같은 체력 테스트를 받았다. 시험을 마치자 밖에서 마음을 졸이며 기다리고 있던 어머니와 이모가 이것저것 물어보았다. 하나씩 답해 주자 어머니는 떨어질 것이라며 낙담했다. 시험에 나왔던 그림은 한강교가 있는 한강이 아니라 니쥬바시(二重橋)가 있는 동경의 황궁이었던 것이다. 하지만 김창국 어린이는 8대 1이라는 높은 경쟁률을 뚫고 합격해 입학식에 가게 되었다. 입학식장에서 교장 선생님의 일본어 축사를 알아듣지는 못했지만, 집에 돌아와 어머니가 아버지에게 하는 말을 들어 보니 '황태자가 태어난 해인 1933년생 어린이들은 이 세상에서 가장 축복받은 어린이들이어서 일생 행복할 것'이라고 했단다.

김창국 어린이는 경성사범학교 부속 제2소학교 1학년이 되었다. 정문으로 들어가면 바로 오른편에 천황과 황후 폐하의 사진을 모셔 둔 봉안당이 있었다. 등하교 때에는 언제나 걸음을 멈추고 허리까지 숙여 인사했다. 전교생 모두가 그렇게 했다. 강당에서 국가 축하 행사가 있을 때면, 교장 선생님이 예복을 차려입고 하얀 장갑을 낀 채 봉안당에서 천황과 황후 폐하의 사진을 강당으로 모셔 왔다. 선생님이 지나갈 때에는 전교생 모두가 고개를 숙였다. 이 전교생이 모두 한 자리에 모이는 건 국가 행사가 있는 날뿐이었다. 교정 안에는 교사가 네 동이나 있었기 때문이다. 먼저 조선인과 일본인이 교원이 되기 위해 수업을 받는 경성사범학교가 있고, 그 뒤의 붉은색 건물에는 일본인 초등교육기관인 경성사범학교 부속 제1소학교가 있었다. 흰 건물은 조선인 김창국 어린이가 다니는 경성사범학교 부속 제2소학교였다. 그리고 수영장 근처에는 일본 가옥 같은 건물이 하나 있었는데, 이곳은 일본인 상류층 고위 자제들이 학년에 상관없이 다같이 모여 수업을 받는 '단큐'라는 곳이었다. 일장기를 상징하는 붉은색과 흰색 건물에 다니는 어린이들은 같은 길로 통학하며 언제나 마주쳤지만, 시비가 붙지도 않았고 교류를 하는 일도 없었다. 김창국 어린이는 그냥 다른 세상에 있는 사람들을 보듯 약간의 이질감을 느꼈다고 했다. 제1소학교와 제2소학교가 가장 달랐던 부분은 식사였다. 김창국 어린이가 도시락을 싸 다닐 때 일본인 아이들은 식당에서 급식을 하며 노란 밥을 먹었다. 노란 밥이란 김창국 어린이가 그때껏 본 적도 없던 것, 바로 카레라이스였다. 조선인들에게는 급식 대신 간식으로 매일 빵과 생선의 간유가 나왔는데, 그 빵은 교생 선생님 몫이 되기도 했다. 경성사범학교 학생들은 필수적으로 2개월간 초등교육기관에서 실습해야 했는데, 이때 조선인은 조선인 학교로, 일본인은 일본인 학교로 배정되었다. 사범학교에 다니는 일본인과 조선인 학생들은 대개 가정 환경이 넉넉지 않았다. 그렇기에 정부에서 학비를 보조해 주는 사범학교로 지원했던 것이다. 특히 조선인 교생들은 가난하기 짝이 없어서 도시락을 아예 싸 오지 않거나 변변찮게 싸 오는 경우가 많았고, 그럴 때는 김창국 어린이와 친구들이 돌아가며 교생 선생님들에게 빵을 나누어 주었다. 교생 선생님들은 처음에는 사양했지만, 자꾸 권하자 받아들였다. 아이들은 아침 조회부터 수업을 마칠 때까지 하루 종일 함께하는 교생 선생님들과 간식 시간에만 멀어지는 걸 싫어했다. 그렇게 아이들의 빵은 교생 선생님의 점심이 되었다.

1학년 담임 선생님은 일본인 여자 선생님이었다. 40명의 남자 신입생 가운데 20명은 여자 신입생들과 같은 반이 되고, 나머지 20명은 2학년들과 같은 반을 사용했다. 복식 클래스라고 했다. 선생님은 1학년과 2학년을 번갈아 가며 지도해 주었는데, 주로 1학년 학생들에게 오래 머물러 있었다. 1학년 20명은 일본어를 잘하는 사람과 못하는 사람으로 반씩 나뉘었다. 일본어를 못하는 김창국 어린이는 어머니가 수업에 참관했고, 집에 가면 어머니와 수업 내용을 다시 조선어로 복습했다. 조선어 수업은 아예 없었다. 학교에서 조선어로 말하면 선생님께 혼이 났다. 무의식 중에 조선어가 튀어나오면 항상 고자질하는 친구들이 있었다. 일본인 담임 선생님은 경성사범학교에서 정규과목으로 조선어를 배웠음에도 조선어를 전혀 모르는 척했다.

1940년 2월이 되자, 1939년 11월에 공포되었던 창씨개명이 실시되었다. 반 친구들 대다수가 입학할 때부터 창씨개명을 하고 들어왔고, 아직 하지 않은 사람은 반에 네 명 뿐이었다. 8월에는 조선인 가운데 80퍼센트가 일본 성으로 바꾸었다. 그런데 아버지의 완고한 반대로 김창국 어린이는 창씨개명을 하지 않고 넘어가게 되었다. 아버지에게 어떤 압박이 주어졌는지는 모르지만, 학교에서는 창씨개명을 하지 않아도 뭐라고 하지 않았다. 그냥 입학할 때와 같이 키무-쇼우-코쿠라고 불렸다. 민족성을 말살하기 위한 정책인 창씨개명이 일단락되고 8월이 되자 조선어 신문인 『조선일보』와 『동아일보』가 폐간되었다. 학교에서는 조선어 사용 금지와 함께 궁성 요배, 황국 신민 맹세, 근로 봉사, 총검술, 겨울 혹한 훈련 등 군국주의 관련 수업이 늘어났다. 새해나 국경일, 기념일에는 조선 신궁과 경성 신사에 전교생이 참배를 드리러 갔고, 매월 1일에는 학교 옥상에 있는 신사에 가서 반 전체가 참배를 드렸다. 전차에서도 조선 신궁을 지날 때면 차장이 "지금 신궁 앞을 통과합니다." 하고 소리쳤고, 승객들은 그 자리에서 고개를 숙였다. 좁은 전차 안에서 서로가 서로에게 인사하는 것만 같았다.

2학년이 되자 제4차 교육령 개정을 통해 명칭이 소학교에서 국민학교로 바뀌고, 교과서가 전면 개정되는 등 황민 교육이 본격화되었다. 아시아·태평양 전쟁 발발로 점점 물자가 부족해졌지만, 전쟁의 열기만큼은 뜨거웠다. 모두가 전시 체제를 갖추어 나갔다. 3학년이 되던 해에 관청에서 피난 명령이 떨어졌다. 도시에 집중되어 있던 인구와 물자를 분산시키기 위한 조치였다. 도시는 폭격당할 위험도 있었지만, 그보다도 식량이 부족해지면서 모두 도시를 떠나기 시작했다. 어머니 아버지가 모두 조부모가 계신 황해도 장연(長淵)으로 가는 동안, 김창국 어린이는 엘리트 학교에서 학업을 이어 나가기를 바란 어머니 탓에 이모 집에 맡겨져 경성에 남게 되었다.

학교에서는 전쟁 분위기 고양을 위해 각종 이벤트가 개최되었다. 2학년 때에는 시간 기념일 포스터 그리기, 3학년 때에는 항공 포스터 그리기 대회가 열렸다. 1920년 제정된 '시간 기념일'은 671년 텐지 천황이 처음으로 시각을 측정해 공포한 날로, 매년 6월 10일에 기념 행사가 열렸다. 항공 기념일은 항공 사상 보급을 위해 1940년에 제정된 신생 기념일이었다. 김창국 어린이는 항공 기념일을 축하하는 전 일본 국민학생 포스터 대회에 참여하게 되었다. 크레파스로 일장기를 매단 비행기 여섯 대가 삼각 대형을 만들어 날아가는 모습을 그린 다음, 그 위에 항공 기념일이라는 글자를 썼다. 다음 날이 되자, 일본인 남자 담임 선생님이 그 그림만 되가져와서 검은색으로 그림자를 그리라고 주문했다. 몇 달 후, 김창국 어린이의 그림은 대회에서 2등을 했다. 1등은 일본인 어린이였고, 3등은 대만인 어린이였다. 물자가 부족하던 그 시기에 상품으로 연필, 지우개, 크레파스, 물감, 색연필, 노트를 받았다. 친구들이 부러워했다.

4학년이 되었을 때 전쟁은 격화일로로 치달았고, 이때 복장에 변화가 생겼다. 선생님들마저 머리를 밀고 국민복을 입었고, 학생들은 등하교 때도 전투모 혹은 방공 모자를 썼다. 또한 허리에는 구급 주머니를 매달고 다녔으며 발에는 각반을 찼다. 학교에서는 일본인 청년 담임 선생님의 지도 아래 분단 생활을 시작했다. 6명씩 나누어 한 분단을 만들고, 모든 행동을 분단 단위로 실행했다. 분단마다 이름을 지었는데, 김창국 어린이의 분단은 국화로 정했고, 그 외에도 태양과 독수리 등이 있었다. 다들 분단 깃발을 만들었고, 항상 분단장이 선두에서 분단기를 들고 행동했다. 각 분단의 리더는 급장과 부급장으로, 이 둘은 선생님과의 연락을 담당했다. 체조 시간에만 홍팀과 백팀으로 나누어 움직였다. 이런 분단 체제 속에서는 하루 하루가 경쟁과 긴장의 연속이었다. 역사 수업 시간에 역대 천황 124명의 이름을 암기하라는 명령이 떨어지면 그대로 암기해야 했다. 한 명이라도 암기하지 못하면 분단원 모두가 집에 돌아가지 못했다. 역사 말고도 한자, 주산, 암산도 다 그런 식으로 교육이 이루어졌다. 체육 시간에도 자기 키보다 높은 뜀틀을 뛰어야 했고, 공중회전까지 시켰다. 아슬아슬한 평균대에 올라서 균형을 잡는 훈련을 해야 했고, 철봉에 매달리는 자세를 할 때도 한 사람 한 사람 모두 완벽해질 때까지 분단원 모두가 움직이지 못했다. 또 당시에는 면역력을 키운다며 어린이들을 단체로 모아 음악을 틀어 놓고 수건으로 상반신을 비비는 수건 마찰 체조를 실시했는데, 김창국 어린이는 수건이 아닌 수세미로 상반신을 밀어야 했다. 피부가 빨갛게 달아올랐다. 그래도 선생님은 아무렇지 않아 했다. 그리고 학생들이 잘못했을 때에는 벌로 차렷 자세로 장시간 세워 두었다. 선생님은 차렷 자세는 손을 그냥 내리는 게 아니라 아래로 뻗는 거라고 했다. 즐거운 소풍도 행군으로 바뀌었다. 아침 일찍 학교에서 출발해 왕복 32킬로미터를 걸은 뒤, 저녁 5시 무렵에 돌아왔다. 강행군이어서 각자 자유롭게 걷도록 했는데, 김창국 어린이네 반은 조 깃발을 들고 조 단위로 행군했다. 점심 시간은 한 시간이었지만, 김창국 어린이네 반은 15분 만에 식사를 마치고 곧바로 돌아와야 했다. 아시아·태평양 전쟁이 발발한 후부터 매년 12월 8일에는 개전을 기념하기 위한 마라톤 대회가 열렸는데, 이 대회를 위해 학생들은 3개월 전부터 특훈에 들어갔다. 체육 시간이 있는 날이면 그 시간에 연습했고, 없는 날이면 방과 후에 남아서 연습했다. 40~50분 걸리는 거리를 20분 만에 완주하도록 훈련했다. 그런가 하면 수영장에 한 사람씩 밀어 넣고 자기 힘으로 돌아오게 하는 훈련도 했다. 수영 훈련 후에는 교실에서 책상을 뒤로 밀어 놓은 뒤 세 줄씩 정렬해서 딱딱한 마루에 머리를 대고 누운 뒤 30분씩 자야 했다. 쉬는 시간에 움직이지 않고 묵상을 하는 것도 고역이었다. 5학년 때에도 이런 시간을 보냈다. 6학년 때에는 감자 두 개로 하루를 버티며 배고픔과 싸웠다. 하루하루가 전쟁 그 자체였다. 그러다 일본이 패전하고 독립이 찾아왔다.

　이 내용은 김창국이 쓴 『우리의 경성사범 부속 제2국민학교(ボクらの京城師範付属第二国民学校)』(아사히신문출판사, 2008)에 나오는 내용을 간추린 것이다. 이것이 1940년 이후 학교 시스템에 맞추어 생활하던 조선인 어린이의 실제 모

습이다. 여기 나오는 경성사범학교 부속 제1, 2소학교는 조선총독상 글짓기 경연대회에서 가장 많은 수상자를 배출한 학교이다. 다시 말해 이 학교는 식민지 제도권 교육에 있어 가장 앞서 가는 곳이었던 셈이다.

그렇다면 경성 최고의 엘리트 학교에 다니던 김창국 어린이와 다른 환경 속에서 지내던 친구들은 세상을 얼마나 다르게 바라보고 있었을까. 전쟁에 관한 작문들은 뒤이은 전쟁 편에 따로 모아 두었기 때문에, 이 장에는 전쟁의 영향을 거의 받지 않은 작문들만 실려 있다. 학교 생활을 충실하게 행하며 즐겁고 씩씩한 삶을 살아가는 어린이들의 모습 말이다. 전쟁의 낌새조차 거의 느껴지지 않는 이 평화롭고 고요한 일상 속에는 많은 어둠이 숨겨져 있다. 그것들은 이 글들 속에서는 거의 드러나 보이지 않는다.

제1회 조선총독상 글짓기 경연대회

소풍

경성매동공립심상소학교(京城梅洞公立尋常小学校)
제1학년 정동열(鄭東烈)

얼마 전에 덕수궁으로 소풍을 갔습니다.* 연못에는 오리가 즐겁게 놀고 있었습니다. 국화꽃은 예쁘게 피었고 좋은 향기가 났습니다. 선생님과 함께 뒤쪽으로 가 보니 그네와 미끄럼틀 그리고 여러 가지가 있었습니다. 우리들은 놀이기구를 타고 즐겁게 놀았습니다. 거기에는 또 새도 있고 원숭이도 있었는데, 원숭이는 사람 같아서 너무 재미있었습니다. 잔디 위에서 음식을 먹고, 스모** 경기를 하거나 노래를 부르거나 하며 즐겁게 놀고 집으로 돌아왔습니다.

---

* 경운궁으로 칭하던 덕수궁은 1932년 개방이 정식으로 발표된 이후부터 본격적으로 공원화되었다. 이때 창덕궁 인정전에 있던 수반(水盤)을 가져와 석조전 정원에 설치했고(현 분수대), 함유재와 함녕전 후원의 계단식 화원을 개조하여 모란 정원을 만들었으며, 즉조당 후원은 일본식 정원으로 조성했다. 또 1935년에는 창경원에 있던 원숭이와 공작을 비롯한 각종 새들을 옮겨와 작은 동물원을 만들었다.

** 스모(相撲): 일본식 씨름. 두 명이 서로 맞잡고 넘어뜨리거나 지름 4.6미터의 씨름판 밖으로 밀어내는 경기.

서정섭(徐貞燮)

전라남도목포북교공립심상소학교(全羅南道木浦北橋公立尋常小学校)
제3학년 김기문(金奇文)

　서정섭은 공부를 아주 잘합니다. 1학년, 2학년 때에는 우등생이었습니다. 우등생을 두 번이나 해서 모두가 부러워해 언제 어디를 가도 괴롭힘을 당합니다. 서정섭을 '헐렁헐렁 부대장'이라고 부릅니다. 모두가 '헐렁헐렁 부대장'이라고 하면 서정섭은 모르는 체를 합니다. '헐렁헐렁 부대장'이라고 이름을 붙인 것은 저입니다. 그 이유는 2학년 학예회 때문이었습니다. 학예회 연습을 하는데, 이런 내용이었습니다. 어떤 사람이 여자를 괴롭혀서 위문 주머니를 빼앗으려고 하면, 선생님이 와서 사이좋게 지내라고 하고 가십니다. 그러면 여자는 위문 주머니를 줍니다. 주머니를 받은 사람은 그걸 허리에 찹니다. 그러고 나면 양손으로 국기를 들어야 해서, 허리를 굽히면 칼이 떨어지고 허리를 굽히면 칼이 떨어지고 했습니다. 그때 칼이 너무 헐렁헐렁 떨어지니까 제가 '헐렁헐렁 부대장'이라고 이름을 붙였습니다. 운동장에서 제가 큰 소리로 "헐렁헐렁 부대장!" 하고 부르자, 학교 친구들 모두가 "헐렁헐렁 부대장! 헐렁헐렁 부대장!" 하고 이쪽저쪽에서 제 흉내를 냈습니다. 그러다가 끝내는 서정섭이라고 부르지 않게 되었습니다. 나쁜 일을 하면 칠판에 이름을 적습니다. '헐렁헐렁 부대장'이라고 이름을 쓰면 서정섭의 얼굴이 빨개져서 뽀로통해집니다. 그러면 더 괴롭히려고 '헐렁헐렁 부대장' 앞에 가서 "뽀로통하대요~ 뽀로통하대요~" 하고 말합니다. 그러면 더 더 뽀로통해지니까, 그게 재미있어 언제나 칠판에 이름을 써서 화를 내게 합니다. 저는 한번 더 괴롭히는 말을 만들려고 하루 종일 생각했습니다. 어느 날 아침에 학교에 가니 모두가 "헐렁헐렁 부대장이 안경을 쓰고 왔다~" 하고 말해서, 교실에 들어가 보니 [헐렁헐렁 부대장이] 안경을 가지고 있었습니다. 조회가 끝나고 1교시가 시작될 때, '헐렁헐렁 부대장'은 선생님 앞에 가서 안경을 써도 되는지 물어본 모양이었습니다. 선생님이 '헐렁헐렁 부대장'한테 무어라고 말하자, 기쁜 얼굴을 하고 돌아왔습니다. 그리고 자리에 앉아서는 안경을 썼습니다. 쉬는 시간에 엄지 손가락과 중지 손가락을 붙여 동그랗게 만들고 '헐렁헐렁 부대장' 안경에 대면서, "동글동글 부대장" 하며 안경알을 두 번 눌렀습니다. 그때부터 '동글동글 부대장'이라고 부르게 되었습니다. 선생님이 시험지를 보여 주셨습니다. 모두 네 장이었는데, '동글동글 부대장'은 다 100점이었습니다. 3학년 때도 '동글동글 부대장'은 우등생이 될 것입니다. 괴롭히는 일은 모두가 같이 해야 재미있는데, 공부는 한 명만 잘해도 학교 모두를 좋게 만듭니다. 얼마 전에도 3학년에서 '동글동글 부대장' 혼자만 상을 받았습니다. 어느 날, 청소 시간에 아이들이 전부 전쟁 놀이를 한 뒤에 집으로 도망가 버렸습니다. '모두 집에 갔나?' 하고 복도에 가 보니, '동글동글 부대장' 혼자서 눈물을 흘리며 청소를 하고 있었습니다. 이유를 물어보니, 자기가 전쟁

놀이를 안 한다면서 패거리들이 빗자루로 때렸다고 했습니다. 그러면서 빗자루를 보여 주었습니다. 자세히 보니 빗자루가 부러져 있었습니다. 그렇게 맞아도 해야 할 일은 하는 곧은 마음을, 저는 처음 알았습니다. 이 학급이 이렇게 곧은 마음으로 공부를 한다면 조선뿐 아니라 어디에서도 최고가 되겠지만, 한 사람, 두 사람이 나빠서 모두를 나쁘게 만들었습니다. 서정섭 때문에 8반이 3학년 중에 최고라는 이야기가 나와서 서정섭은 박수갈채를 받았습니다. 이제부터 서정섭을 본받겠습니다. 서정섭은 6학년 때까지 계속 우등생이 될 것입니다.

내가 좋아하는 스모

경상북도청도이서공립심상소학교(慶尙北道清道伊西公立尋常小学校)
제4학년 문상수(文商洙)

올해 4월, 내지에서 오신 새로운 선생님이 우리 반의 담임을 맡아 주고 계신다. 5월 초봄에 소풍을 갔을 때는 강가 모래 위에서 내지의 스모를 가르쳐 주셨다. 너무 재미있어서, 다음날부터 바로 모래밭에서 "핫케요이, 노콧타*, 물

---

* 핫케요이(はっけよい), 노콧타(のこった): 모래판 위에서 움직임이 멈춘 두 선수에게 심판이 외치는 구호이다. 핫케요이는 싸움을 촉구하는 구호이며, 노콧타는 '남아 있다(殘った)'는 의미로 승부가 나지 않아 두 선수가 아직 스모 판에 남아 있다는 것을 뜻한다.

러설 데가 없다." 하고 열심히 스모 공부를 시작했다. 2학기 초에는 선생님께 부탁드려 4학년 우리들의 힘으로 도효*를 만들기로 했다. 매일 수업이 끝나고 나면 땅 파는 사람, 지게로 옮기는 사람, 땅 고르는 사람으로 역할을 나누어 땀으로 범벅이 될 때까지 도효를 만들었다. 노력한 끝에 약 2주 만에 흙 옮기는 작업이 끝나고, 이후로는 새끼줄을 꼬아 스모 판의 테두리를 만들고, 네 개의 기둥을 세워 훌륭한 도효가 완성됐다. 쉬는 시간이나 수업이 끝난 뒤에는 사람들이 검은 산처럼 많이 몰려들어 연습을 했다.

11월 26일, 바람이 없는 니혼하레의 따뜻한 날이었다. 오후가 되자, 기다리고 기다리던 스모 대회가 열렸다. 각 학년이 다 알몸이 되어, 동서로 나누어 앉았다. 도효에 시작 밧줄이 깔리고, 네 개의 기둥에는 홍백천이 둘러져 있고, 교기와 우승기를 꺼내 놓으니 정말 대회 같았다. 이어서 교장 선생님으로부터 "스모는 기술도 중요하지만, 그것보다 중요한 것은 정신입니다. 정정당당하게 남자답게 싸우는 것, 스스로 나아가 공격하는 일, 예의를 지키는 것." 등에 대한 말씀이 있었다. 이어서 3, 1, 2, 4, 5학년 순으로 시작했다. 자기보다 덩치가 큰 사람을 멋있게 쓰러트리는 아이가 있는가 하면, 도효 안을 빙글빙글 돌기만 하는 아이도 있다. 웃긴 얼굴로 밀거나 당기기만 하는 아이도 있다. 주변에서 일하던 농부들도 많이 구경하러 왔다.

---

* 도효(土俵): 스모 판. 스모 경기를 하기 위해 흙으로 만들어 놓은 장소이다.

4학년 차례가 되었다. 나는 열여섯 번째였는데, 열 번째쯤부터는 승부를 편안하게 볼 수 없었다. 드디어 내 순서가 되었다. 침착한 척하며 도효로 올라갔지만, 가슴이 콩닥콩닥하며 몸이 떨렸다. 스모하면 김군이다. 김군은 4학년에서 서너 번째로 강하다. 김군과는 이제까지 네 번 겨뤄 봤는데, 내가 두 번 이기고 김군이 두 번 이겼다. "서로 얼굴을 마주 보고……" 나는 김군을 노려봤다. 그때, 안에서 '어쩌면 질지도 몰라.' 하는 마음이 일었다. "핫케요이." 어? 하는 순간에는 이미 늦어버렸다. 김군이 격렬하게 밀고 온다 '이놈이?' 하고 열심히 해 봤지만, 이제 어쩔 수가 없다. 결국 도효 밖으로 밀려 나가 버렸다. 아쉽다. 이를 악물고 자리에 앉았다. 지금 진 것은 약한 마음이 일어서다. '이번에야말로 질 수 없지. 자진해서 공격해 나가야지.' 하고 결심했다.

'다섯 명 이기기' 종목을 기다렸다. 드디어 시작되었고 내 순서가 되었다. 상대는 박군. 이길 자신이 있어서 일어나 격하게 공격해서 내보냈다. 이어서 예군, 양군, 이군 세 명도 쉽게 그냥 넘어트렸다. 드디어 다섯 번째다. 상대는 또 김군이다. 나로서는 도저히 질 수 없는 한판 승부다. '교내 신사에 있는 신이시여! 부디 제가 이길 수 있도록 도와주세요.' 마음속으로 기도를 올리고 준비를 했다. "핫케요이!" 몸을 일으켰다. 한 번에 밀어내려고 전력을 다해 공격해 봤지만, 상대는 김군이라는 것이다. 좀처럼 생각대로 되지 않는다. 마침내 김군에게 말려 버렸다. 동쪽에서도 서쪽에서도 "와~ 김군 힘내! 문군 힘내!" 하는 목소리가 들끓고 있다. 점점 힘이 들어, 이제는 져도 이겨도 상관없다. 일각의 유예도 없이, 바로 공격하자고 생각하며 저 손, 이 손으로 공격했다. 그러면서 둘이서 도효 안을 빙글빙글 돌기 시작했다. 대여섯 번 돌고 나니 눈앞이 캄캄해져 아무것도 보이지 않아, 우리는 서로 맞잡은 채 쿵 하고 쓰러졌다. "와!!!!!!!" '누가 이긴 걸까?' 생각하고 있는데, 우리 팀인 서쪽에서 함성이 일었다. 서둘러 일어났다. 참을 수 없을 정도로 기뻤다. 나는 천천히 도효 위에 주저앉았다. "여기 오늘 다섯 명 이기기에 빛나는 문상수군!" 선생님의 목소리가 끝나기도 전에 우리 편 자리에서 힘찬 박수가 나왔다. 나는 개선장군이 된 것 같은 기분으로 교장 선생님께 상을 받으러 갔다. 교장 선생님이 "잘했어, 근데 위험했어." 하고 말씀하셨다. 집에 돌아와 스모 이야기를 하니 가족들도 아주 기뻐해 주었다. 오늘도 도효 옆을 지나가는데, 그 일이 생각났다.

산술 고사

경성청운공립심상소학교(京城淸雲公立尋常小学校)
제6학년 김수길(金壽吉)

"앞으로 잠시 후에 걷습니다. 다 끝난 사람도 다시 한번 살펴보세요." 선생님이 잉크 통 위에 펜을 올려놓으며 말씀하셨다. 나는 바로 '마지막 5분간'을 생각했다. '오늘 시험 결과의 좋고 나쁨은 지금 하는 계산에 달려 있어. 한시라도 빨리 계산을 끝내고 좋은 결과를 얻어야지.' 하고 생각하자, 가슴이 벅차올랐다. 나도 모르게 연필을 쥐고 시험지를 뒤집어 계산을 하기 시작했다. 그러자 다 끝내서 시험지를 엎어 놓고 멍하게 앉아 있던 친구들도 다시 정신없이 계산하기 시작했다. 그러더니 교실 안은 다시 원래대로 조용해졌다. 나는 문제와 수식을 비교해 맞춰 보았다. 드디어 9번까지 끝내고 10번으로 넘어갔다. 이 한 문제에 오늘 100점을 맞을까? 90점을 맞을까? 가 결정되는 것인데, 가슴이 떨리고 손도 떨렸다. 그 순간, '으악, 안돼.' 하고 터져 나오는 목소리를 막을 수가 없었다. '아아, 내가 제일 귀찮아하고 까다로워했던 우편 저금 문제.' 6월을 4월로 잘못 보고 계산한 것이었다. '아 어떻게 하면 좋지?' 아까보다 가슴은 더 떨리고, 손발이 후들거려 글씨가 잘 써지지 않는다. 옆에 있는 김상과 최상은 마치 '오늘 시험은 비교적 쉽다. 내가 아무리 계산해 봐도 다 맞았더라.' 하고 말하는 것처럼 기쁜 모습으로 좋아하고 있다. '괜찮아. 이 식과 계산을 빨리 고치면 돼. 오늘 100점을 받고 엄마를 기쁘게 해 드려야지.' 하고 결심하며 떨리는 가슴을 진정시키고 계산을 하기 시작했다. 앞으로 4분이라는 선생님의 목소리가 들려온다. 멈출 수 없는 시간은 하염없이 흘러간다. '선생님 조금만 기다려 주세요.' 하고 속으로 말할 생각이었는데, 어느새 목소리가 밖으로 나와버렸다. 고치긴 고쳤는데 틀렸을지도 모른다. 선생님이 "가져와!" 하고 말씀하셔서 모두가 시험지를 냈다. 친구들이 모여서 답을 맞추며 "응. 맞다. 다 맞아서 다행이다." 하고 기뻐하고 있다. 나는 정답을 다른 종이에 옮겨 놓았는데, '혹시 틀리기라도 한다면?' 하고 걱정이 되어서 맞춰 보지도 못하고 멍하니 앉아 있었다. 그러던 사이 김상과 이상이 정답을 맞추러 왔다. 나는 처음으로 답을 맞추어 보기 시작했다. 김상이 "어, 1번도 2번도 3번도 4번도 5번도 6번도 7번도 8번도 9번도 모두 맞았다. 근데 10번이 좀 이상한데?" 하고 말했다. 역시 10번이 문제다. 나는 걱정이 되어 참을 수가 없었다. 이상하게도 무어라 설명할 수 없는 기분이 들어 가슴이 떨려왔다. 그때, "어? 이거 10번 확실히 틀렸어!" 하는 말이 들렸다. 그 말을 듣자마자 실망하여 책상 위에 엎드렸다. 어느새 뜨거운 눈물이 뺨을 타고 흘러내렸다.

제2회 조선총독상 글짓기 경연대회

서예 대회

경성사범학교부속제1소학교(京城師範学校付属第一小学校)
제2학년 시노하라 미도리(篠原綠)

7월 8일은 경성 남대문 소학교에서 서예 대회가 있는 날입니다. 우리 학교에서 2학년은 1반의 쿠보상과 2반의 제가 나가게 되었습니다. 그래서 저희는 하야시 선생님이 써 주신 견본으로 매일매일 열심히 연습했습니다. 서예 주제는 히노마루[日のマル]*입니다. 저는 루[ル] 글자가 생각대로 잘 써지지 않아, 선생님이 몇 번이고 고쳐 주셨습니다. 그리고 경성부속 일소이년[京城附属一小二年]이라고 쓰는 것도 정말로 어렵다고 느껴졌습니다. 그래서 집에 돌아가서도 열심히 연습했습니다. 아버지도 어머니도 언제나 옆에서 지켜보고 계셨습니다. 아버지는 "먹을 곱게 갈고, 자세를 똑바로 하고."라며 늘 입버릇처럼 말씀하셨습니다. 어머니도 "종이를 더럽히지 않도록." 하고 말씀해 주셨습니다. 드디어 내일이 서예 대회가 있는 날입니다. 그날도 학교에서 연습을 하고 있는데 어머니가 오셨습니다. 연습을 끝내자, 어머니가 "자, 미도리짱, 이제부터 참배하러 가자." 하고 말씀하셨습니다. 우리는 남대문에서 전차에서 버스로 갈아타

---

* 히노마루(日の丸): 일장기를 말한다.

고 조선 신궁으로 갔습니다. 달그락달그락 조약돌을 밟고, 토리이*를 통과했습니다. 손을 씻고, 궁에 가서 란도셀**과 모자를 벗고, 예의를 갖추며 인사를 했습니다. 그리고 '부디 내일 건강히 예쁘게 글자를 쓸 수 있도록.' 하고 눈을 감고 마음을 모아 빌었습니다. 제가 끝내고 고개를 들어 보니 어머니는 아직도 빌고 계셨습니다. 참배를 끝내고 어머니가 "미도리짱, 이번에는 남산의 신에게도 참배하러 가자. 텐만***님도 계시니까." 하고 말씀하셔서 우리는 경성 신사****에도 참배를 하러 가기로 했습니다. 거기 도착해서 참배 길을 성큼성큼 걸어가는데 해님이 쨍쨍 내리쬐어 땀이 송송 맺혔습니다. 어머니가 제 란도셀을 들어 주셨습니다. 그리고 "미도리짱, 덥지?" 하고 말씀하셨습니다. 저는 너무 더워서

---

* 토리이(鳥居): 신사로 들어가는 문이다. 보통 두 개의 원통형 수직 기둥 위에 직사각형 들보가 가로로 두 개 얹혀진 형태다. 첫번째 가로대는 기둥 양쪽을 지나 길게 바깥으로 뻗어 있고, 두번째 가로대는 그보다 짧게 아래쪽에 걸쳐 있다. 토리이를 경계로 신사의 안쪽과 바깥쪽, 즉 신의 구역과 속세의 구역을 구분한다.

** 란도셀(ランドセル): 일본 초등학생들이 사용하는 가방이다. 당시 재조 일본인이나 부유한 조선인들이 주로 사용했으며, 대부분의 학생들은 란도셀이 아닌 보자기에 책과 학용품을 싸서 어깨에 메고 다녔다.

*** 텐만(天満): 일본 헤이안 시대의 귀족, 학자, 한시인, 정치가였던 스카와라 미치자네(菅原道真)를 신격화한 대상이다. 학문의 신으로 알려져 있다. 텐만은 이 신을 모시는 신사를 일컫기도 한다.

**** 경성 신사(京城神社): 1925년 조선 신궁이 완공되기까지 재조 일본인들이 가장 많이 이용하던 신사이다. 1892년에 일본의 이세이 신궁에 모셔져 있던 신체의 일부를 이곳으로 가지고 오면서 아마테라스 오오카미(天照大神) 요배소가 차려졌다. 1897년에는 왜성대 공원을 조성하고 신전을 세웠다. 1898년에 남산 대신궁이라는 호칭을 얻었다가 1916년 신사 사원 규칙에 의해 경성 신사로 개칭되었으며, 이후 1926년부터 1929년에 걸쳐 증축되었다. 현 서울특별시 중구 숭의여자대학교 일대.

"응." 하고 말하니, "참배 끝나면 시원한 거 마시자." 하고 말씀하셨습니다. 그러고는 "미도리짱은 이 더위에 참배하는 착한 아이라고 꼭 신께서 칭찬하시겠다." 하고 말씀하셨습니다. 이윽고 남산 신에게도 참배를 마치고 본정으로 나가서 차가운 것을 마시고 돌아왔습니다. 그날 밤은 평소보다 일찍 잠자리에 들었습니다.

드디어 서예 대회 날이 되었습니다. 저는 신에게도 부처님에게도 인사를 하고 평소처럼 언니와 함께 학교에 갔습니다. 이윽고 공부가 끝나자 저는 서예 도구를 정리해 두었습니다. 아직 시간이 일러서 쿠보상과 놀고 있는데, 하야시 선생님이 "모두 모여." 하고 부르셨습니다. 우리는 도구를 가지고 다들 같이 전차에 탔습니다. 하야시 선생님은 몇 번이고 시계를 보셨습니다. '늦은 건가?' 하고 생각했습니다. 드디어 남대문에 도착했습니다. 상공장려관*****을 지나, 남대문 소학교 문으로 들어갔습니다. 그러자 가슴이 점점 콩닥콩닥거렸습니다. 하지만 어제 신에게 기도를 드려서 괜찮다고 마음속으로 생각했습니다. 강당 안에 들어가 보니 많은 의자들이 줄지어 놓여 있었습니다. 앞쪽 높은 교단에는 커다란 히노마루가 걸려 있었습니다. 문득 보니, 어느새

***** 상공장려관(商工奬勵館): 조선총독부가 조선 내에서 상품을 개량하고 판로를 확장하기 위해 만든 기관이다. 조선에서 생산되는 상품 견본 및 참고가 될 만한 물품의 수집과 진열이 주요 업무였으며, 조선 외에 만주와 일본에서 제작된 상품도 함께 전시했다. 조선 내 주요 물산에 관한 기술 연구도 겸했다. 1912년에 영락정 2정목(현 중구 저동2가)에 개관한 상품진열관이 전신이며, 1929년에 남대문 부근으로 건물을 신축해 이전했다.

어머니가 와 계셨습니다. 잠시 후 그곳에서 식이 시작되었습니다. 전에 있었던 서예 전람회 표창식이었습니다. 드디어 이번에는 서예 대회 순서입니다. 강당에는 여러 학교 학생들이 2학년, 3학년, 4학년 순으로 나란히 서 있었습니다. 저는 도구를 꼭 쥐고 쿠보상과 나란히 섰습니다. 이쪽 얼굴, 저쪽 얼굴, 어느 얼굴도 다 모르는 사람뿐입니다. 그리고 저보다 나이가 많은 사람뿐이라 왠지 걱정이 되기 시작했습니다. 경성일보*의 아저씨로부터 여러 가지 주의 사항이 있었습니다. 그러고 나서 줄지어 교실로 갔습니다. 저는 쿠보상과 손을 잡고 갔습니다. 그때 옆으로 다가오신 어머니께서 "괜찮아. 침착하게 해." 하고 말씀하셨습니다. 그리고 우리는 나란히 교실로 들어왔습니다. 모두가 순서대로 자리에 앉았습니다. 제 책상은 복도 쪽에서 두 번째 줄이었습니다. 제가 뒤를 돌아보니 쿠보상이 빙그레 웃었습니다. 저도 웃었습니다. 선생님은 남자 선생님 두 명과 여자 선생님 한 명이었습니다. 우리는 보자기에 싼 벼루와 붓을 꺼내어, 예쁘게 책상 위에 올려놓았습니다. 그러자 남자 선생님이 "자아, 여러분 책상 위에 반지** 세 장이 놓여 있죠? 거기에 먹이 묻지 않도록 조심해 주세요. 자, 그럼 모두 먹을 갈아 주

---

* 경성일보(京城日報): 조선총독부 기관지로 일본어판이다. 조선어판으로는 『매일신보(每日新報)』가 있었다. 경성일보사는 총독상 글짓기 경연대회를 기획하고 개최했으며, 경성일보사에서 발행하던 일본어 어린이 신문인 『경일소학생신문(京日小学生新聞)』은 당시 양국 취학 아동들이 가장 보편적으로 읽던 신문이다.

** 반지(半紙): 일본 서예에서 사용하는 반지의 규격은 가로세로 약 243×333밀리미터다.

세요." 하고 말씀하셔서 모두가 스륵스륵 먹을 갈기 시작했습니다. 저는 선생님과 아버지의 주의를 떠올리며 열심히 먹을 갈았습니다. 드디어 따링따링 하고 종이 울렸습니다. 그것은 먹 가는 것을 멈추라는 신호입니다. 모두 먹을 놓고, 붓을 들었습니다. 저는 가만히 눈을 감고 마음을 가다듬었습니다. 그리고 붓에 먹을 묻혀 잘 다듬었습니다. 먼저, 히[日] 자를 썼습니다. 한 장, 두 장, 세 장하고 점점 써내려 갔습니다. 그것들을 나열해 보니 세 번째 장이 제일 좋다고 생각하여 그것을 내기로 결정하고, 마르기까지 가만히 기다렸습니다. 주위를 둘러보니 아직 열심히 쓰고 있는 사람도 있었습니다. 뒤에 있는 쿠보상은 벌써 이름을 쓰고 있었습니다. 저도 다 말라서 경부속일소[京附属一小] 하고 쓰기 시작했습니다. 이름도 정성스럽게 썼습니다. 마음이 놓여 복도의 창문을 보니, 어머니가 싱글벙글하시며 이쪽을 바라보고 계셨습니다. 선생님이 "자아, 여러분 그럼 자신이 가장 좋다고 생각하는 한 장을 책상 위에 올려 놓으세요." 하고 말하고, 순서대로 가지고 가셨습니다. 끝나고, 우리는 다시 강당으로 갔습니다. 그러자 아까 경성일보 아저씨가 "여러분, 수고 많으셨습니다. 많이 더웠죠? 더웠다고 생각하는 사람 손 들어 보세요." 하고 말했는데, 대부분은 손을 들지 않았습니다. 저도 쿠보상도 손을 들지 않았습니다. 그러자 이번에는 "여러분은 전쟁터에 계시는 병사님에게도 지지 않을 만큼 열심히 해 주셨습니다. 정말로 감동했습니다." 하고 말씀하셨습니다. 우리는 인사를 하고 각자 흩어졌습니

다. 어머니가 있는 곳으로 가자, 선생님과 아주머니들이 "고생했어." 하고 말씀해 주셨습니다. 모두들 남은 두 장의 서예를 하야시 선생님에게 보여 주었습니다. 집에 가는 도중, '1등 할 수 있을까? 괜찮을까?' 하고 생각했습니다. 어머니는 몇 번이나 "피곤하지?" 하고 말씀하셨습니다. 저녁 식사 시간에도 모두가 서예 대회 이야기뿐이었습니다. 아버지는 "드디어 내일 조간이네." 하고 말씀하셨습니다. "좋았어, 내가 제일 먼저 일어나서 봐야지." 하고 오빠가 말했습니다. "미도리짱, 진짜 제일 잘한 거 냈어?" 하고 어머니가 물어보셔서 제가 곰곰히 생각하다 "노[ノ] 자가 조금 섰는지도 모르겠어." 하고 말하자, 아버지가 "응응, 괜찮아." 하고 웃으셨습니다.

잠시 후, 전화벨이 따르릉 따르릉 울렸습니다. 어머니가 받으시면서 "어머, 그래요? 진짜예요?" 하고 말씀하셨습니다. 전화를 끊고, 어머니가 큰 목소리로 "미도리짱이 입상했어. 1등이래." 하고 말씀하셔서 모두가 와! 하고 소리쳤습니다. 그건 학교에서 걸려 온 전화였습니다. 모두가 "만세!" 하고, "잘됐다. 잘됐어." 하며, 몇 번이나 말했습니다. 아침에 일어나 신문을 보니 진짜였습니다. 저는 기쁘고 기뻐 날뛰었습니다. 아버지도 어머니도 "정말 신 덕분이야." 하고 말씀하셨습니다. 저도 "맞아. 진짜 그런 것 같아." 하고 생각했습니다. 저는 어머니와 함께 바로 신에게 감사의 인사를 드렸습니다.

학예회 날

전라남도광주중앙공립심상고등소학교(全羅南道光州中央公立尋常高等小学校)
제5학년 다카스기 센(高杉暹)

 프로그램이 차례대로 진행되고, 5학년의 연극 '전진하라 반도'의 순서가 점점 다가오고 있다. 모두 모여서 준비실로 갔다. 지금까지 긴 시간 연습해 왔지만, 그래도 가슴이 콩닥거린다. 나는 극중에서 아나운서로 나오는데, 상당히 중요한 역할이다. 중간에 막힐지도 모른다고 생각하니 걱정이 되어 죽겠다. 한바탕 박수 소리가 나고, 4학년의 연극 '만수[萬壽]의 공주'가 끝이 났다. 드디어 앞으로 두 번째가 우리 순서이다. 전등이 켜지더니 관객석이 갑자기 소란스러워진다. 왠지 진정이 되지 않는다. 막 사이로 슬쩍 들여다보니, 아버지와 어머니가 가만히 무대를 지켜보고 계신다. 아주 기뻐하는 듯, 아주 걱정하는 듯 보이기도 한다. 잠시 후, 마토노군이 "끝나면 가방 빌려줘." 하고 말하며, 등을 두드려 준다. 돌아보니 우에다군이 새파래진 얼굴로 걱정하듯 가슴을 쓸어내린다. 다음 창가가 끝나면 드디어 우리 순서다. 선생님들은 배경 준비로 바쁘다. 카네코 선생님이 "씩씩하게 해." 하고 말씀하셨다. 땡땡때앵 하고 울리는 막간의 종소리. 관객석이 고요해지고, 막이 스르르 열린다. 우리는 거울 옆에서 순서를 기다리고 있었다. "야, 센짱, 내가 잊어버릴지도 모르니까, 그때는 부탁해." 하고 말하며, 우에다군이 내 양복 단을 밑으로 잡아당겨 주었다. 무대 위에서는 여자 동급생 카게야마상이 길을 지나던 사람에게 센닌바리*를 꿰매어 달라고 하고 있다. 드디어 내 차례다. 무대에 한 발 딛고 들어가자, 조명이 팍하고 얼굴을 비추어 얼굴이 뜨거워지는 기분이다. 그 후에는 정신이 없다. 그냥 큰 소리로 내가 말할 것만 한꺼번에 말하고, 부리나케 무대를 뛰쳐나왔다. 대기실로 뛰어 들어가자, 아직 나가지 않은 우에다 군이 "야, 창피해?" 하고 물었다. 그래서 "아니. 나가면 아무것도 아니야. 그냥 얼굴이 화끈거려." 하고 말하고, 볼을 눌러서 뜨거워진 얼굴을 보여 주었다. 뺨이 뜨거워져 있었다. 마침내 걱정하던 2막이 열렸다. 이제 그 어려웠던 아나운서 장면이다. 왠지 갑자기 자신이 없어지고 불안하다.

맑은 파란 하늘 하얀 구름 아래서
우리는 명랑하고 정직하게 자라는 것이다.
자라서 일본을 짊어지는 것이다.

노래가 끝나고 막이 열렸다. 이제 조금 침착해졌다. 드디어 야구 방송 장면이다. 나는 높은 곳 같은 데서 떨어지는 기분으로 "드디어, 9회 말, 1 대 0, 1점을 리드하는 중앙소학교의 공격……" 하고 시작했다. 구경하는 사람들은 크게 웃으며 아주 칭찬하고 있는 듯하다. 극이 진행된다. "먹을 것

---

* 센닌바리(千人針): 천 명의 바늘이라는 뜻으로, 일본 여성들이 전장으로 떠나는 병사들의 무운장구를 빌기 위해 펼쳤던 행사다. 흰 천에 빨간 실을 써서 한 사람이 한 땀씩 꿰매어, 총 1천 땀이 완성되면 부적의 의미로 병사들에게 전달한다.

인가? 먹힐 것인가? 마지막 볼이 되었습니다." 까지는 이상할 정도로 술술 나왔다. 그런데 여기서 갑자기 막히고 말았다. 나는 당황했다. 모두가 나만 보고 있는 듯 보인다. 그때였다. "사인 신중" 하고, 뒤에 검은 막에서 조그만 소리가 들렸다. 나는 바로 떠올려 내고는 "사인은 더 없이 신중……" 하고 시작했다. 기뻤다. 기뻤다. 그 뒤는 술술 나왔다. 드디어 땡땡때앵 하고, 종이 울리고 막이 닫혔다. 나는 무대를 뛰쳐나와 "됐어, 됐어." 하며 가슴을 쓸어내렸다. 선생님들이 우르르 들어오시며 "잘했어, 잘했어." 하고 칭찬해 주실 때에는 갑자기 눈에서 눈물이 나올 것만 같았다.

II 전쟁

국가주의 교육의 폭력성

일본의 근대 교육은

전쟁의(반反막부 세력의 쿠데타 이후 실시된 근대 교육 제도),

전쟁에 의한(청일 전쟁 승리 후 획득한 전쟁 배상금으로 무상 교육 실시),

전쟁을 위한 (중일 전쟁과 아시아·태평양 전쟁을 위한 교육)

것이었다.

조선의 근대 교육은

전쟁의(청일 전쟁 중의 근대 교육 제도),

전쟁에 의한(러일 전쟁에서 승리한 일본에 의한 교육 장악),

전쟁을 위한(중일 전쟁과 아시아·태평양 전쟁을 위한 교육)

것이었다.

양국의 근대 교육은 전쟁으로 점철되어 있다. 전쟁으로 시작했고, 전쟁으로 정착되었고, 전쟁으로 완성되는 교육이었다. 전쟁의, 전쟁에 의한, 전쟁을 위한 교육이었다. 일본의 근대 교육은 메이지 유신과 함께 시작되는데, 이는 개항 이후 천황의 허가 없이 서구와 불평등한 조약을 맺은 에도 도쿠가와 막부를 비난하며 쿠데타를 일으킨 반막부 세력에 의해 불붙은 것이었다. 한편 조선의 근대 교육은 청일전쟁 직전에 일본이 무력으로 조선 왕궁을 점령하고 친일 내각을 구성한 뒤 실시된 갑오개혁을 통해 시작된다. 고종은 갑오개혁이 실시된 1894년에 근대 교육을 담당하는 행정기관인 학무아문(學務衙門)을 설치했고, 이듬해에는 교육조서를 발포하며 어린이들의 취학을 의무화했다. 그 조서의 내용은 다음과 같다.

교육 조서

(전략) 교육은 실로 국가를 보존하는 근본이다. 그러므로 짐은 임금과 스승의 자리에 있으면서 교육하는 책임을 스스로 떠맡고 있다. (중략) 짐이 정부에 명하여 학교를 널리 세우고 인재를 양성하는 것은 너희들 신민의 학식으로 국가의 중흥대공(中興大功)을 이루기 위함이니라. 너희들 신민은 충군(忠君), 애국(愛國)하는 심성으로 너희의 덕(德)·체(體)·지(智)를 기르라. 왕실의 안전함도 너희들 신민의 교육에 있고 국가의 부강함도 너희 신민의 교육에 있으니. (중략) 국가의 분개(憤)를 받들어 맞설 이는 오로지 너희들 신민이며, 국가의 모욕(侮)을 막을 이도 오로지 너희들 신민이며, 국가의 정치 제도를 닦을 이도 역시 너희들 신민이니. (중략) 너희 신민이여, 오직 짐의 말대로 하여라.

조선의 고종 역시 일본의 교육 칙어와 같은 맥락 속에서 근대 국가를 설립하고자 했음을 알 수 있다. 일본 정치 원로들이 충과 효를 동일시하면서 천황을 아버지로 삼고 피지배자를 자녀로 삼은 것과 같이, 조선도 충과 효라는 기존의 유교 이데올로기를 부활 혹은 강화한 뒤 이를 왕과 민중-신민의 관계에 투영했다. 또한 교육을 통해 외세에 직접 맞서고자 하는 의지 역시 두 나라가 공통적으로 가진 것이었다. 일본의 교육 칙어 가운데 "만약 나라가 위급할 때는 스스로 몸을 바쳐 천하에 유례가 없을 정도로 끝없이 황국의 번영에 힘을 다해야 한다"는 부분은 조선 교육 조서의 다음과 같은 내용과 닮아 있다. "국가의 분개[憤]를 받들어 맞설 이는 오로지 너희들 신민이며, 국가의 모욕[侮]을 막을 이도 오로지 너희들 신민이니."

결국 조선과 일본은 국가를 보호하고 발전시킬 수 있는 인적 자원을 확보하기 위해서 국민들을 교육하려 한 것이다. 이는 개인의 소양을 향상시키는 일과는 거리가 멀었다. 개인은 국가와 계약을 맺은 단독자가 아니라 국가에 귀속된 존재였고, 따라서 국권이 민권에 우선했다.

그러나 조선을 두고 청과 일본이 맞붙은 청일 전쟁 이후 두 나라의 교육은 (국운과 함께) 상반된 길을 걸었다. 전쟁을 통해 배상금을 타 낸 일본은 그 돈으로 자국 내 무상 교육의 발판을 마련했지만, 조선의 근대 교육은 청일 전쟁에서 승리한 일본의 내정 간섭에 휘둘리면서 실패하게 된다. 이때부터 조선의 교육 체계는 일본의 의지 혹은 필요에 종속

된다. 앞서 설명했듯 근대 일본의 교육은 국가의 요구에 복무하는 인간을 양성하도록 기획되었다. 따라서 민족적 정체성을 함양하는 수업이 선행했고, 그다음으로 민족이라는 유사 가족을 향한 충성심은 애국심과 연결되었다. 이 애국심은 서구 제국들보다 앞서고 싶었던 일본이라는 '국가'가 제 욕망을 실현하기 위해 사용한 이념적 도구였다. 일본은 '개인의 신체와 행동을 통제하고 규율화한 뒤 민족과 통치자를 위해 희생하는 존재로 재창조하는' 일을 국가 구성원 모두가 진심으로 받아들이도록 만들기 위해 무상 교육을 통해 애국심을 이식한 것이다. 그렇게 근대 일본은 조국을 키워 낼 강인한 '전사'이자 '일꾼'들을 양성했고, 그 교육 체계는 식민지 조선에도 마찬가지로 적용되었다. 특히 중일 전쟁 이후로는 폭력과 침략을 긍정하고 종용하는 교육 내용이 급증한다.

그런데 일본은 어째서 굳이 식민지였던 조선에까지 본토의 교육 제도를 가능한 그대로 이식하려 했을까. 그 원인은 식민지를 바라보는 일본의 시선이 여타 서구 제국 국가들과는 다소 달랐기 때문일 것이다. 일본은 자원과 노동력 수탈 외에도 본토 일본인의 이주를 식민지 정책의 주요 목적 가운데 하나로 삼았다. 달리 말하면 일본의 식민지 정책은 궁극적으로 일본 자체를 확장하려는 목적을 갖고 있었고, 그 목적을 이루기 위한 수단 가운데 하나가 교육이었다. 일본은 교육을 통해 자국의 세계관을 이민족(식민지인)에게 덧씌움으로써 그들을 일본인으로 동화시킬 수 있으리라 믿었던 것이다. 이민족에게 일본어를 쓰게 함으로써 일본인과 같은 사고방식을 갖게 하고, 궁극적으로는 동일한 세계관을 가진 '같은 민족'으로 재탄생시키려는 야심은 일본 식민지 교육의 정신적 근간이었다. 물론 피지배 민족들이 이러한 과정을 거쳐 '일종의 일본인'으로 간주된다 하더라도 그들이 타고난 일본인들과 같은 위계를 가질 수는 없었다. 만약 조선인들이 '하나된 일본'에 무사히 흡수된다 하더라도 그들은 영원한 식민지 사람으로 살아가게 될 터였다. 하지만 이런 불평등은 엄격한 수직적 위계 구조를 갖춘 일본 제국의 입장에서는 당연한 것이었다.

일본이 자국 식민지를 '확장된 조국'으로 간주했다는 점은 다음과 같은 사실에서도 확인할 수 있다. 조선에 살게 된 일본인들이 (식민지 문화는 저급하다는 전제를 두긴 했지만) 조선의 향토와 풍습을 따로 배웠다는 것이다. 이는 그들이 앞으로 살게 될 조선을 제2의 고향으로 인식하고 그곳에 애정을 갖도록 만들기 위한 조치였다. 하지만 그 애정은 조선 민족을 존중하는 것과는 거리가 멀었다. 오히려 그 반대였다. 그들이 조선의 풍습을 배운 건 이제 그 땅의 주인이 된 자신들이 '진정한 주인 의식'을 가져야 한다고 여겨서였다.

다음은 이렇게 기묘한 관계 속에서 함께 살아갔던 재조 일본인과 조선인의 교육 제도 변천을 정리한 표이다.

재조 일본인과 조선인의 교육 제도

재조 일본인	조선인
1905년 거류민단법 재외지정학교제도	1906년 학교령
1909년 학교 조합령	1911년 제1차 교육령
1922년 제2차 교육령	
1938년 제3차 교육령(1941년 제4차 교육령)	

  1905년, 러일 전쟁에서 승리한 일본은 조선에 임시 식민 기구인 통감부를 설치하며 적극적인 식민 통치에 돌입한다. 이때 조선에 진출하는 일본인들을 위한 교육 지원 제도가 따로 마련되고, 같은 시기 조선인들에게도 식민 통치에 유리한 일본식 교육 제도가 이식된다.
  초창기, 즉 러일 전쟁 이전에 조선으로 진출한 일본인들은 따로 공간을 빌려 자녀들에게 글자나 셈법을 가르쳤는데, 그 수가 증가함에 따라 절 같은 종교 시설에서 위탁 교육이 이루어지곤 했다. 그러다 1905년이 되면 '거류민단법 재외지정학교제도'라는 법령이 발포되는데, 이를 통해 일본 문부성은 본토 교육령에 상응하는 교원이나 재정을 재조 일본인들에게도 지원해 줄 수 있게 되었다. 이후 정식 식민기구인 총독부가 설치되기 1년 전인 1909년에는 학교조합령이 발포되면서 그동안 문부성이 맡았던 역할이 식민기구에게 넘어갔고, 식민기구는 학교조합이라는 제도를 통해 조선에 있는 모든 재조 일본인의 교육을 전담하게 되었다. 이 학교조합을 직접 운영했던 식민기구는 학교 설립은 물

론 각종 설비 및 운영 자금 역시 전폭적으로 지원해 주었고, 결과적으로 이때부터 조선에 사는 일본인 어린이들은 본토에서와 마찬가지로 무상 교육을 받을 수 있게 되었다.

조선인을 대상으로 한 학교령은 이듬해인 1906년 발포되었다. 이 학교령은 고종이 1895년에 제정한 소학교령을 무효화했는데, 특히 5~6년이 걸리던 소학교 교육 기간을 4년으로 단축했다. 이때 소학교는 보통학교로, 중학교는 고등학교로 명칭을 바꾸었고, 조선인들의 최종 학력은 중학교까지로 제한되었다. 또 일본어를 국어로 바꾸고 조선어를 외국어 과목으로 변경했다. 이에 반발한 조선인들은 '선 실력 양성, 후 독립론'이라는 슬로건을 내걸며 계몽 운동을 전개했고, 그 결과 야학당이나 임시 학교와 같은 조선인의 교육기관 설립이 기하급수적으로 늘어났다. 조선인들이 자기 민족 의식을 고양하려는 목적으로 연달아 설립한 사립 교육기관들을 지켜보던 통감부는 이런 경향이 식민 통치에 위협을 줄 수 있다고 판단했고, 결국 이를 통제할 명분과 제도를 확충했다. 1908년 10월 1일에 발표된 사립 학교령은 6개월 이내에 모든 사립 교육기관들이 학부대신의 인가를 받도록 했고, 인가를 받지 못하는 학교들은 운영을 불허했다. 당시 세워진 사립 학교는 총 4000여 곳에 달했지만 그중 1780곳만이 학교령에 따라 인가를 신청했고, 그나마 인가를 받은 곳은 242곳에 불과했다. 대신에 식민 정부는 학교가 사립에서 관립으로 전환하면 보조금을 지원했는데, 그 보조금은 바로 일본인 교원들에게 지급되는 월급이었다.

지원을 받기 위해서는 일본인 교원을 학교에 들여야 했고, 식민 정부는 이를 통해 자연스럽게 조선 내에서 일본인 교원의 비중을 늘리려 했던 것이다. 순수한 조선인 학교는 정부의 지원을 받지 못했으므로 조선인 개인 및 조직이 스스로 그 비용을 부담해 운영했다. 이후 일본의 통치가 확정된 1911년에 발포된 제1차 교육령은 조선인만을 대상으로 한 것이었는데, 이는 피지배층에게 필요하다고 판단된 최소한의 교육을 기반으로 실업 교육과 일본어 교육에 중점을 두었다.

이후 1919년에 3·1운동과 맞닥뜨린 일본 식민 정부는 통치 기조를 무단 통치에서 문화 통치로 바꾸었고, 1922년에는 교육령도 개정했다. 이때 개정된 제2차 교육령은 재조일본인에게 적용되던 별도의 교육 체계를 없애고 그들을 조선 교육 체계에 포함시켰다. 조선인들의 반발을 잠재우고자 일본인과 조선인의 교육 차별을 (적어도 공식적으로는) 없애려 했던 것이다. 이때부터 일본인과 조선인 사이에 공학이 허용되었고, 4년으로 단축했던 조선인 초등교육 기간도 다시 6년으로 늘어났다(그간 일본인은 계속 6년이었다). 식민지 노동력 양성을 위한 교육에 가까웠던 탓에 제외되었던 미술과 음악 교과가 새로 편성됐다. 또한 이 개정을 통해 식민 정부 최초의 고등교육기관인 경성제국대학 설립이 가능해졌고, 오직 경성에 단 한 곳뿐이었던 사범학교가 지방 곳곳에 설립되었다. 일본에서 보낸 인원에 의존하지 않고 재조일본인 내에서 직접 교육 자원을 만들어 내기 위해서였다. 이것이 문화 통치의 중심, 즉 교육을 통해 자연스럽게 진행되는 '내선융화'였다.

이 교육 체계는 만주 침략을 추진한 바 있는 강경파 인물인 미나미 지로(南次郞)가 1937년에 조선 총독으로 부임하면서 다시금 '내선일체'라는 강령으로 강화된다. 미나미 지로가 조선에 전시 동원 체제에 돌입할 것을 지시하며 황국 신민 정책을 구체화해 나갔기 때문이다. 황국 신민이란 일본 천황의 신하라는 의미로, 이는 일본 천황에게 충성을 다해야 한다는 식민지 의식 교육을 파시즘적 수준으로 끌어올린 강령이다. 적극적으로 신민화를 추진했던 미나미 지로는 가장 먼저 '황국 신민 맹세' 제정에 착수했다.

- 어린이용

우리는 대일본제국의 신민입니다.

우리는 마음을 합하여 천황 폐하에게 충의를 다합니다.

우리는 인고단련하여 훌륭하고 강한 국민이 되겠습니다.

- 성인용

우리는 황국 신민이다. 충성으로 군국에 보답하겠다.

우리 황국 신민은 서로 신애협력하여 단결을 공고히 하겠다.

우리 황국 신민은 인고단련하고 힘을 길러 황도에 선양하겠다.

황국 신민 맹세에는 어린이용과 성인용 두 가지가 존재했는데, 학생은 물론 일반인들도 이 맹세를 암기 제창해야 했다. 1938년 2월에는 조선 육군 지원병 제도가 공포되었다. 서양과 맞설 새로운 아시아 즉 신동아(新東亜)를 건설하기 위해 조선을 병참기지화한다는 정책 기조가 분명해진 것이다. 이에 따라 3월에는 제3차 교육령 개정이 이루어졌다. 조선인이 다니는 학교를 뜻하는 보통학교라는 명칭을 일본인과 똑같이 소학교로 바꾸었고, 교과 과정과 시수 역시 일본인 학교와 똑같이 맞추었다. 그때부터 교육 행정에 있어 일본인과 조선인의 구별은 거의 사라졌다. 이제 그 둘을 구별 짓는 가장 큰 요소는 '국어(일본어)를 상용하느냐 아니면 상용하지 않느냐'가 되었다. 조선어는 선택 과목으로 전락해 버렸다. 조선에 거주하던 조선인 어린이들과 일본인 어린이들은 이러한 행정적 일치 속에서 '함께' 황국 신민 교육을 받았다. 천황의 절대 권력을 중심으로 국가가 운영된다는 '국체명징(国体明徴)'. 외지의 일본과 내지의 조선은 하나라는 '내선일체'. 심신을 단련하고 고통을 견딘다는 '인고단련'.

당시 국어와 조선어의 수업 비중은 34.97퍼센트 대 8.75퍼센트였다. 제1차 교육령 시기에는 37.74퍼센트 대 20.75퍼센트, 제2차 교육령 시기에는 39.15퍼센트 대 12.24퍼센트였음을 감안하면 조선어 수업이 확실히 줄어들었음을 확인할 수 있다. 또 당시 식민기구가 발표한 조선 내 어린이 취학률은 일본인 93.8퍼센트, 조선인 30.6퍼센트(간이학교를 포함하면 32.7퍼센트)였는데, 이를 제1차 교육령 시기인 1911년의 취학률(일본인 98.1퍼센트, 조선인 1.5퍼센트)과 비교하면 조선인 어린이의 취학률이 과거에 비해 현저히 높아졌음을 알 수 있다. 이 사실은 무엇보다 해를 거듭할수록 조선인의 일본어 해독률이 높아졌음을 의미한다.

그런데 일본 식민 당국은 어째서 제3차 교육령을 통해 양국 어린이 모두에게 일본어 학습을 독려한 것일까? 이는 당시 일본군이 처한 전황, 특히 중일 전쟁을 기점으로 본격적인 확전을 실시한 상황과 연관돼 있다.

이 연관성을 알아보기 위해서는 먼저 중일 전쟁의 기원을 간단히 살펴볼 필요가 있다. 우선 일본과 중국의 갈등이 본격적으로 시작된 만주 사변으로 거슬러 올라가 보자. 1929년 미국 월가의 주식 시장 붕괴로 시작된 대공황이 전 세계를 뒤흔들자, 일본은 경제 위기를 타개할 방편으로 중국 대륙 침략 계획을 세웠다. 1931년 관동군은 일본 측 철도 선로 일부를 스스로 폭파하고는 이를 중국 소행이라고 주장하며 중국을 공격했고(만주 사변), 다음해에 만주국을 건설했다. 그러나 국제연맹은 만주의 주권이 중국에 있다고 결정했고, 그에 반발한 일본은 연맹을 탈퇴했다. 이후 일본은 만주와 몽골 지역에서 중국은 물론 소련과도 충돌하기에 이르렀고, 이 위기감을 발판으로 군부 중심의 새 내각을 수립하기에 이른다. 당시 육군은 북진론(北進論)을 주장했고 해군은 남진론(南進論)을 주장했는데, 최종적으로 후자로 결정됨에 따라 일본군은 소련이 아닌 중국으로 향하게 되었다.

 1937년 7월 7일 밤, 루거우차오(노구교) 부근에서 중국군을 선제 타격한 일본은 28일부터 중국군을 상대로 전면적인 공세를 개시했다(중일 전쟁). 빠른 속도로 베이핑(北平, 현 베이징)과 톈진(天津)을 제압한 그들은 8월 13일에 상하이(上海)로 진격하면서 전쟁 불확대 방침을 파기하고 본격적인 전쟁 태세에 돌입했다. 거의 모든 면에서 열세였던 중국군의 저항 속에 고전을 거듭하던 일본군은 11월 말에 이르러서야 상하이를 점령했다. 상하이 점령은 일본군에게 쉽지 않은 도전이었다. 그곳을 기점으로 일본 본토에서 점점 멀어지며 서쪽 내륙으로 진격해야 했기 때문이었다. 이후 국민정부의 수도 난징(南京)으로 진격한 일본군은 그곳을 포위하고 중국에 항복을 요구했다. 이에 응하지 않은 중국군 사령관과 참모들이 모두 우한(武漢)으로 퇴각하자 일본군은 13일 난징을 함락한 뒤 그곳에 남아 있던 군인들과 민간인들을 상대로 강도, 강간, 살해, 방화를 저질렀다.

 하지만 국민정부는 항복하지 않았다. 그들은 수도를 충칭(重慶)으로, 행정기관은 한커우(漢口)로 이전하며 일본군의 진격에 맞섰다. 다시 이어진 전쟁에서도 일본군은 내내 높은 승률을 유지하며 중국 내 요지를 함락했다. 내륙 전선의 요지인 쉬저우(徐州)는 물론 주요 요충지인 광저우(廣州)와 한커우마저 일본군의 손아귀에 들어갔다. 일본은 한커우를 점령하면서 전쟁을 끝낼 수 있기를 바랐으나, 그런 상황에서도 중국은 굴복하지 않았다. 오히려 점과 선 형태 즉 거점과 보급로만 확보된 형태의 일본의 점령지가 더 취약하다고도 볼 수 있었다. 그 주변이 모두 적으로 둘러싸인 형국이었으니 말이다.

아무리 끝내려 해도 끝나지 않는 전황 속에서 일본은 1938년 11월에 '동아신질서'를 발표한다. 일본이 동아시아 각국을 대표하는 주자로 나서겠다는 이 선언은 사실상 미국을 향해 이 전쟁을 끝내도록 도와 달라고 호소하는 것이나 다름없었다. 1905년에 자신들이 러시아와 싸웠을 때 미국이 중재에 나서 주었던 것처럼 말이다. (그때 미국은 러일 양국이 포츠머스 조약을 맺도록 했고, 그 과정에서 일본은 조선 지배권을 넘겨받았다.) 이렇게 미국이 중재해 주지 않는 한, 먼저 전쟁을 일으킨 일본이 스스로 물러날 명분을 찾기란 난망했다. 따라서 그들은 만약 이 전쟁이 계속되더라도 승리할 수 있도록 늘 강하고 건재해야 했다. 결국 이 싸움은 제국의 존망을 건 중요한 승부가 되었고, 따라서 이 싸움에 참가하려는 자는 엄연한 제국의 일원이어야 했다. 그 자격을 판가름하는 기준이 바로 언어였다. 피식민지인들 가운데 새로운 국어를 습득한 자에게는 국방의 의무 혹은 '참전할 권리'가 주어졌다. 예를 들어 조선인이 일본군 지원병이 되려면 소학교 이상의 학력을 갖추고, 독해와 작문으로 구성된 일본어 시험과 일본 국사 시험을 통과해야 했다. 이런 제약들이 많았음에도 (특히 극심한 가난에서 벗어나기 위해) 일본군 지원병이 되기 위한 경쟁은 치열했다. 400명의 조선인 지원병을 모집한 1938년에는 총 2946명이 지원했는데(경쟁률 1:7.4), 이 경쟁률은 이듬해인 1939년에는 1:20.6으로 상승했고, 1943년에는 1:60.9에 달했다. 조선에 거주하는 어린이들을 위한 공식 글짓기 경연대회는 결국 이 '전쟁하는 제국'이라는 기조 속에서 기획된 것이었다. 제국 일본의 어린이들을, 예비 일본인들을 양성하려는 기획.

이 장에는 제1, 2회 조선총독상 글짓기 경연대회에서 전쟁을 소재로 한 어린이 작문들을 조선인과 일본인 구분 없이 모아 두었다. 경성의 엘리트 학교에 다니는 어린이들의 작품과 그렇지 않은 어린이 작품들이 아울러 있고, 자연, 가족, 동물, 놀이, 일상, 학교라는 소재가 섞여 있으며, 열정, 성취, 행복, 정, 평안, 사랑, 재미, 감동, 설렘, 심란, 놀람, 공포, 불안, 연민, 슬픔, 우울, 수치, 죄책의 감정들이 사방으로 펼쳐져 있다. 하지만 이 글들은 분명한 공통점을 지녔다. 폭력으로 물든 국가주의 교육의 성공 사례만이 모여 있다는 것이다. 그렇다면 국가주의 및 그에 따른 교육을 신봉하지 않는 사람들에게는 전쟁의 영향이 그나마 덜했을까? 그렇지는 않았던 것 같다. 전쟁을 긍정하지 않는 사람들, 국가주의 교육이 실패했다고 믿었던 사람들조차 전쟁의 물결 속에 잠겨들고 있었다. 아래에 인용한 글을 보자.

솔직히 말한다면, 정부여, 일본이 지금 수행하고 있는 전쟁은 승산이 있어서 하고 있는 것인가. 국민에게 일본은 반드시 이긴다고 단언할 수 있는가. 언제나 이 단언을 위해 엄청 무리에 가까운 조건을 붙이고 있는 건 아닌가. (중략) 죽음을 향해 가는 것에 대한 개인적 입장의 불만은 끝내 해결할 수 없게 됐다. 나는 전쟁을 혐오하는 사상에 빠질 것 같다. 이미 빠져 있는지 모르겠다. 한번 병영에 들어가면, 그걸로 끝일 것이다. 아무것도 생각하지 않을 것이다. 그것이 가장 행복할지도 모른다. 생각하면 할수록 모순에 빠진다. (중략) 열심히 공부했다. 모든 걸 해결하겠다는 마음으로 노력했다. 그것도 일장춘몽이다. 꿈의 꿈이다······ 아직도 학문의 세계는 넓다. 세계적 연구를 해도 모르는 게 무한하다. 실로 학문은 영원하다······ 영원의 진리 앞에서는 전쟁 따위는 일장의 희극으로 끝날 것이다.

일본전몰학생 기념회 편, 『들어라 와다쓰미의 소리를』, 한승동 옮김, 서커스, 2018, 189쪽.

국가주의 교육이 실패했음을 인지하는 이들조차 전쟁이 가져다주는 죽음의 두려움에 맞서기 위해서는 영원한 학문의 세계에 의지할 수밖에 없었다. 1923년생 동경제국대학 경제학부에 재학 중이던 이 학생은 1943년에 입대한 뒤 1945년 미얀마 외곽에서 전사했다.

제1회 조선총독상 글짓기 경연대회

전쟁놀이

경성사범학교부속제2소학교(京城師範学校附属第二小学校)
제1학년 민성국(閔聖國)

　저는 친구와 큰 셰퍼드를 데리고 산에 올라가 전쟁놀이를 했습니다. "김[金]쇼켄!* 너는 ○○부대 부대장 해!" 하고 제가 말하니, "너는 상등병 해!" 하고 말했습니다. 이[李]오우자이**는 일등병이 되었습니다. 또 사이다이세이***는 고쵸****입니다. 풀숲에 숨어서 피스톨에 총알을 넣고 빵! 하고 쏘았습니다. 너무나 소리가 커서 모두가 깜짝 놀랐습니다. 피스톨을 쏘면서 돌격해 가던 도중, 저는 무서워져서 도망쳐 돌아왔습니다. 집 앞에서 헤어질 때에는 날이 깜깜해져 있었습니다.

---

* 　김쇼켄: 원문을 보면 성 김은 한자로 쓰여 있었고 쇼켄은 일본어로 쓰여 있다. 예를 들어 이름이 김종현일 경우, 일본어로 김쇼켄으로 발음된다. 제1회 대회가 개최된 1938년 12월은 아직 창씨개명이 실시되기 전이지만, 보통 학교에서 조선인 학생의 이름은 한자를 일본식으로 음독해 불렀다. 창씨개명 이후, 창씨개명을 하지 않은 소수의 조선인 학생 역시 이전과 동일하게 불렀다.

** 　이오우자이: 김쇼켄과 마찬가지로 이오우자이 역시 성 이는 한자로, 오우자이는 일본어로 쓰여 있었다. 예를 들어, 조선어 이름이 이응재나 이왕재일 경우, 일본어로는 이오우자이로 발음된다.

*** 　사이다이세이: 사이는 최(崔)를 일본식으로 음독한 것이다. 조선어 이름이 최대성일 경우, 사이다이세이로 발음된다.

**** 　고쵸(伍長): 구 육군 계급의 하나로 지금의 하사에 해당한다.

제1회 조선총독상 글짓기 경연대회

전쟁놀이

부산부부산제1공립심상소학교(釜山府釜山第一公立尋常小学校)
제1학년 히라노 카즈오(ヒラノカズオ)

저는 항상 학교에서 돌아오면, 하루 종일 제가 제일 좋아하는 전쟁놀이를 합니다. 저는 대장은 아니고 소대장입니다. 그리고 이시다군과 후나츠군은 중장입니다. 전쟁놀이를 할 때면 소집 명령이 내려지는 것부터 시작합니다. 그러면 모두가 모여듭니다. 그때, 저는 번호를 부르게 합니다. 번호 부르는 것을 잘 못하면 백 번이고 이백 번이고 부르게 합니다. 하지만 잘하면 단번에 끝냅니다. 전쟁놀이가 시작되면 굉장해집니다. 지붕 위에 올라가 잠복을 하면서 기다리거나, 나무에 올라가 적의 움직임을 살핍니다. 그리고 함성을 지르거나, 여러 가지 군대 흉내를 냅니다. 뒷산이 난징성*****입니다. 지난번에 군대놀이를 했을 때에는 뒷산 난징성을 점령했습니다. 모두 모여 만세를 불렀습니다. 저는 모두에게 잘했다고 칭찬해 주었습니다. 모두가 기뻐하며 인사를 하고 돌아갔습니다. 또 내일도 모레도 이렇게 용감하게 전쟁놀이를 할 생각입니다.

***** 난징성(南京城): 명나라 왕조가 수도 난징에 21년간 20만 명을 동원해 건설한 성이다. 중일 전쟁 초기 1937년 12월 13일에 일본군은 난징을 점령하며 두 달에 걸쳐 다수의 중화민국군 및 민간인을 학살했다. 이를 난징대학살 또는 난징 사건이라고 부른다.

제1회 조선총독상 글짓기 경연대회 학무국장상

등화관제*

경성사범학교부속제1소학교(京城師範学校付属第一小学校)
제1학년 마츠자키 케이코(松崎啓子)

일찍부터 밥을 먹고 기다리고 있었습니다. 어머니께서 "봐, 경계 관제** 신호 울리지?" 하고 말씀하셨습니다. 키치베***가 장지문과 창문에 검은 종이를 핀으로 고정하고 지나갔습니다. 검은 막을 친 곳도 있었습니다. 부엌 전등은 검은색 긴 덮개를 덮었습니다. 현관 전등도 모자를 썼습니다. 할머니께서 밖에 나가 보라고 하셔서, 저는 오모니가 관제 준비를 다 마쳤나 싶어 밖으로 나가 봤습니다. 나카짱이 찢어 붙인 검은 종이 사이로 길쭉한 서치라이트 같은 불이 새어 나왔습니다. 제가 "저러면 안돼." 하고 말하니, 누군가가 풀로 붙였습니다. 집에 들어오고 나서 잠시 후, 갑자기 사이렌이 울립니다. 할머니께서 "저건 공습 사이렌이야." 하고

---

* 등화관제(灯火管制): 전시에 민간시설이나 군사시설, 부대등의 등화를 관제하는 일. 야간에 적이 상황을 파악하거나 공습 또는 포격해 올 것에 대비하여 등불을 끄거나 덮어서 빛이 새어 나가지 않도록 한다.

** 경계관제(警戒管制): 적의 야간 공습에 대비하기 위한 훈련으로 등화관제를 말한다.

*** 키치베(キチベ): 일본인이 발음하는 조선어 '계집애'이다. 일본인이 고용한 나이 어린 조선인 가정부를 지칭하던 말이다. 또한 '오모니'는 앞서 설명했듯 나이 든 조선인 가정부를 말한다.

말씀하셨습니다. 다시 밖으로 다 같이 나가보았습니다. 조선 사람의 집에는 불이 밝게 켜져 있었고, 어머니가 오모니에게 어둡게 해야 한다고 말하러 나가셨습니다. 드디어 공습 관제가 시작되었습니다. 탐조등이 여기저기서 나왔습니다. 그러면서 사람들을 비추었습니다. 어디선가 프로펠러 소리가 나서, 하늘을 보니 작은 비행기 한 대가 탐조등 속에서 보였다 안 보였다 했습니다. 저는 '이 정도라면 적의 비행기가 와도 괜찮겠다.' 하고 생각했습니다. 역시 고사포가 빵빵빵빵 쏘고 있습니다. 별들이 반짝반짝 빛나는 기분 좋은 밤이었습니다. 그러고 나서 집에 들어가니, "이게 진짜 공습이라면 모두가 어떻게 되겠니?" 하고 어머니가 말씀하셨습니다. 어머니는 이러한 일본이라는 나라에 감사해야 한다고 오모니와 키치베에게 이야기해 주었습니다. 밖에는 방호단**** 사람들이 큰 소리로 뭐라고 말하며 걸어가고 있습니다. "아직도 불을 켜 놓은 집이 있나 봐! 이건 나라의 규칙으로 정해 놓은 건데, 안 되겠네." 하고 어머니가 말씀하셨습니다. 그로부터 조금 지나니 부~ 하는 소리가 울렸습니다. 드디어 모든 곳이 밝아졌습니다. 잠시 후, 할아버지가 돌아오셨습니다. "산에 올라가서 보니 아직 안 되겠더라." 하고 말씀하셨습니다. 저는 '정말 그럴까?' 하는 생각이 들었습니다.

**** 방호단(防護団): 1932년~1939년에 일본에서 공습에 대비해 지구별로 설치했던 민간 단체다.

제1회 조선총독상 글짓기 경연대회

방공 연습*

경성사범학교부속제1소학교(京城師範学校付属第一小学校)
제1학년 온다 시케루(恩田シゲル)

 11월 24일부터 27일까지는 방공 연습 기간이었습니다. 사이렌이 부~ 부~ 하고 이쪽저쪽에서 울리기 시작했습니다. 조금 있으니, 적의 비행기가 옵니다. 고사포를 두! 두! 두! 하고 쏘았습니다. 방호단 사람들이나 몸뻬**를 입은 아주머니들이 많이 나와 있었습니다. "소이탄***을 떨어트렸다." 하며, 사람들이 바께쓰를 들거나 덮개를 들고 뛰어갔습니다. 방호단 사람들은 방독 마스크를 쓰고 있었습니다. 밤이 되면, 모든 집은 검은 커튼을 치거나 전등에 덮개를 씌웁니다. 목욕을 할 때에는 깜깜해서 혼이 났습니다. 다시 부~ 부~ 하고 소리가 울렸습니다. 제가 공부를 하고 있는데, 형이 "공습이다. 빨리 나와!" 하고 말했습니다. 저는 불을 끄

---

* 방공 연습(防空演習): 1930년대부터 공습 피해를 막기 위해 국민들을 대상으로 실제 상황과 똑같이 연출하여 실시하던 방공 훈련이다. 일본 본토에서는 1933년 8월 11일간 연습 상황을 라디오에서 생중계하기도 했다.

** 몸뻬(モンペ): 일본 동북지방에서 농사 작업을 위해 만들어진 바지 형태의 여성복이다. 전시 체제에 돌입하면서 편의성을 이유로 보급되다가 아시아·태평양 전쟁이 본격화되고 나서부터는 국민복으로 제정되었다.

*** 소이탄(燒夷彈): 폭탄의 한 종류로, 폭발을 일으키는 대신 내부 인화 물질을 연소해 광범위한 화염 피해를 입힌다. 아시아·태평양 전쟁 말기에는 목재 가옥이 많은 일본을 초토화하기 위해 미군이 주로 사용했다.

고 밖으로 뛰쳐나갔습니다. 프로펠러의 폭음이 들렸습니다. 잠시 후, 빨간 소이탄이 떨어집니다. 우리 집에 떨어질 것만 같아 조마조마했습니다. 빨간 불은 아래로 떨어지지 않고 꺼져 버렸습니다. 그제야 마음이 놓였습니다. 잠시 후, 해제 사이렌이 울려 퍼집니다. 해제가 되었으니 '전기를 켜도 되겠지.' 하고 불을 켜자, 형이 "안돼." 하고 말해서 "왜?" 하고 물었습니다. 형이 "아직 등화관제 중이야." 하고 말해 주어 그만두었습니다. 오늘이 진짜 공습이었다면 '정말 큰일이었겠구나.' 하고 생각했습니다.

제1회 조선총독상 글짓기 경연대회

연등 행렬

경성사범학교부속제1소학교(京城師範学校付属第一小学校)
제2학년 시마이 레이코(島井聆子)

전차의 창문이 밝아지자, 연등이 줄지어 오고 있는 것이 보였습니다. 우리가 광화문 거리에서 내리니, 거기에는 많은 사람들이 가득 모여 있었습니다. 총독부부터 광화문 거리까지 연등이 새빨간 불바다처럼 계속해서 이쪽으로 이쪽으로 오고 있었습니다. 저도 모르게 "우와! 예쁘다." 하고 소리를 질렀습니다. 어머니도 "진짜 예쁘네. 여기에서 보고 가자." 하고 말씀하셨습니다. 교통 경찰이 와서 "저쪽으로 가요. 저쪽으로 가요" 하며, 파리를 쫓듯 합니다. 그래서 사람이 많이 가지 않는 쪽으로 가 보았지만, 그쪽에서도 쫓겨나고 말았습니다. 그래도 마지막에는 제일 잘 보이는 곳에서 볼 수 있었습니다. 학생 행렬이 가 버리자, 이번에는 아저씨들의 행렬이 왔습니다. 가면을 쓰고 있는 사람이나 얼굴을 하얗게 칠한 사람, 여자로 분장한 사람 등 여러 가지입니다. 이 사람, 저 사람 모두가 기뻐하며, "도련님 만세!" 하고 남동생의 손을 잡고 가거나, "아가씨 만세!" 하면서 제 앞에서 장난을 칩니다. 재미있는 아저씨 한 명이 "한커우*

---

* 한커우(漢口): 현 중국 우한시의 일부 지역. 중일 전쟁 당시 중화민국의 임시 수도

함락을 축하하는 콩이니까, 하나 줄게." 하고 말합니다. 부끄러워서 외투 주머니 속에 손을 집어넣고 웃고 있으니, 제 주머니 속에 넣고 가 버렸습니다. 꺼내 보니, 그냥 딱딱하고 작은 콩이었습니다. "전쟁은 이제부터입니다. 승리하더라도 투구의 끈을 조여 매자라는 말이 있듯이, 모두 정신을 똑바로 차립시다." 자기가 무슨 대장이라도 된 것처럼, 잘난 체하며 이야기하는 사람도 있었습니다. 사람들이 커다란 연등과 전함, 비행기, 탱크, 등대 등 여러 가지 정성스럽게 만든 것들을 끌고 걸어옵니다. 장제스의 얼굴도 여러 개나 있었는데 하나같이 울 것 같은 표정이었습니다. 어떤 가마 안에는 장제스와 쑹메이링** 인형이 들어가 있었는데, 그 인형 안에는 진짜 사람이 들어 있다고 합니다. '저런 지나인***이 되는 것은 싫겠다.' 하고 생각했습니다. 일본 병사가 장제스의 머리를 망치로 쾅 하고 때리니, 장제스의 머리와 눈에서 불이 확 나옵니다. 정말 솜씨 좋게 잘 만들었다고 감탄했습니다. 또 거기에서 지나복****을 입고 춤추며 만세를 부르는 사람도 있었습니다. 너무 재미있어 참을 수가 없었습니다. 정신없이 보고 있는 동안, 어느새 행렬은 저쪽으로 가 버렸습니다.

였으나, 1938년 10월 일본에게 점령당한다.

** 쑹메이링(宋美齡): 장제스의 부인으로, 상당한 외교적 수완을 지니고 있었던 실력자였다.

*** 지나인(支那人): 중국인을 말함. 지나는 일본인이 중국을 부르던 호칭이다. 중국의 진왕조가 서양에 알려지면서 음역화 된 것이라 알려지는데, 일본에 전래된 것은 에도시대이며 아시아·태평양전쟁 말기까지 사용되었다.

**** 지나복(支那服): 중국의 전통 의상 치파오를 말한다.

제1회 조선총독상글짓기경연대회

한커우 함락

경성사범학교부속제1소학교(京城師範学校付属第一小学校)
제2학년 니시 쇼코(西敵子)

28일 밤에 밖에서 놀고 있는데, 동네회 아저씨가 일장기 연등을 가지고 제 앞을 지나갔습니다. 그것을 보니, 저도 시끌벅적한 본정에 가 보고 싶어졌습니다. 집에 와 보니 아버지가 관청에서 돌아와 계시길래, 저는 "아버지 본정에 데려가 주세요." 하고 이야기했습니다. 아버지는 싱글벙글 웃으시면서 "그래, 가자!" 하고 기분 좋게 말씀하셨습니다. 옆에 있던 히카루짱도 "나도 갈래, 갈래." 하며 아버지 무릎에 올라타 뛰면서 기뻐했습니다. 어머니가 "좋겠네, 자, 옷 갈아 입혀 줄게." 하고 말씀하셨습니다. 저는 "어머니도 가요. 꽃전차도 지나가요." 하고 말하자, "가고 싶은데, 오늘은 할 일이 있어." 하고 말씀하셔서, 셋이서 버스를 타고 종로5가까지 갔습니다. 안전지대에서 전차를 기다리고 있으니, 저쪽에서부터 조금씩 밝아지기 시작했습니다. 살펴보니, 전구 여러 개가 줄지어 이쪽으로 넘어오고 있었습니다. '뭐지?' 하고 보고 있는데, 아버지께서 "꽃전차다!" 하고 말씀하셨습니다. 저것은 제가 정말로 보고 싶고 보고 싶던 꽃전차가 아니겠습니까? 보고 있는 동안에도 계속해서 이쪽으로 왔습니다. 저도 모르게 "우와, 예쁘다!" 하고 소리쳤습니다. 히카루짱도 너무 예뻐서 말없이 계속 쳐다보고 있었습니다. 안전지대에 있던 많은 사람들이 눈이 동그래져서 보고 있습니다. 독일, 지나, 일본 사람들이 사이좋게 손을 잡은 모습도 있고, 일본군에게 지쳐 버린 장제스도 있었습니다. 마지막 전차에는 승객들이 타고 있었습니다. 전등들이 너무 많이 켜져 있어, 눈이 번쩍 뜨이듯이 아름답습니다. '나도 한번 타 보고 싶다.' 하고 생각하는 동안에 다섯 대의 꽃전차가 동대문 쪽으로 향하면서 전등의 덩어리처럼 사라져 갔습니다. 바로 뒤에 온 전차를 탄 이후에도 저 밝은 꽃전차가 눈에 보이는 것 같았습니다. 조선은행* 앞에서 내리자 사람들이 까만 산처럼 가득 모여 있었습니다. 군중 속을 빠져나와 시노사키 문방구** 앞까지 오니 오미코시*** 위에 서서 얼굴을 까맣게 칠하고 이상한 모습으로 "왓쇼왓쇼" 하며 춤추는 아저씨도 있었습니다. 그 오미코시는 이쪽저쪽에서 날뛰고 있습니다. 오미코시 뒤에는 가면 행렬이 길게 늘어져 있었습니다. 오타후쿠****의 가면을 쓰고 있는 사람

---

* 조선은행(朝鮮銀行): 일본의 중앙은행인 일본은행을 보조하던 대표적인 식민지 금융기구이다. 1876년 일본 제일은행이 1878년 6월에 부산 지점을 설립했는데, 1909년 11월에 통감부가 주식회사 한국은행을 설립한 뒤 일본 제일은행의 업무를 이관했다. 1911년에는 조선총독부의 조선은행법에 따라 조선은행으로 개칭되었다. 현 서울 중구 남대문로에 위치한 한국 화폐박물관.

** 시노사키 문방구(篠崎文房具): 경성의 최대 번화가인 본정 거리 초입에 위치했던 문방구이다. 현 서울 중앙우체국 부근 명동8나길 입구 부근.

*** 오미코시(お神輿): 일본의 천황과 귀족들이 이용하던 이동 수단으로, 가마를 말한다.

**** 오타후쿠(お多福): 팔복신 가운데 재액을 쫓고 복을 부르는 여신으로, 오카메(福女)라고도 불린다.

이나, 간호사로 분장한 아저씨가 즐겁게 춤을 추며 갑니다. 아버지께서 "저 할머니 웃긴 차림 하고 있네." 하셔서 그쪽을 보니, 어떤 할머니가 얇은 기모노를 입고 중학생 모자를 쓰고 휘청휘청 힘겹게 걸어오고 있었습니다. 저는 '할머니인데도 좋은 걸 생각해 내셨네.' 하고 생각했습니다. 미츠코시백화점 쪽에서 "꽃전차가 오고 있다!" 하는 소리가 들렸습니다. "아버지 보러 가요!" 하고 제가 먼저 달려갔습니다. 아버지도 뒤에서 히카루짱을 안고 뛰어왔습니다. 가서 보니, 아까와 똑같은 꽃전차였습니다. 졸려 보이는 히카루짱도 너무 예뻐서 눈을 크게 뜨고 보았습니다. 많은 사람들이 밀고 밀리며 꽃전차를 타는 것을 보던 남동생이 "히카루짱도 탈래." 하고 말했습니다. 아버지가 "반대쪽으로 가는 거라서 안돼." 하고 말씀하셔서, 이번에도 꽃전차를 타지 못하였습니다. '어서 집으로 돌아가서 오늘 본 예쁜 꽃전차와 재미있는 가면 행렬에 대해 어머니에게 말해 줘야지.' 생각하며 전차에 탔습니다.

제1회 조선총독상 글짓기 경연대회

센닌바리

경성수송공립심상고등소학교(京城壽松公立尋常高等小学校)
제2학년 김원희(金元姬)

    지난 일요일에 저는 어머니와 함께 본정으로 쇼핑을 하러 갔습니다. 춥고 추운 날이어서 모두들 외투를 입거나 목도리를 하고 있었습니다. 미츠코시[백화점] 앞에 가 보니, 여자 두세 명이 서서 무엇인가를 하고 있었습니다. 가까이 가 보니 센닌바리를 하고 있었습니다. 어머니도 바로 그것을 정성스럽게 하셨는데, 저는 어떻게 하는지 몰라서 그냥 서서 바라보기만 했습니다. 그때 갑자기 지나에 가서 전쟁을 하고 계시는 일본의 병사님들이 생각이 났습니다. '지나는 얼마나 추울까? 부디 천황 폐하를 위해 열심히 싸워 주세요.' 하고 마음속으로 빌었습니다. 그리고 '나도 빨리 센닌바리를 하고 싶다. 내가 꿰매어 드리면 병사님들이 얼마나 기뻐하실까?' 하고 생각하는 동안, 어머니가 센닌바리를 끝내셔서, 같이 쇼핑을 하러 들어갔습니다. 집에 돌아올 때에도 열심히 일하고 계시는 병사님들이 건강하시기를 기도하였습니다.

제1회 조선총독상 글짓기 경연대회

어머니

경성한동공립심상고등소학교(京城漢洞公立尋常高等小学校)
제2학년 최준창(崔潤昌)

지난번에 학교에서 어머니와 누나에게 국어[일본어] 공부를 시켜 준다는 선생님의 이야기를 듣고 어머니께 말씀드렸습니다. 그 후부터 어머니는 제가 학교에서 돌아오고 나면 책과 공책과 연필과 지우개와 칼을 가지고 "국어 공부하고 올게." 하시고는 매일 하루도 빠지지 않고 학교에 가십니다. 밤에 제가 공부를 하면, 어머니도 공부를 하십니다. 제가 어머니에게 국화꽃을 가리키며 "이것은 무엇입니까?" 하고 묻자, 모르셨습니다. 제가 "꽃입니다." 하고 가르쳐 드렸습니다. 지금은 오히려 어머니가 저를 가르쳐 주십니다. 저보다 늦게 학교에 들어가셨는데도 국어를 아주 잘하십니다. '어머니가 똑똑하구나.' 하고 생각했습니다. 이제부터 어머니와 저는 항상 국어로 대화하기로 하였습니다.

제1회 조선총독상 글짓기 경연대회

황국 신민 맹세*

함경남도혜산진공립심상고등소학교(咸鏡南道惠山鎭公立尋常高等小学校)
제2학년 나스 노리히코(那須紀彦)

저는 매일 아침 황국 신민 맹세를 잊지 않고, 두 번 반복해서 제창합니다. 두 번 제창하는 이유가 있습니다. 저에게는 두 살 위의 형이 있었습니다. 저를 아주 귀여워해 매일 학교에 같이 가며 데려다주셨는데, 올해 1월 급성 폐렴에 걸려 겨우 이틀을 쉬다가 돌아가셨습니다. 돌아가신 날 아침, 방에 누워서 "노리히코상! 오늘 아침에는 내가 일어나지 못해, 황국 신민 맹세를 같이 할 수 없으니까, 나와 함께 한다는 마음으로 멋있게 해 줄래?" 하고 말씀하셨습니다. 그리고 점점 나빠져서 한밤중에 끝내 돌아가셨습니다. 돌아가실 때, 조금도 힘들다거나 괴롭다는 말 한마디도 없이 조용히 돌아가셨습니다. 그 이후부터 저는 매일 아침 황국 신민 맹세를 할 때마다 꼭 형님의 몫이라고 생각하며 두 번 반복해서 합니다. 그러면 아버지께서는 항상 "고생했다." 하고 말씀해 주십니다.

---

* 황국 신민 맹세(皇国臣民の誓い): 중일 전쟁을 기점으로 실시된 황국 신민화 정책의 일환으로 1937년 조선총독부가 제정한 맹세이다. 어린이용과 어른용으로 나뉘었으며, 위의 작문으로 보아 황국 신민 맹세는 조선인은 물론 조선에 살던 일본인들도 암기하고 제창해야 했던 것으로 보인다.

제1회 조선총독상 글짓기 경연대회

요즘 나의 사변* 지도

평안북도용암포공립심상고등소학교(平安北道龍岩浦公立尋常高等小学校)
제5학년 스즈키 미즈호(鈴木端穂)

사변이 시작된 이후로 저의 하얀 사변 지도에는 매일 밤마다 붉은 선이 남쪽으로, 북쪽으로, 서쪽으로 뻗어져 갑니다. 저는 그것을 그리면서 깊은 감격과 재미를 느낍니다. 한 구간의 선을 그을 때마다, 그것이 짧으면 짧을수록 병사들이 괴로워하고 있는 것 같아 눈가가 촉촉해집니다. 지난해 12월 난징이 함락된 뒤, 서쪽으로 서쪽으로 진격하는 황군을 뜻하는 붉은 선을 긋는 손에는 저절로 힘이 들어갔습니다. 그 진행 속도는 선을 긋기에도 바쁠 정도였습니다. 기쁨의 바쁨입니다. 황군이 진격함에 따라, 북쪽에서도 남쪽에서도 동쪽에서도 붉은 선은 어떤 방향을 향해 에워싸듯이 나아갑니다. 포위는 점차 좁혀져 갔습니다. 기쁜 마음은 다시 매우 기쁨으로 바뀌었습니다. 삼면에서 모여든 붉은 선이 완전히 한 점에 모였습니다. 한커우의 이름이 크게 눈에 띕니다. '우한 삼진 점령**'. 저는 벌떡 일어나 만세를 불렀습

---

* 사변(事変): 지난 사변을 뜻하며, 이는 당시 일본이 중일 전쟁을 부르던 호칭이었다. 1928년 파리 부전 조약에 서명한 일본은 중일 전쟁이 사실상 전면전이었음에도 불구하고 조약 위반이라는 국제 사회의 비판을 피하기 위해 이를 '사변'이라고 불렀다.

** 우한 삼진 점령(武漢三鎭占領): 우한 삼진은 중국의 우창(武昌), 한커우(漢口), 한

니다. 테이블도 기뻐합니다. 장제스가 제2의 수도로서 열심히 만든 작은 운하도, 토치카***도, 성벽도, 무적 황군 앞에서는 잠시도 버티지 못하고, 무너져 버렸습니다. 사변이 시작된 뒤, 베이징[北京], 톈진[天津], 타이위안[太原], 난징[南京], 쉬저우[徐州], 광둥[廣東] 등 차례로 큰 도시들이 줄줄이 함락되었지만 이번처럼 반가웠던 적은 처음입니다. 우한 삼진이 이렇게 빨리 함락될 줄이야. 전혀 인간의 일 같지 않은 속도였습니다. 우리가 이날을 얼마나 애타게 기다려 왔던가요? 이 라디오를 들은 사람이라면 모두, 노인도 아이도 만세를 불렀을 것입니다. 하지만 우리의 기쁨의 비해 병사들의 고통은 어느 정도였을까요? 28일에는 용암포****에서도 마을이 뒤집힐 정도의 축하 행사가 있었습니다. 변장을 하고 가장 행렬을 한 사람도 있었습니다. 연등 행렬에 동참하는 사람도 있었습니다. 우리 소학생들도 연등 행렬에 동참했습니다. 읍민이 총출동해 우한 삼진 함락을 축하하는 그 고함 소리는 밤이 깊어지는 줄도 모르는 모양입니다. 저의 사변 지도는 이미 절반이나 일장기로 채워졌습니다. 그러나 저의 사변 지도는 아직 끝난 것이 아닙니다. 아직 서

양(漢陽) 세 도시를 합쳐 부르던 말로, 세 도시는 1927년에 우한시로 통합되었다. 중일전쟁 중이던 1938년 10월 27일에 일본에게 점령되었다.

*** 토치카(トーチカ): 러시아어로는 점(point, dot)을 뜻하지만, 보통 전투용 사격 진지라는 뜻으로 통용된다.

**** 용암포(龍岩浦): 현 북한 평안북도 용천군에 있었던 항구이자 지명으로 압록강 하구의 항구 중 하나이다. 러일 전쟁 직전인 1903년에 러시아가 불법으로 점령하고 군대를 주둔하면서 조선 침략 거점으로 삼았으며, 그 과정에서 급속도로 발전했다.

쪽 오지는 하얗고 넓습니다. 어디까지나 병사님은 나아갈 것입니다. 전쟁은 이제부터입니다.

제2회 조선총독상 글짓기 경연대회

천황 폐하의 사진

평안북도삭주구령공립심상소학교(平安北道朔州九寧公立尋常小学校)
제2학년 야마다 겐지(山田源司)

  우리 가족의 새 집은 마당 쪽에 생겼는데, 처음 옮겼을 때는 아직 다 완성되지는 않았었습니다. 예전의 집은 하얀 벽이었지만, 이번 집 벽은 더러운 검은 색이고 신문지도 붙어 있지 않았습니다. 그래서 이불을 깔자, 이불에 검은 벽의 흙이 묻었습니다. 그리고 작은 방이 하나밖에 없었습니다. 우리 식구는 모두 아홉 명이라 조금 좁은 듯했지만, 다 같이 붙어 잤기 때문에 조금 괜찮았습니다. 드디어 방이 두 개가 되어, 어머니가 신문지를 붙이셨습니다. 제가 학교에서 돌아오자, 어머니가 벌써 신문지를 다 붙여 버렸습니다. "신문지를 붙이니 예뻐졌다." 하고 말하며, 문득 보니 신문지에 말을 타고 있는 군인이 있었습니다. 가까이 다가가서 들여다보니 천황 폐하가 아닙니까? 저는 당황해서 어머니에게 갔습니다. 어머니를 데리고 와서 그곳만 칼로 잘라, 정중히 허리 굽혀 인사드리고, 신단 위에 두고 제사를 지냈습니다. 그다음 날 학교에서 돌아와 보니, 방에서 네 살 된 남동생이 혼자 놀고 있었습니다. 다가가서 보니, 무언가 가지고 있습니다. "뭐 들고 있어?" 하며 빼앗아 보니, 어제 신단에 올려 두었던 천황 폐하의 사진이었습니다. 저도 모르게 "앗!"

하고 소리를 질렀습니다. 왜 떨어진 걸까요? 바람이 불어서 떨어진 것인지도 모르겠습니다. 저는 그 사진을 예쁘게 펴서 다시 인사를 드리고 신단에 올려놓았습니다. 이번에는 떨어지지 않도록 잘 두었습니다. 앞으로도 종종 이런 일이 생길지 모르니, 우리 가족들은 조심하고 있습니다.

제2회 조선총독상 글짓기 경연대회

미나미 총독 각하*

함경남도혜산진공립심상소학교(咸鏡南道惠山鎭公立尋常小学校)
제2학년 다카하시 유키코(高橋由紀子)

어제 미나미 총독 각하가 혜산진**에 오셔서 마중을 나갔습니다. 가서 줄을 서 있는데, 소방서 사람들이 와서 길에 먼지가 날리지 않도록 물을 뿌렸습니다. 처음에는 재미있어서 손뼉을 쳤지만, 끝날 때가 되니 우리 쪽으로 물을 뿌려 모두가 축축하게 젖었습니다. 그중에는 당황해서 피하다가 넘어진 사람도 있었습니다. 드디어 물 뿌리기가 끝이 나고, 길이 아주 깨끗해져서 먼지 한 톨 날리지 않았습니다. 하늘도 파랗게 개고, 아주 좋은 날씨입니다. 이윽고 재향군인, 경방단***, 국방부인회**** 그리고 마을 사람들과 많은 사람

---

* 미나미 지로(南次郎): 제7대 조선 총독. 1936년 4월부터 1942년 8월까지 조선 총독을 지내면서 전시 총동원 체제를 펼치고 내선일체라는 슬로건을 내걸었다. 지원병제도, 일본어 상용, 창씨개명 등 조선인을 일본에 귀속하고 전쟁에 적극적으로 동원하는 정책을 펼친 인물이다.

** 혜산진(惠山鎭): 현 북한 양강도 혜산시.

*** 경방단(警防團) – 제2차 세계대전 발발 직전 1939년 경방단령에 의해 조직된 단체. 주로 공습이나 화재로부터 시민을 지키기 위해 활동했으며, 경찰 또는 소방서를 보조하는 임무를 맡았다.

**** 국방부인회(国防婦人会): 1932년부터 1942년까지 존재했던 일본의 여성단체. 1932년 1월 상하이 사변이 발발했을 당시 오사카항 인근에 사는 주부들이 출정 병사들에게 차를 나누어 준 것이 시작이다. 1933년에 군과 직접적인 연관 없이 일반 부인들이 자발적으로 모여 '오사카 국방부인회'를 발족하였는데, 이 모임은 곧 군의 지원을

들이 줄을 서며 계속해서 마중을 하러 왔습니다. 조금 기다리자, 철봉을 든 경비병이 탄 트럭이 저쪽에서 달려왔습니다. 시마이 선생님이 손으로 나팔을 만들어 큰 소리로 "벌써 오셨습니다." 하고 말씀하셨습니다. 정중히 허리를 굽혀 인사를 하고「바다에 가면」*을 불렀습니다. 미나미 총독 각하가 경례를 하며 지나가셨습니다. 미나미 총독 각하 뒤에는 지사님을 비롯해서 높으신 분이 많이 오고 계셨습니다. 미나미 총독 각하는 카키색의 옷을 입고 반짝반짝 빛나는 검은색 부츠를 신고, 키는 그렇게 크지 않았지만, 보기 좋게 살이 쪄 있었습니다. 얼굴에는 하얀 수염이 섞여 있었고, 눈이 빛나고 강해 보였습니다. 저는 만세를 외치고 싶은 기분이었습니다. 그리고 '눈이 빛나고 있는데, 왜 무서워 보이지 않고 저렇게 인자해 보이는 걸까?' 하고 생각했습니다. 미나미 총독 각하는 오늘 아침 8시 45분 기차로 돌아가셨습니다. 우리는 배웅을 하러 갔습니다. 기차가 터널에 들어갈 때까지 한참을 배웅해 드렸습니다.

받아 '대일본 국방부인회'가 되어 전국으로 확대되었다. 주요 활동은 출정 병사 배웅과 위문 편지 및 선물 발송, 출정 병사 가족 지원 등이다. 당시 외출이 자유롭지 못했던 부인들 사이에서 여성 해방의 의미로 띠기도 했는데, 이는 군이 의도한 바이기도 했다. 사회적 에너지를 전쟁 협력과 사상 통제에 유리한 방향으로 이용한 것이다.

* 바다에 가면(海行かば): 일본의 국민 가요 중 하나다. 정부가 지정한 곡은 아니지만, 아시아·태평양 전쟁 당시 제2의 국가로 불리기도 했다. 가사는 일본 전통 시가집「만요슈(万葉集)」에서 따왔다.

제2회 조선총독상 글짓기 경연대회 학무국장상 제3석

신단**

전라남도순천동산공립심상소학교(全羅南道順天東山公立尋常小学校)
제5학년 정태옥(鄭泰玉)

    3학년 3학기 때의 일이다. 5학년 김군이 편지대사전을 보여 주었는데, 나도 사고 싶어 안달이 났다. 우리 집은 어머니 혼자 일하시며 수업료를 겨우 내 주시는 형편이라, 나는 그 이야기를 어머니에게 바로 할 수 없었다. 그렇게 10일 정도 지나, 나는 마음을 먹고 어머니에게 "저, 꼭 사고 싶은 책이 있는데요. 어쩌죠?" 하고 말씀드리니, "얼마 정도 하는데?" 하고 물어보시길래, "1엔 20전이요." 하고 대답해 드렸다. 어머니는 놀라신 듯이 "그런 책은 니가 사서 무얼 하게?" 하시고는 "니가 나무를 해 오면, 나무 판 돈으로 사 줄게." 하고 말씀하셨다. 그래서 나는 매주 일요일마다 항상

** 신단(神棚): 일본의 풍습으로, 가정이나 사무실 등에 신을 모시기 위해 만든 선반이나 제물상을 말한다. 거실이나 가족들이 잘 모이는 곳에 설치하는 것이 일반적이며, 출입구나 화장실 쪽은 피한다. 또 동쪽이나 남쪽을 바라보게 하며 어른의 시선보다 높게 설치하는 것이 원칙이다. 선반에는 신구라고 불리는 여러 가지 도구로 장식한다. 사당에는 부적을 넣고 바로 앞에 거울을 장식하며 술잔이나 등, 나무 따위를 놓는다. 꼭대기에는 밧줄을 잇고 거기에 네 장의 흰 종이를 끼워 늘어뜨린다. 쌀, 소금, 술로 공양하며, 제일 안쪽의 중앙에는 쌀, 양쪽에는 술, 왼쪽 앞에는 물, 오른쪽 앞에는 소금을 놓는다. 밥과 소금과 물은 매일 아침마다, 술은 통상적으로 매달 첫째 날과 보름날 새 것으로 바꾸는 것이 좋다고 여겨진다. 일반적으로 이세이 신궁의 두 신(일본 태조의 신)을 모시면서 가정의 건강과 안녕을 빈다.

나무를 하러 갔고, 어머니는 나무를 해 올 때마다 용돈 5전씩을 주셨다. 나는 그 돈을 모아 사전을 사서 읽기로 했다. 그렇게 생각하니, 나무하는 일이 너무 즐거웠다. '위문문 쓰는 법도 써 있었지? 사면 위문문도 보내야지.' 하고 마음속으로 생각하며, 추위도 잊고 일요일에는 열심히 나무를 했다. 지게에 가득 지고 집에 돌아오니, 어머니가 "아휴, 추운데, 많이도 해 왔네." 하시며 칭찬해 주셨다. 매주를 이어 가니, 내 손은 상처투성이가 되었다. 마을 사람들은 "태옥이가 갑자기 일벌레가 되었구나." 하고 칭찬해 주셨다. 어느 날, 선생님이 손을 보시고는 "많이 긁혔네, 약 줄 테니까, 집에 가지고 가서 자기 전에 바르거라." 하시며 약을 주셨다. 그때의 고마움이란 지금도 잊을 수 없다.

그리고 4학년이 되었다. 우리 담임 선생님은 교장 선생님이었다. 어느 날, 선생님께서 "지금까지 여러분의 집에서는 신단을 두고 제사를 지내거나 하지 않았지만, 이제부터 여러분의 집에도 신단에 제사를 드리게 되었습니다. 가격은 57전입니다. 되는대로 빨리 가져 오세요." 하고 말씀하셨다. 지금도 학생들은 신단을 신기해하기만 하고 필요하지 않다고 생각하지만, 그때 신단은 지금보다 더 생소한 것이었다. '어머니에게 한꺼번에 내 달라고 하면 곤란해하시겠지?' 하고 생각했다. 그래서 그때까지 5전씩 모아 온 통을 깨 보니, 65전이 들어 있었다. "이거라면 신전을 사고도 8전이 남는다." 나는 날아갈 듯이 기뻤다. 다음 날 바로 그 돈을 내고 신단을 가지고 왔다. 그걸 처음 보는 어머니가 "오늘은 이상한 것을 가지고 왔네. 그게 무어니?" 하고 물으셔서, "이상한 거 아니에요. 일본사람이라면 꼭 필요한, 제사 지내는 신단이에요." 하고 대답했다. "공짜로 주었니?" 하고 물으셔서 "아니요. 57전 주었어요." 하고 말하자, "그런 돈이 어디 있어서?" 하셨다. "지금까지 모은 돈으로 샀어요. 어머니께 말해도 한번에 내 주시지 않을 거라고 생각했고, 제가 일한 돈으로 신에게 제사를 드리는 것이 더 좋을 거라고 생각했어요. 어찌 되었든 이제부터 제사를 지내야만 하니까, 그럴 거면 다른 사람들보다 빨리 제사를 지내면 좋잖아요." 하고 말하자, 어머니가 방긋 웃으셨다. 내가 일한 돈으로 신단에 제사를 올린다고 생각하니, 기뻐서 참을 수가 없었다. 신단에서 제사를 지내니 자연스럽게 병사님에게 보내는 위문문 같은 것은 진심을 다해 쓰는 것이 좋겠다고 생각했고, 그래서 편지대사전 같은 것을 사는 것은 관두기로 했다. 게다가 1엔 20전을 쓰지 않아도 된다. 나는 이것도 신단 덕분이라고 생각했다. 어머니는 신단에서 제사를 지낸 음식은 항상 나에게 주셨다. 얼마 전에 이웃집 누나가 떡을 가지고 왔는데, 신단에다 공양을 했다. 그런 다음 그것을 먹으면서 "신이 나누어 주신 떡은 맛이 아주 좋구나." 하며 여동생에게 나누어 주었는데, 동생이 "어? 꼭 설탕 찍은 것처럼 달다." 하고 말해 한바탕 웃었다. 하지만 내가 조금이라도 버릇없이 굴면 어머니는 바로 말씀하신다. "애써 신단에 제사를 지내 놓고 신 앞에서 그렇게 버릇없는 행동을 하면 되니?" 하는 식으로 말씀하셔서 행동거지도 자연스럽게 좋아졌다. 신단 제사는 가끔 잊기도 하지만, 아침저녁으로 하고 있다. 여동생도 나에게 배워서 제사드리고 있다. 어머니는 아직 직접 제사를 드린 적은 없지만, 내가 만약 잊으면 "오늘 아침은 왜 제사 안 드려?" 하고 주의를 주신다. 뭔가 다른 곳에서 [음식을] 가져오면, 적은 양이라도 어머니는 반드시 "신단에 바쳐." 하고 말씀하시며, 나에게 주신다. 그때는 기쁘게 바친다. 요즘에는 매일 저녁 [식사]가 끝나면 신단 앞에 정좌하여 메이지 천황의 교세이*를 낭송하고 나서 자습에 착수하는 것을 감행하고 있다. 나는 신단 앞에서 강한 일본 정신을 길러서 훌륭한 황국 신민이 되려고 한다. 영원히 우리 집을 지켜 주실 신단. 참으로 감사한 신이시다. 비록 집은 가난하지만, 아버지가 안 계시더라도, 신 아래에서 즐겁게 살아가면 행복이 찾아올 것이다. 반드시 올 것이다.

---

* 교세이(御製): 천황이나 황족이 손으로 쓴 문서나 작품.

제2회 조선총독상 글짓기 경연대회

우리 면의 신사

전라남도담양봉산공립심상소학교(全羅南道潭陽鳳山公立尋常小学校)
제3학년 이성렬(李成烈)

　나팔 소리에 운동장에 정렬했습니다. 그러자 선생님께서 다음과 같은 이야기를 하셨습니다. "여러분이 여기에 정렬을 한 것은 우리 면에도 신사가 만들어지게 되어, 지금부터 그 지진제**에 참석하기 위함입니다." 이어서 여러 가지 주의 사항을 들었고, 곧바로 길을 나섰습니다. 지진제는 연동리*** 뒷산에서 하였습니다. 가 보니, 3미터나 되는 곳에 금줄을 치고 하얀 종이를 매달아, 그 종이가 나풀거렸습니다. 왠지 엄숙한 기분이 들어 저절로 고개가 숙여졌습니다. 그곳으로 신주님이 오셔서 지진제를 지냈습니다.

　그로부터 며칠이 지난 뒤의 일입니다. 우리 면장님이 조선 신궁에 가셔서 아마테라스 오오카미****와 메이지 천황의 혼을 나무패[위패 혹은 신주] 두 개에 받아오셨습니다. 거기 가신 지 4일째 되는 날, 저희는 주재소까지 마중을 나갔

** 지진제(地鎭祭): 토목 공사나 건축 공사를 할 때 공사가 무사히 끝나기를 염원하는 의식.

*** 연동리(淵洞里): 현 전라남도 담양군 봉산면 연동리.

**** 아마테라스 오오카미(天照大神): 일본 신화의 주요 신으로, 태양의 신이다. 황실의 조상으로 이세이 신궁의 내궁에 모셔져 있다.

습니다. 잠시 기다리고 있는데, 앞쪽에 일장기 두 개를 꽂은 자동차가 왔습니다. 이윽고 자동차에서 면장님이 내리셨습니다. 면장님은 입에서 코까지 가린 흰색 마스크를 쓰고, 앞에는 깨끗하게 흰 천으로 감싼 혼의 나무패를 들고 계셨습니다. 선생님의 구령에 따라 일제히 영혼에게 허리 굽혀 인사드리고, 발자국 소리도 나지 않게 뒤를 따라갔습니다. 그때는 아직 신사가 완성되지 않았기 때문에, 학교에 봉안전*을 만들어 모셔 놓았습니다. 이후로 면 협의회원을 비롯해 면에 근무하는 사람들과의 회의를 거친 뒤 신사를 만들기 시작했습니다. 신사 창건 작업은 각 부락이 각자 알아서 거기로 가서 하기로 되어 있었기 때문에, 구장**님의 지시에 따라, 온 부락 사람들이 모두 힘을 합쳐 일했습니다. 그렇게 그 높은 곳을 일주일 정도 평평하게 만들고, 얼마 뒤에는 신사의 신전과 광장 사이에 계단을 만들고, 주위에는 잔디를 심었습니다. 거기까지 작업을 끝내고 나니, 이번에는 목수가 와서 한 달만에 신사를 멋지게 완성했습니다. 우리가 학교에 갈 때나 집으로 돌아갈 때마다 '언제쯤 완성이 될까?' 하며 기다렸던 신사가 드디어 훌륭하게 완성된 것이었습니다. 거기서 드디어 환좌제***가 열리게 되었습니다. 학교 봉

---

* 봉안전(奉安殿): 학교에 천황의 사진이나 교육에 관한 천황의 지시 사항을 보관하기 위해 만든 건물.
** 구장(區長): 1930년부터 1945년까지 지방 행정 구역 체계는 도(道), 부(府)와 군(郡), 읍(邑), 면(面)으로 구성되어 있었는데, 면장 아래로 구장이라는 직책이 존재했다. 지금으로 치면 이장 또는 통장에 해당한다.
*** 환좌제(還座祭): 신주를 옮기는 제의. 신전을 수리 혹은 공사하기 위해 일시적으

안전에서 신사까지는 2킬로미터 정도 됩니다. 그 사이에 금줄을 치고, 거기에 5미터 정도의 간격을 두고 초롱불을 달았습니다. 이 2킬로미터나 되는 금줄은 우리 마을 대나무 숲 사람들이 만드셨다고 합니다. 9월 19일 조용한 밤에 제사를 지냈습니다. 맨 앞 선두에는 순경이 섰고, 그다음은 횃불을 든 소방관 두 명이 서 있었습니다. 신주님은 봉안전에 임시로 안치되어 있던 혼의 나무패를 가지고 사각으로 된 하얀 장막 안으로 들어가셨습니다. 장막의 네 모퉁이에는 네 사람이 대나무를 든 채 걷고 있었습니다. 행렬 맨 앞쪽은 '봉산 신사 환좌제'라고 쓴 얇고 길쭉한 깃발을 들고 갔습니다. 그 뒤쪽으로 면의 유지들을 비롯해 많은 면민들이 있었고, 우리도 조용히 따라갔습니다. 매우 긴 행렬이고 정말 거룩한 광경이었습니다. 하늘은 아주 맑았고, 별은 반짝반짝 빛나고, 소음 하나 없었습니다. 풀밭에서 가끔 울고 있는 벌레 소리가 한층 더 주위를 고요하게 만들었습니다. 늘어서 있는 초롱에는 불이 켜져 있습니다. 이윽고 신사에 도착하여 무사히 나무패의 혼을 옮길 수 있었습니다. 신주님은 여러 가지 제물을 신 앞에 올리고 축사를 읽으셨습니다. 이렇게 환좌제가 끝나고 집으로 돌아온 것은 자정 무렵이었습니다.

    그다음 날은 봉축제****였기 때문에 아침에 일어나자마

로 신주를 빼낼 때, 그리고 다시 완성된 신전으로 옮겨올 때 실행한다.

**** 봉축제(奉祝祭): 경의를 표하며 축하하는 행사.

자 국기를 내걸었습니다. 그리고 친구와 함께 신사에 갔습니다. 제가 신사에 도착했을 무렵에는 아직 아무도 오지 않았습니다만, 축제가 시작될 무렵에는 경내가 사람들로 가득 찼습니다. 신주님은 신 앞에 여러 가지 제물을 올린 후, 액막이 제사를 지냈습니다. 그렇게 축사를 읽으셨습니다. 혼이 담긴 나무패 앞에는 둥근 모양의 거울이 있었는데, 이 거울은 쇠에 윤을 내서 만든 것이라고 합니다. 두 시간 정도의 제사가 끝난 뒤에는 여러 가지 축하 행사가 있었습니다. 행사가 다 끝나고 나서 점심을 먹었습니다. 오후에는 면민 마라톤 대회와 스모 대회가 있었습니다. 스모 대회는 상품도 있어서 매우 떠들썩했습니다. 이렇게 봉축제도 오후 다섯 시 정도에 무사히 끝이 났습니다. 이후로도 종종 신사에서 식을 거행합니다. 신사는 높은 산의 중간쯤에 있고, 뒤로는 산이, 앞에는 넓은 봉산평야가 펼쳐져 있습니다. 신사에 올라가 평야를 바라보면 저절로 마음이 맑아집니다. 특히 가을 경치가 아주 뛰어납니다. 노란 벼가 평야에 가득하고, 평야 중간쯤에는 기차가 지나가고, 그 너머로는 강이 흐릅니다. 저 멀리 금으로 유명한 삼인산*이 솟아 있습니다. 삼인산과 신사는 마주 보고 있습니다. 또 신사 뒤에 있는 작고 둥근 산은 달맞이를 하는 곳이라고 합니다. 신사의 오른

---

* 삼인산(三人山): 전라남도 담양군 대전면 행성리와 수북면 오정리에 걸쳐 있는 산이다. 높이는 564미터. 산의 형태가 '人' 자 셋을 겹쳐 놓은 형국이라 하여 '삼인산'이라는 이름이 붙었다.

쪽에는 상당히 넓은 연못이 있고, 왼쪽에는 멀리 유산교**가 보여 매우 경치가 좋습니다. 1일과 15일에는 우리 연동리 애국반이 조기 봉사회를 열어 신사 청소를 합니다. 우리 학교에서는 월초에 전교가 모여 신사 참배를 합니다. 그때는 우리나라가 더욱 번창하고, 지나에 계시는 병사들이 무사히 싸울 수 있도록 기원했습니다. 또 저희도 건강하게 공부할 수 있게 해 달라고 기도하며 다짐했습니다. 앞으로 언제나 이 신사에 참배하여 강하고 올바른 황국 신민이 되고 싶습니다.

** 유산교(柳山橋): 전라남도 담양군 고서면 원강리에 위치.

제2회 조선총독상 글짓기 경연대회 학무국장상 제7석

마메병대[*]

경성원정공립심상고등소학교(京城元町公立尋常高等小学校)
제1학년 나카이 히데시(ナカイ ヒデシ)

　니혼하레에, 일본의 우리 마메 연대는 일본 제일의 78연대에 입소하였습니다. 다케다 부대장의 말씀이 있었고, 기미가요[**]를 불렀습니다. 저는 3중대였습니다. 방에 들어가 나팔 신호에 눕거나, 일어나거나 하는 훈련을 했습니다. 그러고 나서 총 손질하는 법을 배웠습니다. 밖으로 나가 기관총을 쏘거나, 소총을 쏘거나 하였습니다. 저는 소총을 쏘게 되었고, 너무 기뻐 참을 수 없었습니다. 총검술을 보고 모두가 웃어서 병사님에게 혼이 났습니다. 그리고 즐거운 점심식사는 병사님과 함께 먹었습니다. 팥밥에 고기 우동이었는데, 제가 제일 좋아하는 음식이었습니다. 카라멜도 주셨

---

[*]　마메병대(豆兵隊): 재조 일본인을 위해 창간된 일본어 신문인 조선신문사가 1939년부터 1940년까지 조선 전국의 소학교 2학년 이하의 어린이들을 대상으로 개최한 군사 훈련 및 사상 교육 목적의 행사다. 마메는 일본어로 콩이란 뜻으로, 마메병대는 콩알처럼 작은 군대라는 의미다. 이 행사에 참여한 아이들은 직접 군부대를 방문했고, 실제 군인들이 훈련을 진행했다.

[**]　기미가요(君が代): 일본의 국가. 10세기 초반 최초로 천황이 편집한 노래집인 『코킨와가슈(古今和歌集)』에서 가져왔다. 세계의 국가 중 작사가 가장 오래되었다고 평가받는다. 1930년에 국가로써 정착된 버전은 1880년 관내청에서 선율을 다듬고, 독일인 음악교사 프란츠 에케르트(Franz Eckert)가 서양 화성을 이용해 편곡한 것이다. 프란츠 에케르트는 대한제국 시기 양악대의 초대 지도자이며, 고종의 지시로 대한제국 애국가를 작곡하기도 했다.

습니다. 오후부터는 훈련하는 것을 보았습니다. 최루 가스에 눈물이 주룩주룩 나왔습니다. 군용견의 연습을 보며 훌륭하다고 생각했습니다. 그리고 만화 활동[사진]***을 보거나, 신발을 고치거나, 옷을 만들거나, 밥을 짓는 것을 보았습니다. 밥솥이 커서 깜짝 놀랐습니다. 말이 있는 곳으로 갔는데, 이상한 냄새가 나서 참을 수가 없었습니다. 다 끝나고 나자, 부대장이 말에 타고 폐병식을 하고 분열식도 했습니다. 천황 폐하 만세를 세 번 외치고 퇴소하였습니다.

*** 활동사진(活動寫眞): 움직이는 사진이라는 의미로 일본에서 영화를 부르던 말이다. 일본에서 영화라는 명칭이 확산된 것은 1920년대부터이다.

제1회 조선총독상 글짓기 경연대회

오빠의 입대

충청남도공주공립심상고등소학교(忠淸南道洪州公立尋常高等小学校)
제2학년 오오츠 타에코(大津妙子)

12월 ○일은 바람이 심하게 불고 추운 날이었습니다. 이 날 저희 오빠가 입대하였습니다. 저는 너무 기뻤습니다. 저희 집에는 다른 집 아저씨들이나 할머니들이 많이 와 계셨습니다. 이제 오사케모리*가 시작됩니다. 저는 예쁜 기모노를 입고, 옆집 야마시타상한테 놀러 갔습니다. 오사케모리가 끝나고 이번에는 마침내 신궁에 갑니다. 오미야**에서 기원제를 끝내고 역에 갔습니다. 기차가 오는 것을 조금 기다리자 기차가 왔습니다. 오빠가 "정말 감사합니다. 잘하고 오겠습니다." 하고 말하고, 기차에 탔습니다. 모두가 "만세! 만세!"를 외쳤습니다. 드디어 기차가 움직입니다. 모두가 씩씩한 군가를 불렀습니다. 눈물이 날 정도로 기뻤습니다.

---

* 오사케모리(お酒盛り): 모두가 모여 술을 마시며 하는 잔치.
** 오미야(お宮): 신사를 높여 부르는 말. 혹은 신사 참배의 줄임말.

제1회 조선총독상 글짓기 경연대회

지원병

전라남도순천동공립심상고등소학교(全羅南道順天東公立尋常高等小学校)
제3학년 기타바야시 카즈코(北林和子)

올해부터 조선에도 지원병 제도가 생겼습니다. 우리 가게에서 일하던 김종연이라는 사람이 제1회 시험에 합격하여 기쁘고 용감하게 떠났습니다. 그때 저도 기뻐서 어쩔 줄을 몰랐습니다. 김종연은 입소하고 나서, 종종 아버지에게 편지나 엽서를 보내왔습니다. 밤에 아버지가 그 이야기를 해 주셨습니다. 얼마 전에 온 편지에 따르면, 내지의 이세이 신궁***에 참배를 하러 갔다고 합니다. 그리고 황대 신궁**** 앞에서 훌륭한 황국 신민이 되겠다고 맹세했다고 합니다. 또 얼마 전에는 김종연이 라디오 방송에 나왔습니다. 저는 무슨 말을 하는지 잘 몰랐지만, 가게 사람들은 다들 김종연이 방송에 나올 정도로 훌륭해졌다며 매우 기뻐했고, "대단해. 대단해." 하고 칭찬하였습니다. 아주 공부를 열심히 해서

*** 이세이 신궁(伊勢神宮): 일본의 신사 중 하나. 천황 가문의 조상신인 아마테라스 오오카미를 모시고 있으며 일본에서 규모가 가장 크다. 미야현 이세이시(三重県伊勢市)에 위치.

**** 황대 신궁(皇大神宮): 이세이 신궁 내부에는 태양을 상징하는 신인 아마테라스 오오카미를 모시는 내궁이 있는데, 이곳을 황대 신궁이라고도 한다. 외궁은 도요우케 대신궁(豊受大神宮)이라고 하며 의식주를 주관하는 신인 도요우케노 오미카미(豊受大御神)를 모신다.

1등으로 졸업했다고 합니다. 졸업하고 연대로 들어가면, 드디어 입대를 하게 되어 기쁠 텐데, 이제부터 더욱더 열심히 공부를 하겠다고 했다는 것입니다. 정말 대단한 사람입니다. 입영하여도 틀림없이 훌륭한 군인이 될 것입니다. 지원병 제도는 2회 3회 점점 더 강한 군인을 만들어 일본 나라를 지킬 것입니다.

제1회 조선총독상 글짓기 경연대회

배웅

전라남도여수서정공립심상고등소학교(全羅南道麗水西町公立尋常高等小学校)
제3학년 김금섭(金今燮)

  1교시는 읽기 시간*이었습니다. 하지만 저는 오늘 지원병이 되어 떠나는 숙부 생각때문에 공부를 제대로 할 수가 없었습니다. 드디어 종이 치고, 저는 한번 더 그 늠름한 모습을 보고 싶어 참을 수가 없습니다. 그래서 교무실로 달려가 선생님께 말씀드렸습니다. 어머니에게 말한 것과 마찬가지로 "저기…… 가도 돼요?" 하고 한참을 선생님의 얼굴을 바라보니, "그래, 빨리 다녀와라." 하고 말씀해 주셨습니다. 저는 곧바로 깃발을 들고 뛰어나갔습니다. 그대로 역 쪽으로 가려고 하는데, 제가 깃발을 들고 있는 것을 본 남자 두 명이 걸어오면서 "지금 가? 벌써 순천까지 갔을 걸?" 하고 말하면서 웃었습니다. '앗, 어쩌지?' 하고 서 있는데, "거짓말이야. 신사에 가 봐." 하고 말했습니다. 그 사람들이 얄미웠습니다. 그래도 '아하, 다행이다.' 하고 생각하며 신사 쪽으로 뛰어갔습니다. 긴 계단을 올라가니 숨이 찼습니다. 마침내 신사에 도착했습니다. 신사 앞에는 어른들이 줄을

---

* 읽기(読み方): 일본 소학교 국어 교과 과정 중 하나이다. 읽기 이외에 국어(国語), 독본(読本), 고문(古文), 암창(暗唱), 쓰기(書き取り)가 있다.

지어 서 있어 조금도 보이지 않았습니다. 내려가려고 하는데, 할머니가 다른 사람들과 내려오는 게 보였습니다. "할머니!" 하고 부르며 뛰어가자 "왔구나." 하고 말씀하셨습니다. 같이 길가에 서 있는데, 많은 사람들을 뒤로하고, 숙부와 같이 모르는 사람 세 명이 커다란 일장기를 가지고 내려오고 있었습니다. 제가 쳐다보니, 이쪽으로 오라는 손짓을 하였습니다. 저는 창피했기 때문에 "싫어." 하고 말하고는 할머니 뒤로 반쯤 숨었습니다. 그러자, 앞에 가던 사람들이 나팔이나 북을 가지고 두드리기 시작했습니다. 그 뒤로 큰 깃발을 가진 사람들이 줄지어 왔습니다. 자세히 보니, 거기에는 우리 아버지도 있었습니다. 아버지는 키가 제일 작고 무슨 아기처럼 아장아장 걷고 있었습니다. 그런데도 으스대고 있구나 하고 생각했습니다. 역에 가니, 어머니도 벌써 오셔서 입구 쪽에 서 계셨습니다. 기차가 도착하는 곳에서 숙부가 오기만을 기다리는데, 위쪽에서 숙부의 목소리가 들렸습니다. 친척들에게 "다녀오겠습니다." 하고 인사하고, 순사와 같이 우리 쪽으로 내려오고 있었습니다. 저도 모르게 눈물이 나서, 숙부의 얼굴을 쳐다볼 수가 없었습니다. 많은 깃발과 반대편에 있는 사람들이 희미하게 보였습니다. 저는 할 수 없이 가만히 땅만 쳐다보고 있는데, 숙부가 계단에서 내려와 우리 앞으로 와서 "다녀오겠습니다." 하고 인사했습니다. 그리고 저의 머리를 쓰다듬으면서 "울지 마." 하고 작은 목소리로 말하고는 반대편으로 가 버렸습니다. 한 명의 순사와 숙부까지 총 네 명의 지원병들이 많은 사람 앞

을 지나면서 경례를 했습니다. 섬 사람들은 지원병들이 자기 자식이라도 되는 듯 뒤따라오면서 눈물을 훔치고 있었습니다. 드디어 숙부와 사람들이 기차에 올랐습니다. 저는 무슨 말이라도 하려고 했는데, 그러지도 못하고 말없이 쳐다보기만 했습니다. 기차가 가탕[がたん]하고 조금씩 움직이자, 우리 뒤에서 "만세! 만세!" 하고 깃발을 흔들었습니다. 숙부도 깃발을 흔들었습니다. 왠지 쓰러질 것만 같아서, 할머니를 꽉 붙잡았습니다. 점점 기차가 빨라지고 있습니다. 숙부가 창문에서 몸을 내밀고 깃발을 흔들었습니다. 저는 할머니 뒤에서 나와서 깃발을 흔들었습니다. 그리고 할머니가 있는 데에서 기차 쪽으로 달려가면서 깃발을 흔들었습니다. 숙부의 얼굴이 점점 조그매지더니 움직이는 깃발만 보였습니다. 배웅을 하던 사람들도 자리에서 떠나지 않고 열심히 깃발을 흔들었습니다. 저는 다시 한번 깃발을 높이 올려 흔들었고, 기차는 덕충리* 쪽으로 방향을 바꾸어 갔습니다. 집으로 돌아가면서, 숙부가 머리를 쓰다듬어 주었을 때 '건강히 잘 다녀오세요 하고 말했으면 좋았을 텐데.' 하고 생각했습니다. 숙부는 3년간 집에 돌아오지 않는다고 합니다. 숙부는 제가 어렸을 때부터 진짜 형처럼 다정한 사람이었습니다. 저는 숙부가 기필코 용감하고 강한 병사가 될 것이라고 생각합니다.

---

* 덕충리(德忠里): 현 전라남도 여수시 덕수동. 1936년에 전라선 기차의 종착역인 덕양에서 터널을 뚫어 여수 덕충리까지 연결했다.

제2회 조선총독상 글짓기 경연대회

새 신발

평안남도기양공립심상소학교(平安南道岐陽公立尋常小学校)
제4학년 김봉서(金鳳瑞)

 엊그제, 순근이 형으로부터 군사 우편 한 통이 도착했습니다. 저는 두근거리는 마음으로 편지를 읽었습니다. 지나의 야산에도 흰 눈이 쌓이고, 엄한 추위의 겨울 대륙 바람이 휘몰아치는 가운데, 형은 변함없이 건강하게 잘 지낸다는 것이었습니다. 저는 순근이 형이 늠름하게 군복 차림을 한 모습을 머릿속으로 그리면서, 순근이 형이 아직 출정하기 전에 우리 집에서 같이 먹고 자고 했을 때의 일을 떠올렸습니다.

 벌써 4년 전의 일입니다. 순근이 형은 저의 친척 형입니다. 가난한 형편 속에서 순근이 형의 어머니는 형이 여덟 살이 되던 해 가을에 심한 병에 걸려 돌아가셨고, 아버지와 단둘이 남게 되었다고 합니다. 그런데 형 아버지는 술을 아주 좋아하여 일도 제대로 안 하고 산 건너 마을에 나갔다가 가끔씩 돌아왔는데, 그것도 깊은 밤에 몰래 들어왔다고 합니다. 그때마다 항상 술에 취해 있었다고 합니다. 그래도 순근이 형은 아버지가 돌아오면 기뻤다고 합니다.

 제가 1학년에 입학하던 해 겨울의 일입니다. 어느 날, 돌아오는 길에 친구와 함께 족제비 구멍을 파고 놀다가 해가

질 무렵 돌아오니, 마루에 처음 보는 신발이 가지런히 놓여 있었습니다. 닳고 낡은 작은 신발은 찢어져서 실로 꿰매져 있었습니다. 그 실이 노란 진흙으로 물든 것은 먼 시골길을 걸어왔기 때문일 것입니다. '누구지?' 하고 들어가 보니, 순근이 형이었습니다. 언제였는지, 예전에 숙부를 따라 집에 온 적이 있어, 저는 순근이 형의 얼굴을 기억하고 있었습니다. 갑자기 반가워서 "우와! 순근이 형이네, 언제 왔어?" 하고 말하자, 순근이 형도 기쁜 듯 웃으면서 "지금 막 도착했어." 하고 말했습니다. "혼자?" "응." "숙부는?" "어디 갔는지 몰라." 그렇게 말하는 순근이 형의 얼굴이 갑자기 어두워졌습니다. 아버지는 책상 서랍에서 무언가 작은 병을 꺼내어 순근이 형의 다리에 붉은 무언가를 발라 주었습니다. "힘들었지? 5리나 되는 산길을 걸어오느라." 형은 잠자코 있었습니다. 그날 밤, 저는 순근이 형 옆에서 잤습니다. 자면서 순근이 형은 재미있는 산 이야기를 여러 가지 들려주었습니다. 순근이 형은 말을 진짜 잘합니다. 소학교에서 1등을 도맡아 가며 졸업했다고 합니다. 저는 이야기를 들으면서 잠이 들어 버렸습니다.

　다음 날 아침에는 눈이 내렸습니다. 제가 눈을 떴을 때, 순근이 형은 벌써 일어나서 마당에 눈을 치우고 있었습니다. 윗도리 단이 짧아서 시뻘건 등이 보였습니다. 아주 추워 보였지만, 그래도 씩씩하게 눈을 치우고 있었습니다. 제가 장갑을 끼고 나가면서 "형, 잘 잤어? 장갑도 없이 안 추워?" 하고 말하니, 형은 추워서 빨개진 얼굴로 웃으면서 "뭐? 이 정도는 아무것도 아니야." 하고 대답했습니다. 그때 저는 '강한 형이구나.' 하고 생각했습니다. 그날 저는 학교에서 벌칙으로 청소를 했습니다. 산술 시험에서 한 문제도 맞추지 못하여 선생님에게 심하게 꾸중을 들었습니다. 집에 돌아왔을 때에는 벌써 완전히 해가 저물었고, 아버지와 어머니가 걱정스러운 얼굴로 기다리고 계셨습니다. 어머니에게도 크게 혼이 났습니다. 아버지와 어머니는 "순근이 형은 1학년 때부터 졸업할 때까지 계속 1등이었대. 근데 너는 왜 그 모양이니? 책이랑 연습장은 남들 세 배나 사 주는데, 골칫덩어리야." 하고 말씀하시며 순근이 형만 칭찬하셨습니다. 이게 나쁜 생각이라는 건 알았지만, 저도 모르게 저는 그날부터 점점 순근이 형을 방해물처럼 생각했습니다. 무언가 형이 이야기를 하면, "몰라." 하고 휙 하고 고개를 돌리고 대답도 하지 않았습니다. 학교에서 돌아왔을 때, 마루에 있는 순근이 형의 낡은 신발을 발로 차 버린 적도 있었습니다.

어느 추운 날 저녁, 저는 순근이 형을 밖으로 내쫓기로 했습니다. 마침 순근이 형이 밥상을 옮기는데 제가 옆에서 몰래 발을 걸었습니다. 순근이 형은 상을 든 채 온돌방 위로 엎어졌습니다. '이번에는 내쫓겠지?' 하고 생각하니 마음이 후련해졌습니다. 그런데 어머니는 조금도 화를 내시지 않고, 바로 형과 그것을 치우셨습니다. 저는 '이상한 어머니네.' 하고 생각했습니다. 그리고 순근이 형은 아무 말도 안 하고 잠자코 있었습니다. 저는 왠지 갑자기 순근이 형이 무서워졌습니다.

　그로부터 이삼일 지난 어느 날, 저는 친구와 함께 하천에 미끄럼을 타러 갔다가 얼음이 깨지는 바람에 물 속에 빠졌습니다. 친구들의 힘으로 가까스로 빠져나왔지만, 젖은 옷이 온통 얼어서 너무 추워 죽을 것만 같았습니다. 그래도 친구들은 주변에 서서 보기만 할 뿐이었습니다. 그때 마침, 옆 마을로 심부름을 갔다 오던 형이 지나갔습니다. 순근이 형은 놀라, 바로 자기의 옷을 벗어 저에게 입혀 주었습니다. 그리고 자기는 얇은 셔츠 한 장만 입고서 저를 업고 집까지 데리고 왔습니다. 형의 등은 넓고 튼튼했습니다. 저는 형의 등에서 처음으로 순근이 형의 따뜻한 마음을 알 수 있었습니다. 제가 형의 등에서 "형 미안해." 하고 작은 소리로 말했습니다. "뭐가?" 저는 무어라고 말해야 좋을지 몰라 "아무것도 아니야." 하고 말해 버렸습니다. 집에 돌아오니, 아버지가 시장에서 순근이 형의 새 신발을 사 오셨습니다. 저는 제 신발을 사온 것처럼 기뻐했습니다. '아버지도 어머니도 형도 모두 좋은 사람이구나.' 그날 밤, 저는 형과 손을 잡고 얼음 위에서 미끄럼을 타는 꿈을 꾸었습니다.

　그로부터 1년이 지나, 순근이 형은 멋진 지원병이 되었습니다. 순근이 형이 출정하고 나서, 산에 사시는 숙부는 이제 술을 마시지 않고 매일 달구지를 끌고서 시장에 나갑니다. 저는 오늘 집에 돌아가서 순근이 형이 보낸 편지 답장과 함께 멋진 위문 주머니를 보내려고 합니다.

제2회 조선총독상 글짓기 경연대회 학무국장상 제2석

애견 란

함경북도나남공립심상고등소학교(咸鏡北道羅南公立尋常高等小学校)
제3학년 나가마츠 히사미(永松久美)

저는 학교 등하굣길이나 공원 같은 데에서 자주 셰퍼드를 봅니다. 쫑긋하고 귀를 세워 영리하게 반짝이는 두 눈! 그 모습을 만날 때마다 "어머, 란이다." 하고, 저도 모르게 소리칩니다. 그러나 란이 이 주변에 있을 리가 없습니다. 란은 아버지를 따라 북지나*의 타이위안까지 전쟁에 나가 그대로 돌아오지 않고 있습니다. 무사히 돌아오신 아버지 이야기로는 란이 격렬한 전투 끝에 보이지 않으니, 아마도 병사님과 같이 명예롭게 전사했을 것이라고 합니다. 병사님에게 길러져 병사님을 누구보다 가장 좋아했던 란이 혼자 전쟁터에 남아 헤매고 있지는 않을 것입니다. 가엾게도 분명 총알에 맞은 것이 틀림없습니다. 아버지는 북지나의 루안켄** 수비대에 가 계신데, 저와 남동생이 엄마를 따라 아버지를 찾아간 것은 사변이 시작되기 반년 정도 전이었습

---

* 북지나(北支那): 중국의 북부 즉 화북 지역. 허베이성(河北省), 산둥성(山東省), 허난성(河南省), 산시성(山西省), 산시성(陝西省), 간쑤성(甘肅省)을 아우른다. 중일 전쟁 발발 이후 일본군 내에 편성된 북지나군은 이 근방을 작전 지역으로 삼았으며, 사령부는 베이징에 있었다.

** 루안켄(灤県): 현 중국 허베이성 탕산시에 위치해 있는 도시인 루안시를 뜻한다. 시내에 흐르는 루안강 때문에 이런 이름이 붙었다.

니다. 겨울이었습니다. 깜깜하고 쓸쓸한 루안켄역에 도착하자, 갑자기 저와 남동생에게 달려드는 셰퍼드가 있었습니다. 느닷없이 달려들어서 남동생은 "아빠! 아빠!" 하고 울음을 터뜨렸습니다. "이놈, 이놈." 하고 아버지가 혼을 내자, 개는 얌전하게 꼬리를 내리고 앉았습니다. 저도 깜짝 놀랐지만, 착한 눈을 하고 우리 얼굴을 보았기에, 이제부터 제가 가장 좋아하는 개와 친구가 될 수 있을 것 같아 너무 기뻤습니다. 그 이후로 셰퍼드는 친구 없이 쓸쓸한 수비대 관사에서 지내는 저와 남동생의 소중한 친구가 되어 주었습니다.

몸집은 커도 두 살 밖에 안 된 란은 아주 장난꾸러기였습니다. 집에 쇠사슬로 묶어 두면 지루해서 발밑에 흙을 파거나, 킁킁하고 코를 벌름거리며 소란을 피우거나, 그래도 아무도 상대해 주지 않으면, 자기 집을 쓰러뜨리고는 쿵, 쾅 하고 탱크 같이 시끄러운 소리를 내며 끌고 왔습니다. 이 개는 아버지가 '창리'*** 라는 곳에서, 일본어로는 '쇼우레이'라고 하는 곳의 수비대에서 태어난 새끼를 받아 와, 병사님과 함께 우유를 먹여 키웠다고 합니다. 그리고 이름은 루안켄[란켄 ラン県]의 자를 따서 '란'이라고 붙였다고 합니다. 병사님이 맥주 상자로 만들어 준 집은 이제 란이 들어가면 너무 좁아서, 엉덩이만 들어가도 막혀 버렸습니다. 남동생은 란과 마당을 뛰어다니며 노는 것을 가장 좋아했습니다. 관

*** 창리(昌黎): 중국 허베이성 동부에 있는 지명. 산하이칸(현재의 친황다오시)의 남서쪽에 해당한다.

사 앞에서 수비대 쪽으로 이어져 있는 널찍한 벌판이 있었는데, 우리는 거기서 지나인 남자에게 업혀 란과 달리기 시합을 하고 놀기도 했습니다. 지지 않으려고 같이 뛰던 중에 란이 너무 신이 난 나머지 저와 남동생에게 번갈아 달려들어, 우리는 흙투성이가 되고 만신창이가 되었습니다. 아버지가 말을 타고 연병장에 가면, 란은 지지 않을 기세로 즐거워하며 연습 중인 병사들 사이를 뛰어다녔는데, 하루종일 뛰어다녀도 지치지 않는다고 했습니다. 병사님들 모두 "란, 란." 하고 부르며 귀여워했습니다. 그러다가도 지나의 병사를 발견하면 정신없이 물어뜯을 듯 짖었습니다. 언젠가 관사에 볼일이 있어 온 지나 병사는 란이 너무 짖어서 문 안으로 들어오지 못한 적도 있었습니다. 그리고 우리는 자주 란을 데리고 가까운 전서구* 집에 놀러 갔습니다. 전서구 병사님이 "잘 왔네." 하고 말하며, 남동생의 손을 잡고 높은 돌담 위에 있는 전서구 집에 들어가게 해 주었습니다. 전서구 집에서는 멀리 주변을 둘러볼 수 있었습니다. 루안강의 노란 강줄기가 보였고, 돌과 흙으로 만든 지나인들의 네모난 집이 많이 늘어선 것도 보였고, 그 건너편에 있는 수비대 지붕 위에 높이 매달린 일장기가 펄럭펄럭 휘날리는 것도 보였습니다. 우리는 전서구를 안아 보기도 했고, 때로는 귀여운 전서구의 알을 받아 오기도 했습니다. 병사님은 장난기 있

---

* 전서구(伝書鳩): 통신 수단으로 개량된 비둘기로, 발에 편지를 매달아 보낸다. 제2차 세계대전 때까지 군사 통신에 많이 활용되었다. 1천 킬로미터가 넘는 먼 곳에서도 둥지를 찾아온다고 알려져 있다.

는 얼굴로 지켜보고 있는 란에게 "비켜, 비켜, 비둘기 괴롭히면 큰일난다." 하고 말했습니다. 맨날 까마귀나 돼지를 쫓아내는 란이지만, 그런 란도 비둘기가 나라를 위해 일하는 소중한 친구라는 것을 알고 있었습니다. 전서구들이 병사님이 휘두르는 붉은 깃발 신호에 맞춰 푸른 하늘을 높게, 또는 전서구 집 가까이 아슬아슬하게, 용감한 날갯짓으로 하늘에 원을 그리며 날아가는 모습을, 란은 너무나 부러워하는 표정으로 지켜보았습니다. 전쟁이 시작되고 얼마 지나지 않았을 때, 전쟁터에 가게 된 아버지에게 걱정을 끼쳐드리지 않으려고, 어머니와 저희들은 먼저 내지의 고쿠라**에 돌아가기로 했습니다. 소중한 아버지와 애써 친해진 많은 병사님들, 가장 좋아했던 란과 헤어져 우리만 먼저 돌아가다니, 그건 정말로 따분한 일이라고 생각했습니다. 관사 앞 벌판에 여기저기 심어져 있는 대추나무에 주렁주렁 열린 대추도 모처럼 빨갛게 익었고, 문 옆에 하늘까지 닿을 것같이 우뚝 솟아 있는 호두나무의 열매도 가득, 병사님이 따 준다고 약속했었는데 말입니다. 저희가 돌아갈 때에는 처음 왔을 때와 똑같이 캄캄한 저녁이었지만, 란도 배웅하러 나와 주었습니다. 저와 남동생이 다정하게 머리를 쓰다듬어

** 고쿠라(小倉): 현 일본 북큐슈(北九州)시 코쿠라기타(小倉北)구와 코쿠라미나미(小倉南)구를 말한다. 당시 관영 야하타 제철소를 기반으로 이 지역에서 북큐슈 공업 지대가 형성되었고, 전쟁 중에 군수공업을 통해 더욱 발전했다. 1933년에 17만평의 규모의 조병창이 만들어졌으며, 기관총, 폭탄, 소형 전차, 화학 무기, 풍선 폭탄 등을 제조했다. 미군은 1945년 8월 9일 이곳에 원자폭탄을 투하하려 했으나, 기상 악화로 나가사키로 변경했다.

주니, 란도 슬픈 듯이 가만히 우리를 바라보며 왕! 하고 한 번 짖었습니다. 그리고 기차 안까지 따라와 우리의 손과 발을 낼름낼름 핥는 것이었습니다. 저도 울음을 참고 "건강해야 해." 하고 말해 주었습니다. 기차에서 내려가도 우리 쪽을 지켜보던 란은 기차가 달리기 시작하자 열심히 쫓아왔습니다.

우리는 아버지가 출정한 후에도 란이 혼자서 어떻게 하고 있을까 너무 걱정이 되어 혼이 났습니다. 어느 날, 전쟁터에서 온 아버지의 편지에는 「란도 기차에 태우거나 트럭에 태워 먼 전쟁터에 데리고 왔어.」 하고 쓰여 있어 안심이 되었습니다. 남동생은 "란은 좋겠다. 아버지랑 전쟁에도 나가고." 하며 몹시 부러워했습니다. 총알이 빗발치듯 날아오는 전쟁터에서도 란은 아무렇지 않게 연병장을 뛰어다녔을 때처럼 병사들 사이를 누볐다고 합니다. 그러다 타이위안의 산 속에서 너무 치열한 전투가 벌어져, 모두가 정신없이 죽음에 미쳐서 싸우다 보니, 란을 볼 겨를도 없었고, 끝내는 돌아오지 않았다고 합니다. 아마도 총알에 맞아 죽었을 것입니다. 그런데도 저는 셰퍼드를 볼 때마다 금방이라도 란이 어디선가 불쑥 달려들 것 같아서 저도 모르게 멈추곤 합니다.

제2회 조선총독상 글짓기 경연대회

백의의 병사님

경성사범학교부속제1소학교(京城師範学校附属第一小学校)
제4학년 세키모토 츠요시(関本毅)

지나 사변이 일어난 뒤로 처음 보낸 위문 주머니와 편지가 어느 병사님 손에 전달되었을지 기대하고 있었는데, 2개월쯤 지나서 답장이 왔다. 봉투를 뜯는 시간도 아까워하며 서둘러 편지를 열어 보니, 아주 간단하긴 했지만, 위문 선물에 대한 감사와 함께 전쟁터의 상황이 쓰여 있었다. "육군 보병 상등병 사토 지로"라고 쓰여 있었다. 병사님들로부터 그다지 답장을 받아 본 적이 없었던 나는 너무 기뻐서 '어떤 분일까?' 하며 생각에 빠져들었다. 그러고 시간이 흘렀다. 어느 일요일에 우리 집 현관의 초인종이 띵동 띵동 띵동 하고 끊임없이 울렸다. '누구지? 손님인가?' 하고 생각하며 문을 열어 보니, 모르는 병사 한 분이 서 계셨다. 아버지도 현관으로 오셔서 "누구시죠?" 하고 물었다. 그러자 그 병사님은 완전히 군대식 말투로 "네, 저는 위문 주머니를 받은 사토라고 합니다." 하고 말했다. 나는 바로 그 이름을 떠올리고 "아버지, 맞아요. 제 편지를 받으신 병사님이세요." 하고 말했다. 그러자 아버지도 "그래, 그래." 하고 말씀하시며, 사토 병사님을 마주하고 "자아, 들어오세요." 하고 말씀하셨다. 그러나 병사님은 "아닙니다. 오늘은 잠깐 용무가 있어서요." 하고 대답하며, 교도학교*에 들어가기 위해 돌아왔다는 등의 이야기를 하고 잠시 후 되돌아가셨다. 그로부터 2, 3주 동안 편지가 왔다. 거기에는 "이번에 다시 출정합니다."라며 날짜와 시간이 쓰여 있었다. 그날에 맞추어, 나는 어머니와 함께 사토상을 배웅하러 갔다. 개찰구에 들어가는 허락을 받고 플랫폼까지 들어가는 것은 좋았는데, 병사님들이 너무 많아서 누가 사토상인지 알 수 없었고, 어느 칸에 탔는지조차 알 수 없었다. 그래서 질서 정리를 위해 오신 순사님에게 물어보니 애써 우리를 데려다주셨다. 사토상도 우리를 찾고 계신 듯 보였고, 우리를 발견하고는 빙그레 웃고 계셨다. 사토상도 기쁜 듯이 여러 이야기를 나누었고, 아주 건강해 보였다. 드디어 기차가 움직이기 시작했다. 만세 소리는 천지를 뒤흔드는 듯했다. 작은 일장기의 파도 속에 병사님들도 창문으로 얼굴을 내밀며 일장기를 흔들고 계셨다. 기차는 마지막의 기적을 남기며 떠났다. 기차가 가 버리자 역은 태풍이 지나간 듯이 고요해졌다. 귀가 떨어질 듯한 만세 소리가 아직도 귓가에 맴도는 것 같았다. 어머니의 재촉으로 가까스로 역을 나왔다. 그날 밤에는 배웅을 가는 꿈을 꾸었다.

 사토상이 출정하고 이삼일 후, 학교에서 돌아오니 순사 한 분이 와 계셨다. 어머니의 말로는, 저 순사님은 사토상이

---

* 교도학교(敎導學校): 하사관을 양성하던 일본 육군 교육 기관이다. 센다이(仙台), 코요하시(豊橋), 쿠마모토(熊本)에 있었다. 이후 예비 사관학교로 전환되며, 1943년 교도학교는 폐지된다.

출정했을 때 사토상이 타고 계신 차 칸을 알려 주신 순사님으로, 게다가 우연히도 사토상의 형님이라며, 얼마 전에 사토상을 배웅하러 와 준 데 대해서 감사의 인사를 하러 왔다고 한다. 그러고 나서 일주일 정도 지나 기다리고 기다렸던 사토상으로부터 첫 번째 편지가 왔다. 편지에는 그저 「오늘 ○○에 도착했다. 하라 부대를 뒤따라 도착하기 위해, 오늘 밤에 비행기로 출발한다.」하고 쓰여 있었고, 만주** 풍속엽서도 같이 보내 주셨다. 나는 '사토상이 빨리 하라 부대를 따라 도착하여 훌륭하게 공을 세우시면 좋겠다.'고 생각했다. 하지만, 그 뒤로는 소식이 없었다. 집안 식구들도 다들 걱정을 했다. 그 뒤로도 사토상의 형님이 두세 번 집에 오셨지만, 역시나 전혀 소식이 없다고 말씀하셨다. 우리도 점점 걱정이 깊어져 '혹시 전사한 것은 아닌지.' 하고 생각하며, 전사자 이름이 신문에 나올 때면 떨리는 마음으로 찾아보기도 하고, 사토상이 무사하기를 기원하는 기도를 드리기도 했다.

그 뒤로 한참 동안 소식이 끊겼지만, 갑자기 ○○○육군병원에서 「적의 총에 맞아 왼쪽 다리를 절단했다.」라는 통지가 왔다. 이것을 본 식구들은 모두 깜짝 놀라, 이후의 일을 걱정했다. 그리고 곧바로 「○○육군병원으로 옮긴다.」라는 통지가 왔다. ○○육군병원은 우리 집과 가까워서, 사토

** 만주(満州): 현재 중국 동북3성인 요령성(遼寧省), 지린성(吉林省), 헤이룽장성(黒竜江省)과 내몽고 자치구의 동부 지역을 포괄한다. 1932년 이곳에 만주국을 세운 일본은 지역 개발을 위해 자국민은 물론 조선인에게도 정책 이민을 강권했다.

상이 그곳으로 온 뒤로는 매일같이 병문안을 갔다. 때로는 어머니와 함께 간 적도 있었다. 절단한 곳은 왼쪽 다리의 무릎 밑으로 3촌*이 되는 곳이라고 한다. 무릎은 120도 정도 구부러져 있었고, 절단된 곳은 황금색 천 같은 것으로 덮여 있었다. 육군병원에 막 도착했을 때, 사토상은 절단된 곳을 아래로 향해 놔두면 아프다고 하셨다. 그래서 우리와 이야기할 때에도 무릎을 베개 위에 올려놓고 있었다. 병문안을 가면 언제나 과자를 주신다. 그 과자를 먹으면서 여러 이야기를 하는 것이었다. "탕에 들어가도 된대." 하고 말하며 기뻐하셨던 적도 있다. 사진도 함께 찍었다. 그러다 상처도 조금씩 좋아져서 며칠 온천에 가시기로 하여, 아주 건강한 모습으로 목발을 짚고 이이자카 온천**에 가셨고, 나는 그때도 배웅을 했다. 그로부터 2주 정도 뒤에, 우리 가족은 급히 경성으로 가게 되었다. 무슨 수를 써서라도 경성에 가기 전까지 한번 더 병문안을 가고 싶다고 생각해, 이이자카 온천까지 갈 수 있을지 어머니와 여러 번 이야기를 나누었지만, 너무 바빠져서 가지 못했다. 나는 결국 그대로 사토상과 헤어지고 경성으로 오게 되었다. 너무 속상했지만, 방도가 없었다. 이후에 어머니가 형을 데리러 센다이***에 가실 때, 마

---

* 3촌(寸): 척관법의 길이 단위로 일본에서는 약 30.303밀리미터다. 3촌은 9센티미터 정도다.

** 이이자카 온천(飯板温泉): 현 일본 후쿠시마(福島)현 후쿠시마(福島)시 이이자카 지역에 있는 온천. 나루코 온천(鳴子温泉), 아키우 온천(秋保温泉)과 같이 동북 지방을 대표하는 3대 온천으로 2000년의 역사를 지닌다.

*** 센다이(仙台): 현 일본 미야기(宮城)현 중심부에 위치한 도시.

침 사토상이 ○○에 있는 제1 육군병원으로 오셨기에 어머니가 식구들 대표로 병문안을 가셨다. 사토상은 아주 건강하게 한참 전부터 어머니가 오시는 것을 기다리고 계셨다고 했다. 같은 병실의 병사님이 "이봐, 기다리던 경성 손님이야." 하고 말하며 안내해 주셨다고, 어머니가 말씀하셨다. 나도 그 이야기를 듣고 너무 기뻤다. 그 후 한 달이 지나, 사토상은 드디어 주산하마****에 있는 집으로 돌아가도 된다는 통지를 받으셨다고 한다. 「바다가 가까운 마을이어서 여름 밤에는 아무도 없는 곳에서 수영을 합니다. 다리는 하나뿐이지만 닭도 키울 수 있고 어떤 일도 할 수 있습니다. 츠요시상에게 지지 않도록 공부도 하고 있습니다.」 하고 종종 편지를 보내 주셨다. 그때마다 나는 '조금만 가깝다면 종종 달려가, 같이 놀고, 닭 키우는 것도 도와드리면 좋을텐데.' 하는 마음에 너무 안타깝다. 사토상은 아직 스물두 살이라고 한다. 아버지와 어머니는 "한 가문에 명예로운 친척이 한 명 생겼다." 하고 말씀하신다. 다른 식구들도 편지를 보내 드린다. 나는 참배를 할 때면 사토상이 건강히 여러 많은 일을 하실 수 있도록, 언제나 기도하고 있다.

**** 주산하마(十三浜): 현 일본 미야기현 이시마키(石巻)시 기타카미마치(北上町)에 있는 해변. 자연 경관이 뛰어난 것으로 유명하다.

제1회 조선총독상 글짓기 경연대회

군대에서 돌아온 오빠

전라남도광주중앙공립심상고등소학교(全羅南道光州中央公立尋常高等小学校)
제3학년 타마루 사다코(田丸貞子)

 작년 7월 29일 출정했던 오빠가 전쟁에서 부상을 당해 내지 병원에 있었는데, 다 나아서 돌아온다는 연락을 받았습니다. 어느 날 학교에서 돌아오니 가게의 문이 닫혀 있어서, 그 이유를 어머니에게 여쭈어 보았습니다. 어머니는 "오늘 오빠가 돌아온다는 전보가 왔어." 하고 말씀하셨습니다. 가방을 두고, 바로 새 옷으로 갈아입었습니다. 3시에 남광주역*으로 갔습니다. 표를 살 때도 조급해지는 마음을 어찌할 수가 없었습니다. 안에는 오오무라 해군** 병사들이 많이 있었습니다. 순천역에는 오빠도 있었습니다. 몸이 크던 오빠가 다른 사람이 된 것 같았습니다. 인사를 할 때, 심장이 두근거렸습니다. 오빠의 얼굴은 무서울 정도로 말라 있었습니다. 상처의 흔적은 보이지 않았지만, 어딘지 모르게 다른 사람이 된 것 같았습니다. 밤에 전쟁 이야기를 들려주었

---

* 남광주역(南光州駅): 1922년에 개설된 광주역과 별개로 1930년 광주에서 여수간 철도가 개통되면서 생긴 역이다. 신광주역으로 불리다가 1938년 남광주역으로 개칭되었다. 2000년 폐역 후 같은 이름이 광주지하철 1호선 역명으로 쓰이고 있다.

** 오오무라 해군(大村海軍): 일본 해군 부대 중 하나. 1922년 창설되어 1938년 6월 제15항공대와 함께 중국 우한 침공 작전을 세워 1938년 12월 작전을 완수하고 귀환한다.

습니다. 부상을 당해 ○○병원에 갔는데, 26일이나 걸렸다고 합니다. 손은 화상을 입은 것처럼 쪼글쪼글해져 있었습니다. 한쪽 눈은 유리 눈입니다. 그 눈은 천황 폐하께서 주셨다고 합니다. 가슴 위에는 검은 총알 자국이 남아 있습니다. ○○병원에 갈 때 큰 차를 타고 갔다고 합니다. 도중에 연대장에게 "그냥 내려서 죽여 주세요." 하고 말하자, 바보 같은 소리라 하시며 화를 냈다고 합니다 그 이야기를 듣고 '오빠가 그동안 얼마나 힘들고 괴로웠을까?' 하고 생각하니, 눈에 눈물이 그렁그렁해졌습니다.

제1회 조선총독상 글짓기 경연대회 총독상

나팔 병사님

경성사범학교부속제1소학교(京城師範学校付属第一小学校)
제3학년 카네코 세츠조(金子節三)

　작년 7월초 무렵, 나는 감기에 걸려 자고 있었다. 창문에서 시원한 아침 바람이 불어오는 날이었다. 멀리서 희미한 나팔 소리가 점점 가깝게 들리더니, 나팔 병사들이 정확히 우리 집 앞에서 멈추었다. 얼떨결에 나도 모르게 나가 보았다. 병사님들의 등에는 땀이 많이 나서 옷이 다 젖어 있었고, 모자를 벗어 손수건으로 땀을 닦고 있었다. 나는 서둘러 어머니에게 그 사실을 말해 주었다. 어머니는 얼음을 깨서 보리차를 준비하시고는 병사님께 가져다 드렸다. 병사님들은 "고마워요." 하시며, 몇 번이고 더 달라고 하셨다. 돌아가실 때에는 모든 병사님들이 "고맙습니다." 하고 경례를 하셨다. 이삼일이 지나, 감사의 엽서가 도착했다. ○○부대의 이와데라고 쓰여 있었다. 또 오륙일이 지나자 "조만간, 북지나로 출정할 것 같습니다." 하고 알려 주는 엽서가 왔다. 그걸 보고 '고쵸이시구나' 하고 생각했다. 어머니는 "출발이 정해지면 알려 주세요. 배웅하러 가겠습니다." 하고 편지를 써서 오마모리*를 같이 넣어 보냈는데, 답장이 없어, '벌써

---

* 오마모리(おまもり): 부적의 일종으로 수호나 액땜의 목적으로 몸에 지니고 다닌다.

출정하셨구나.' 생각하고 있던 즈음, 북지나에서 편지가 왔다. "가까운 시일 내에 통합전이 있습니다. 용감하게 분투하겠습니다. 오마모리 감사합니다." 하고 쓰여 있었다. 누나는 바로 센닌바리를 만들어서 보냈다. 식구들 모두가 차례대로 편지를 보내 격려하였다. 이와데상도 틈틈이 모두에게 편지를 보내 주었다. "여러 전투에 나가도, 조금도 상처를 입지 않았다. 케이코상의 센닌바리 덕분이다." 등이 쓰여 있었다. 올해 봄에는 사진을 보내 주셨다. 역시나 고쵸의 늠름한 군복 차림이었다. 우리는 여러 물건을 넣은 위문 주머니와 함께 내 사진도 넣어 소포를 보냈다. 감사의 편지가 계속 보내져 왔다. 황하[黃河] 가까운 곳으로 들어가니, 우편이 늦게 도착한다고 쓰여 있었다. 가을이 시작될 때 즈음, 오랜만에 편지가 왔다. 긴 시간 원시성**에서 농성하며 대단히 힘들게 싸우고 있다는 이야기가 쓰여 있었다. 나는 9월에 편지를 보냈고, 어머니는 10월에 편지를 보내셨다. 어머니의 편지가 되돌아왔다. 어머니가 '이상하네.' 하고 말씀하시며 들여다보니 '전사하여 돌려보냄.' 하는 메모가 붙어 있었다. 나는 깜짝 놀라, 어머니와 함께 울었다. 어머니는 "세츠짱의 편지는 받으셨을 거야. 10월, 11월에 전사하셨나 보다. 어느 전투지?" 하시며, 부처님께 촛불을 켜 향을 피우고 비셨다. 나도 빌었다. 그때 "다녀왔습니다." 하고 현관문 열리는 소리가 났다. 누나의 목소리였다. 서둘러 나가, "이와데

** 원시성(聞喜城): 중국 산시성(山西省) 원시현(聞喜縣)에 위치.

상이 전사했어." 하고 말하자, 누나는 "정말?" 하고 눈을 동그랗게 뜨며, 방에 가서 울었다. 잠시 후 이와데상의 사진을 가져와, 부처님 앞에 두고 빌었다. 어머니는 과자를 가져와 올리셨다. 그리고 "유골이 용산*에 도착하면 배웅하러 가자." 하고 말씀하셨다. 돌아오시면, 여러 가지 공훈담을 들으려고 기대하고 있었는데, 이제 내가 가장 좋아하던 이와데상을 만날 수 없다. 이제 편지도 보내 주시지 않는다. 그렇다고 생각하니 슬퍼서 참을 수가 없었다. 전투에서 항상 나팔을 불며 제일 먼저 진격해 나간 이와데상은 분명히 용감하게 싸우셨을 것이고, 전사하실 때에도 "천황 폐하 만세." 하고 외치셨을 것이라고 나는 생각한다.

---

* 용산(龍山): 현 서울특별시 용산구 한강로3가에 위치한 용산역. 1900년 영업을 시작했다. 러일 전쟁 중 경부선과 경의선이 건설되고, 1914년에는 경원선이 개통하면서 교통의 중심지가 되었다. 1906년 조선 주둔 일본군 사령부가 (신)용산에 자리 잡으면서 철도국, 철도병원, 철도회관 등 주요 시설들이 함께 들어왔다. 그에 따라 다수의 일본인이 거주했다.

제2회 조선총독상 글짓기 경연대회 총독상

슬픔을 넘어서

경성여자사범학교부속소학교(京城女子師範学校附属小学校)
제6학년 한옥영(韓玉榮)

조카 상욱짱이 갑자기 죽고 나서 저는 이루 말할 수 없는 슬픔에 항상 울기만 했습니다. 아직 애기지만, 마른 얼굴에 눈동자가 까맣고 부리부리해서 특히 눈이 사랑스러운 아이였습니다. 한손으로도 셀 수 있는 나이, 겨우 두 살, 죽을 줄은 꿈에도 생각하지 못했습니다. 그런데 빵 한 조각이 기도를 막아서 질식해 버린 것입니다. 낮잠을 자다 깨 울면서 어머니를 찾는 것을 본 할머니가 빵을 주었다고 합니다. 빵을 입에 넣고 조금 지나, 켁켁거리며 한 조각 중에 반은 토하고, 그 나머지가 나오지 않더니, 얼굴이 파래지고 눈이 뒤집어지고, 몸을 비틀면서 심하게 몸부림을 쳤다고 합니다. 아아, 1초, 2초, 3초, 짧은 시간이지만, 숨을 쉴 수 없는 고통이 얼마나 컸을까요? '상욱짱에게 미안해서 어서, 의사를, 어서, 어서.' 하며 모두가 당황했습니다. 무엇을 하고 있는지 모를 정도였습니다. 그날은 운이 나쁘게도 일요일이었고, 어느 병원에 전화를 걸어도 의사는 다 없었습니다. 택시는 한 대도 와 주지 않았습니다. 결국 할머니가 생사와 싸우고 있는 아이를 옆에 끼고 개인 병원으로 뛰어갔을 때, 그곳의 의사는 그저 "안됐네요. 여기서는 도와드릴 수가 없습니다.

대학병원으로 가 보세요." 하고 말할 뿐이었습니다. 아아, 뭐 이런 인정 없는 말이 있습니까? 지금 생각해 보니, 그 때 상욱짱은 벌써 죽어 있었던 것입니다. 그때의 일을 생각하는 것만으로도 저는 참을 수 없이 우울해집니다. 겨우 대학병원에 도착했을 때, 의사와 간호사는 "죽었네." 하고 당연하다는 듯이 말했습니다. 그리고 간호사는 분명 방긋 웃고 있었습니다. 이 웃는 얼굴, 얼마나 증오스러운 얼굴인가요? 아아, 이 작은 죽음 앞에 너무나 차가운 얼굴이었습니다. 이 세상에서 가장 불쌍한 시체를 안고 집에 돌아왔을 때, 언니는 넋이 나가 있었습니다. "방금 전까지 마마마마마 하고 귀엽게 소리치며 놀고 있던 아이가 죽다니, 말이 안 돼요. 말이 안 돼요." 하고 울면서 상욱짱의 이름을 계속 불렀습니다. 저는 울어야 할지, 화를 내야 할지, 저의 마음을 어찌하면 좋을지 스스로 정할 수가 없었습니다. 꿈입니다. 꿈이 아니면 이런 일은 없습니다. 억지로 꿈이라고 생각해 봐도 역시 꿈은 아닙니다. 아무리 눈을 비벼 봐도 현실입니다. 상욱짱의 할아버지와 아버지가 외출에서 돌아오셨지만, 말없이 고개만 숙이고 계셨습니다. 모두의 흐느끼는 울음소리가 들립니다. 저는 울고 싶어도 울지 않았습니다. 고통스러워했을 그 찰나를 생각하니, 저 역시 전혀 살아 있는 것 같지 않았습니다. 그저 "가여워라, 안쓰러워라." 하고 말할 뿐, 이제 아무것도 생각할 수 없어, 눈을 감고 양손으로 귀를 막고 머리를 정신없이 흔들었습니다. 시간이 꽤 지나서 외과 의사가 오셨습니다. 상욱짱을 거꾸로 들고 등을 두드렸지만,

이제 너무 늦었습니다. 숨이 끊어진 지 한 시간이나 지난 뒤였습니다. 아이가 괴로워하고 있을 때 이런 동작을 해 보인 사람은 한 명도 없었습니다. 그런 방법은 모두 몰랐습니다. 어찌 되었든, 결국엔 죽는다 하더라도, 딱 한 번만이라도 좋으니, 숨이 막혔을 때, 이렇게 해 줄 수 있었다면 좋았을 텐데, 안타깝고 안타까운 마음을 참기가 힘듭니다. 이 안쓰러운 죽음에 대해 책임을 느끼지 않는 사람은 단 한 명도 없었습니다. 빵을 준 할머니는 완전히 죽은 사람과 마찬가지입니다. 울지도 못하고 멍하게 있었습니다. 물 한 모금 마시지 못하고 괴로워하고 있었습니다. 할머니가 그 귀엽고 귀여운 손자에게 빵을 준 것이 나쁜 일일까요? 어떻게 나쁘다고 말할 수 있을까요? 한순간에 꺼져 버린 무참한 생명은 결국 이렇게 될 운명이었나 봅니다. 눈물 속에 날이 밝고, 장례식에는 그리스도교 전문 학교를 졸업한 언니가 주선한 목사님이 오셨습니다. 교회 분들의 찬송가와 목사님의 기도가 끝나자, 세상에서 제일 귀엽고 사랑스럽던 상욱짱은 정말로 승천해 버렸습니다. 저는 울었습니다. 마음속으로 상욱짱에게 사과를 하면서 얼마나 울었는지 모릅니다. 눈물이 마를 때까지 울었습니다. 5년 동안 개근했던 학교도 쉬고 울었습니다. 이 슬픈 날은 9월 17일이었습니다. 저에게 있어 평생 잊을 수 없는 슬픈 날이었습니다. 이날부터 저희 집은 햇볕이 들지 않는 어두컴컴한 집이 되었습니다. 조용히 달이 뜬 밤, 귀뚜라미가 우는 밤은 홀로 외로워 가슴에 사무칩니다. 가을도 지나고 낙엽이 날리는 겨울 밤이 오자, 모두가 한 방에 모여 화롯불을 쬡니다. 오빠는 신문을, 저와 남동생은 책을 읽습니다. 어머니와 언니는 조용히 이야기를 합니다. 밖에는 바람이 쌩쌩 불어와, 나무 문을 두드리며 지나갑니다. 조용한 방 안까지 울려 퍼집니다. 상욱짱은 이 찬 바람 부는 밤에 얼마나 추울까요? 얼마나 무서울까요? 아아, 안아 주고 싶다. 마음껏…… 언제나 저를 마마라고 불러서 제가 안아 주거나 업어 주거나 했었는데, 지금은 무섭고 무서운 황야 속에 잠이 들었네…… 저도 모르는 사이에 상욱짱이 생각납니다. 다시 겨울 찬바람이 쌩 하고 불어옵니다. 오빠의 눈에도 눈물이 반짝이고 있는 듯합니다. 언니의 눈에도 눈물이 고여 있습니다. 얼마 전, 어디로 가는지 비행기가 지붕 위를 날아갔습니다. 오늘도 또 차가운 하늘 속을 날아갑니다. 전쟁터로 가는 것이겠지요? 저는 부상병 야마구치상을 떠올렸습니다. 얼마 전, 야마구치상은 저의 슬픈 편지에 아주 격려하는 답장을 주셨습니다. 「당신은 소학생입니다. 일본의 어린이이니 명랑한 마음을 가져 주세요. 당신 정도 나이의 친구들 중에 아버지나 형이 전쟁터에서 살아 돌아오지 못한 분들이 얼마나 많을까요? 나라를 위해 죽은 영정 앞에서 언제까지 슬퍼하거나 울거나 할 수는 없습니다. 숙녀 분도 너무 슬퍼해서는 안 됩니다. 불쌍하게 죽은 조카가 편히 쉬기를 기도합시다.」하는 내용의 편지였습니다. 저는 마음 깊이 생각했습니다. 그래, 언제까지 앓을 수는 없지. 저는 조카를 통해 알게 된 소중한 경험을 마음속 깊숙이 넣어 두었습니다. 그리고 다음과 같은 편지를 보냈습니다.「편지 감사합니다. 아버지나 오빠가 전사한 친구들처럼 저도 강한 어린이가 되겠습니다. 혼자서라도 강하고 훌륭한 국민이 되지 않으면 안 된다고 생각했습니다. 전쟁터에 계신 병사님들이 강하더라도, 결국에는 총후*의 우리들이 강하지 않으면 안 된다는 것을 깨달았습니다. 귀여운 조카의 일은 언제까지 저의 가슴에 남아 있을 것입니다. 하지만 학교와 가정에서 생활하는 내내 그 일만 생각하며 슬픔에만 빠져 있는 건 좋지 않겠다고 생각했습니다. 지금까지는 죽은 아기에게 미안한 기분이 들어서, 명랑해질 때에도 억지로 가라앉히곤 했습니다. 저는 매일 여학교에 가서 공부에 정진하고 있습니다. 저를 더 잘 이해해 주시고 가르쳐 주시는 선생님 밑에서 희망의 봄을 기다리고 있습니다. 이 편지를 쓰고 있으니, 왠지 마음이 즐거워집니다. 이상합니다. 벌써 저는 슬픔을 이겨냈습니다. 명랑해지겠습니다. 대륙의 들판을 누비며 하늘의 성난 독수리**를 조종하고 있는 젊은 무사들의 건강을 생각하면 감사로 가득합니다.」어제 이러한 편지를 써서 등굣길에 제 손으로 우체통에 넣었습니다. 밤사이에 내린 눈이 하얗게 쌓여, 아침 햇살에 반짝반짝 빛나고 있습니다. 그리고 황금색 태양이 저희 앞을 눈부시게 비추고 있었습니다.

---

* 총후(銃後): 전장의 후방. 직접 전투에 참여하지는 않지만, 간접적으로 어떠한 형태로든 전쟁에 참여하는 일반 국민을 말한다.
** 성난 독수리(荒鷲): 일본어로 아라와시라 하며, 용맹스러운 전투기 혹은 비행사를 비유적으로 일컫는 말이다.

제1회 조선총독상 글짓기 경연대회

카지하라군

주소불명
제5학년 오오다 히데오(太田日出生)

  카지하라군이 내지로 돌아가고 몇 달이 지난 걸까? 긴 시간 동안 교실에서 즐겁게 공부하고 집에서는 재미있게 놀던 카지하라군이 사무치게 생각난다. 어느 날 3교시째에 카지하라군이 "우리 아버지 이번에는 낭자관* 공격한다." 하고 말하며 활기차게 웃는 것이었다. 그로부터 사오일 후, 그 활기차던 카지하라군의 모습이 보이지 않았다. 걱정이 되어 곧바로 집으로 가 보았다. 어? 어떻게 된 일이지? 전봇대에 '카지하라가[家]'라고 쓰여 있는 검은 테두리 종이. 문으로 들어가자 현관 유리에 '조[弔]'라는 글자가 비치는 것이 아닌가? "카지하라군!" 내 목소리도 떨리고 있었다. 이윽고 나온 것은 남동생 슈짱이었다. "형은?" "지금 거실에서 아버지한테 절하고 있어." 슈짱은 눈물을 머금고 있었다. 영전 앞에서 머리를 조아리며, 나는 진심을 다해 카지하라군 아버지의 명복을 빌었다. 그때 내 머릿속에는 ○○역에서 일본도를 움켜쥐고 "갔다 올게. 모두들 열심히 공부하는

---

* 낭자관(娘子関): 중국의 산시성 동부와 허베이성의 경계지. 중일 전쟁 초기에 일본군이 산시성 타이위안에 진격하여 대승리를 거둔 격전지이다.

거야." 하시면서 방긋 웃으며 기차에 올라타시던 카지하라 군의 아버지 모습이 생각났다. 그날 이후 카지하라네는 이사 준비로 바빴고 카지하라군의 모습도 볼 수 없었다. 어느 날 아침, 이상하게도 교실에 카지하라군이 와 있었다. 하지만 이제 카지하라군은 내지로 돌아가게 되었다. 선생님의 말씀 한마디 한마디가 가슴을 파고드는 듯했다. 그날 밤, 이사변으로 돌아가신 수많은 영령들을 태운 기차가 ○○를 떠났다. 그중에는 카지하라 대장의 유골도 있었다. 나는 어머니와 함께 그 영령들을 배웅하러 갔다. 반 친구들도 많이 나와 있었다. 모두의 눈에서 눈물이 빛났다. 폭 하고 출발을 알리는 기적. 덜컹 하고 기차는 미끄러져 갔다. 영구차가 앞을 지날 때, 기침 소리 하나 들리지 않던 그 고요함. 멀리 흔들리는 기차 연기. 여기저기에서 훌쩍이는 소리가 났다.

끝맺으며

　　조선총독상 글짓기 경연대회는 일본 식민기구가 펼쳐 온 식민 정책이 어떠한 성과를 거두었는지 세상에 알리는 역할도 겸하고 있었다. 조선 반도에 일본인이 건너와 철도를 깔고, 도시를 만들고, 학교를 세우고, 교육을 통해 조선인을 일본인으로 탈바꿈하는 일. 실로 오랜 기간 계획되고 실행되어 온 그 작업의 성과 말이다.

　　이 책에서 양국 어린이들이 남긴 작품을 따로 구분해 놓지 않은 이유는 간단하다. 부조리하고 비윤리적인 시대적 상황 속에서 하나 둘 모습을 드러내는 양국의 차이점은 서로 교차해서 드러낼 때 더 잘 느낄 수 있기 때문이다. 아이들의 글을 읽다 보면 어딘가 이상한 느낌이 드는 순간이 온다. 답답하고, 화가 나고, 가슴 어딘가 꽉 막힌 듯한, 억울함을 호소해야 할 것 같은 느낌. 물론 이제 우리는 그 불편함을 불러일으키는 실체가 무엇인지 잘 안다. 바로 '경계'다. 당시 일본인과 조선인 사이에 그어졌던 경계. 지금 이 책을 읽는 독자들 역시 그 경계의 역사적 실체를 이미 선명히 인식하고 있을 것이다. 굳이 반복해 설명할 필요는 없겠지만 조금 더 구체적으로 짚어 볼 필요는 있다. 적당한 '느낌'만으로 옛 시대를 더듬어 추측하기보다 정확한 사실을 바탕으로 이해해야 역사를 더 선명하게 바라볼 수 있기 때문일 것이다.

표2. 조선총독상 글짓기 경연대회 속
재조 일본인 어린이와 조선인 어린이의 특징

재조 일본인 어린이
· 자국의 언어를 사용하고 있어서 문장력이 뛰어나다. · 자신의 일상을 즐기며, 그 감상과 감정에 대해 솔직히 적는다. · 학교 행사 이외에도 다양한 오락거리를 갖고 있다. · 가정 형편이 유복하다. · 일본인 어린이 간에는 빈부의 격차가 거의 드러나지 않는다(대개 유복함). · 부모의 경제 활동에 거의 참여하지 않는다. 때때로 돕는 정도이다. · 신사 참배는 나와 우리 가족과 우리 나라를 위해서 한다. 전쟁 관련 · 가족 구성원이 전사하거나 부상을 입는 상황을 이미 경험해 왔다. · 전쟁 대비 훈련과 위문 활동, 총후 활동에 적극적이다. · 전쟁의 승리를 염원한다.
조선인 어린이
· (지도 교관의 일본어 지도에도 불구하고) 서술 표현이 부자연스러울 때가 있다. · 선생님이 가르쳐 준 대로, 수신 교과서에서 배운 대로 메시지를 설정한다. · 학교 행사 이외의 오락 활동이 거의 없다. · 대체로 가난해서 가계 때문에 고민한다. · 가난하지 않은 조선인 어린이들은 지배층의 자제로, 이를 통해 조선인 어린이 간에 빈부의 격차가 존재하고 있음이 잘 드러난다. · 가족의 구성원으로서 언제나 가계 활동에 참여하고 있다. 전쟁 관련 · 지원병 제도 실시로 가족을 전쟁터에 막 보내기 시작했다. · 전쟁에 대해 무지하다. 학교 교육을 통해 배우기 시작했다. · 총후 활동으로는 위문문 보내기나 병사 배웅 행사가 전부다. · 신사 참배는 자연스러운 종교 활동이라기보다는 학교 활동의 연장에 가깝다.

이처럼 조선 땅에서 불편한 동거를 이어 가던 두 민족은 국어(일본어) 능력과 생활 수준, 국가를 향한 충성도에서 차이를 보인다. 특히 전쟁을 '우리의 일'로 내재화하는 데서는 크게 차이 난다.

우선 언어 문제를 살펴 보자. 앞서 말했듯 일본 식민기구가 조선에 교육 제도를 이식할 때 최우선 과제로 삼은 것이 바로 일본어 교육이었다. 조선어가 국가적(공식적) 지위를 상실하고, 일본어가 국어의 자격을 획득하면서 일본어는 두 민족을 통일하는 가장 요긴한 수단으로 여겨졌다. '언어 사상 일체화', '국가 언어(로 인한) 민족 일체감', '국어는 국민 통일의 힘' 같은 당시의 구호들은 일본어의 국어화가 어떤 목표하에서 이루어졌는지 잘 보여 준다.

조선에서 쓸 국어(일본어) 교과서를 편찬한 일본의 언어학자들은 외국어인 일본어를 국어로 바꾸는 과정을 일컬어 대역법(対訳法)에서 직접법(直接法)으로의 변환이라고 했다. 이는 학습자가 외국어를 머릿속에서 모국어로 번역하여 학습하는 방식(대역법)을 지양하고, 외국어를 모국어로 번역하는 과정 없이 저절로(직접법) 체득할 수 있도록 교육해야 한다는 뜻이었다. 따라서 일본 식민지 조선의 국어 교과서는 자연스러움을 강조했다. 즐겁게 노래를 따라 부르는 과정을 통해 자연스럽게 언어 능력을 향상시키려 했고, 모범적인 일본어 문장을 먼저 제시하면서 문법을 가르치기보다는 사용자 자신의 필요에 의해 언어를 사용할 수 있도록 접근하며 학생들의 흥미를 유도했다. 그러기 위해서는 난도가 낮아야 했다. 당시 교과서는 유아들이 처음 언어를 배우기 시작할 때처럼 자음 모음 문자를 하나씩 보여 주면서 글자를 가르쳤고, 그 외에도 조선의 풍속 이미지들을 적극적으로 사용하는 등 쉽고 친숙한 장치를 써서 생소한 외국어에 대한 거부감을 줄였다.

조선총독상 글짓기 경연대회가 열리기까지 교육령이 총 세 번 개정되었다. 이때 국어 교과서도 개정되었는데, 교과서 내용을 중심으로 학습 목표도 자연스레 바뀌어 갔다. 제1차 교육령 때는 '음성 언어로 자기의 생각을 자유롭게 말하는 것'을 목표로 말하기에 중점을 둔 교육을 진행했지만, 제2차 교육령 때는 '자기의 생각을 자유롭게 쓰는 것을 국어 학습의 최종 목표'로 삼으며 쓰기 중심으로 옮겨 갔다. 그러다 제3차 교육령 때는 '정확한 일본어 사용'을 위해 구두 발표와 작문 연습을 모두 포괄하는 방식으로 변화했다.

이는 최대한 빨리 조선인 어린이들에게 일본어를 습득시키기 위한 조치였지만, 취학률이 41퍼센트에 달한 1940년이 되어서도 일본어를 이해하고 사용할 수 있는 조선인 인구는 고작 15퍼센트에 지나지 않았다. 그나마 '일본어를 이해하고 사용한다'는 것도 소학교 4학년 과정을 수료한 단계에서는 '약간 할 수 있음' 정도에 불과했고, 보통은 6학년 과정을 다 마쳐야만 '일반 회화에 문제없음' 수준에 이를 수 있었다. 즉 국어(일본어)로 자유롭게 대화하거나 자신의 생각을 담은 작문을 쓸 수 있을 정도가 되려면 최소한 소학교 졸업 이상의 교육이 필요했을 것이다. 이 글짓기 대회에 조선인 소학생들이 참가할 때 지도 교관이 함께 참여한 이유 역시 학생들의 국어 능력이 미숙해서였다. 이 책에 실린 조선인 어린이들 작품 속에는 이러한 상황이 직간접적으로 드러나 있다.

다음으로 생활 수준에 대해 간단히 살펴 보자. 당시 조선은 전체 인구의 70퍼센트가 농업에 종사하는 나라였고, 특히 쌀을 주식으로 삼았기에 1인당 쌀 소비량으로 생활 수준을 가늠할 수 있다. 이에 대해서는 앞서 '동물' 편에서 간단히 살펴본 바 있다. 일본으로 이출되는 쌀이 늘어나면서 조선인들의 쌀 소비가 급감할 수밖에 없었던 상황 말이다. 1940년에는 조선인의 1인당 쌀 소비량이 1920~30년대보다 올라갔지만, 당시 평균 소비량인 0.7석은 1인당 1석을 소비했던 1910년에 비하면 여전히 낮은 수준이었다. 조선인의 경제적 상황은 좀처럼 나아지지 않았던 것이다.

이 사실을 바탕으로 당시 일본인 가정과 조선인 가정 사이의 경제적 격차에 대해 더 살펴보자. 조선의 1인당 국내 총생산은 1911년 777달러(1990년 달러 가치 기준)였는데, 중일 전쟁 발발 직전인 1937년에는 1,482달러로 최고치를 달성한다. 1944년에는 1,330달러로 약간 줄어들지만, 어쨌든 이 무렵 조선의 경제는 확실히 성장했다 하겠다. 그러나 다들 아는 것처럼, 이 성장은 오직 수탈을 위해 기획된 것이다. 당시 일본인은 조선 내 광공업 부문 자본의 95퍼센트를 차지했으며(조선인 약 5퍼센트), 농업의 경우 종사 인구의 0.2퍼센트를 차지하는 일본인이 조선 내 논의 54퍼센트를 소유하고 있었다. 이렇게 재조 일본인들이 주로 생산 수단의 소유를 통해 수익을 얻었던 반면, 대다수의 조선인은 노동 수입을 통해 생활했다. 그런데 이 노동 수익이라는 측면에서도 일본인과 조선인 사이에 장벽이 있었다. 엄격한 학력 중심 사회였던 일본에서는(당연히 식민지인 조선에서도) 학력이 높을수록 높은 임금을 받아 갔는데, 일본인들이 조선인들에 비해 고등교육을 훨씬 많이 받았다. 일본인은 무상으로 초등교육을 받은 뒤 중학교를 거쳐 실업학교, 전문학교, 대학교로 진학하는 경우가 많았지만, 조선인은 초등교육기관조차 경쟁을 통해 입학한 뒤 수업료를 계속 지불해야 했고, 뒤이은 중등교육과 고등교육 역시 치열한 경쟁을 통과한 일부 학생에게만 기회가 주어졌다. 교육 제도가 개정되었다지만 기초 교육 과정에만 그쳤고, 조선인의 고등교육은 여전히 봉쇄된 상태였다. 조선인을 위한 중등교육기관은 거의 증설되지 않았다. 조선인과 일본인의 공학을 허용한 고등교육기관이 있긴 했지만, 대개는 일본인을 위해 조선인의 입학 기회를 제한했다. 경성 최고의 고등교육기관인 경성제국대학(현 서울대학교) 사례를 보자. 명시적인 일본인 우대규정이 있었던 것은 아니지만, 실제로 경성제국대학의 일본인과 조선인의 입학 비율은 늘 2 대 1로 유지되었다.

심지어 조선인은 일본인과 같은 수준의 학력이더라도 임금을 더 적게 받았다. 대학을 졸업한 일본인의 월급이 130엔이면 조선인은 85엔이었고, 전문학교 출신 일본인 월

급이 70엔일 때 조선인은 50엔이었다. 중등교육만 받은 일본인이 40엔을 받을 때 조선인은 30엔을 받았다. 회사와 관공서에 들어가기 위해서는 반드시 소학교 이상의 학력을 지녀야 했고, 그렇지 않으면 인부, 토공, 짐꾼, 지게꾼 등 육체노동 말고는 일자리를 구할 수가 없었다. 이 육체노동자들은 일당으로 130~230전을 받았다(비숙련 노동자들은 70~110전을 받았다). 특히 비숙련 노동자들이 받던 임금은 겨우겨우 생존할 수 있는 수준에 불과했는데, 이들의 비율이 전체 육체노동자의 85퍼센트에 달했다는 점에서 문제가 심각했다. 심지어 농촌은 그보다도 못해서 생존 자체가 위협받는 지경에 이르렀다. 결국 많은 농촌 인구가 생존을 위해 도시로 모여들었고, 이들은 세민, 궁민, 거지 등이 되어 집단적으로 생활했다. 세민은 간신히 생계를 이어 가는 자를 말했고, 궁민은 생활이 궁핍하여 긴급히 누군가의 구제를 필요로 하는 사람을 뜻했다. 거지는 여러 곳을 배회하며 자기 및 가족을 위해 불특정 대중에게 빈곤을 호소하고 원조를 애걸하는 자를 말했다. 점진적으로 빈곤으로 내몰린 사람들은 이 세 집단의 영역 안에 갇혔고, 그 최종 결과는 아사(餓死)였다. 이 가난한 자들은 아무리 노력하더라도 '구제'받지 못하면 굶어 죽었다.

이렇듯 출신 민족에 따라 경제적 격차가 심화되는 구조는 조선인들 사이에서도 경쟁을 유발했고, 이 경쟁 구도에서 (다른 조선인을 뿌리치고) 살아남은 조선인들은 간신히 보통 일본인들과 비슷한 생활 수준을 영위할 수 있었다. 이 책에 수록된 조선인 어린이들의 작품에서 빈부격차가 크게 느껴지는 이유가 바로 여기에 있다.

마지막으로 국가를 향한 충성도를 살펴보자. 일본인 어린이들은 유아 때부터 역사관이 몸에 배어 있었다. 학교 교육은 그러한 역사관을 바탕으로, 아이들의 에너지를 국가에 대한 충성으로 조직해 가는 과정이었다. 반면에 조선인 어린이들은 학교 교육을 통해 일본의 세계관을 주입받아야 했다. 특히 능동적으로 전쟁을 거듭해 온 사회에서 태어난 일본의 어린이와 그런 상황을 겪어 보지 못한 조선인 어린이는 제국주의적 확장 전쟁을 받아들이는 데서 커다란 차이를 보일 수밖에 없었다.

일본 사회는 줄곧 능동적 군사 행위를 긍정해 왔고, 특히에도 말기에는 서구 열강의 압박을 극복하기 위해 조선과 만주, 심지어 중국까지 정복해야 한다는 주장이 일었다. 결국 첫 대외 전쟁인 청일 전쟁이 발발하고, 여기서 승리를 거둔 일본은 많은 이익(2억 냥의 배상금, 조선 영향력 강화, 대만과 펑후제도, 랴오둥 반도)을 챙기기에 이르렀다. 하지만 일본의 세력 확대를 우려한 러시아, 프랑스, 독일이 간섭하면서 일본은 청일 전쟁으로 획득한 랴오둥반도를 다시 반환하게 되는데, 이때 일본 국민들은 굴욕적인 처사라며 정부를 몰아세웠다. 심지어 2억 엔의 군사비와 1만 4천 명의 군인을 희생하고 얻은 땅을 정부 마음대로 반환한 것은 국민에게 충분한 선거권을 주지 않은 결과라는 (당시로서는) 과격한 주장까지 나왔을 정도였다. 이를 통해 일본 사회가 전쟁을 다양한 국익 추구 방식 중 하나로 받아들이고 있었음을 이해할 수 있다.

이후 일본은 조선을 둘러싼 두 번째 전쟁인 러일 전쟁에서도 승리를 거두었다. 그러면서 승리의 대가로 조선에 관한 독점적인 영향력은 물론 중동 철도*의 남만주 지선(창춘-뤼순), 여러 탄광, 연선의 토지, 사할린 남부를 획득했다. 그러나 일본 국민들은 이때도 분노했다. 러시아로부터 현금 형태의 배상금을 받아내지 못했기 때문이었다. 당시 여론은 8만 4천여 명의 전사자와 18억 엔의 돈을 쏟아부은 전쟁에서 현금 한 푼 받지 못한 정부가 무능하다며 비난을 퍼부었다.

이후 만주 사변과 중일 전쟁 역시 많은 일본 국민의 찬성 속에서 치러졌다. 만주 사변이 일어나기 전인 1931년에 동경제국대학(현 동경대학교)에서 학생들을 대상으로 설문조사를 실시했는데, 이때 88퍼센트가 중국을 향한 무력 행사가 정당하다고 답했다. 게다가 그중 55퍼센트는 따로 외교적 노력을 수행할 필요 없이 즉시 무력을 행사해야 한다고 대답했다. 이들이 보기에는 일본이 엄청난 대가를 치르고 얻어 낸 만주의 소유권을 빼앗으려 하는 중국을 '응징'하는

---

* 중동 철도(中東鐵道): 중국 만주리에서 하얼빈을 거쳐 러시아 블라디보스토크까지 연결되는 노선으로, 1903년 러시아가 완공한 철도이다. 러시아 시베리아 열차(모스크바~블라디보스토크)의 단축선으로 기능했다. 중동철도의 남만주 지선은 러시아가 랴오둥반도를 연결하기 위해 설계한 노선으로, 창춘에서 다롄과 뤼순으로 이어진다. 청일전쟁 이후 일본의 전승품이 된 랴오둥반도는 삼국의 간섭으로 러시아가 소유하게 되지만, 이후 벌어진 러일 전쟁에서 일본이 승리하면서 결국 일본에게 양도된다.

것이 당연했다. 게다가 일본은 만주 땅의 이권을 지키기 위해 그곳에 엄청난 비용을 들여 인프라를 구축해 오고 있던 터였다.

결국 일본은 국제 사회로부터 인정받지 못하는 허수아비 국가인 만주국까지 세워 중국 대륙으로 진출했다. 이로 인해 일본과 중국 사이에 외교적·군사적 갈등이 고조되었고, 결국 중일 전쟁이 발발했다. 이때도 일본 국민 대다수는 중일 전쟁을 일반적인 전쟁이 아니라 러일 전쟁에서 많은 힘을 소모하며 획득한 만주를 방어하기 위한 무력 행동이라고 여겼다. 일본인들에게 전쟁은 정당한 권리 행사에 가까운 것이었다.

이렇듯 전쟁을 통해 국가를 운영해 온 일본 사회에서, 국민들은 전쟁을 국민의 권리를 찾고 정부와 소통하는 수단으로 간주했다. 오랫동안 전면전을 경험해 보지 못한 조선인들의 전쟁관이 그들과 다른 것은 당연했다. 그런 조선인들도 일본의 식민지가 되면서 일본의 편에 서서 무기를 손에 쥐고 전쟁에 참여하게 되는데, 이때 조선인 어린이들은 왜 일본이 중국과 싸우는데 우리가 같이 싸워야 하냐는 질문을 조용히 삼킬 수밖에 없었다. 명령을 수행하는 것 외에는 다른 선택지가 없었던 식민지 사람들에게 '왜'라는 질문은 아무런 의미가 없었다. 이제 조선인 아이들은 우리가 중국과 싸우면 우리에게 무얼 해 줄 수 있냐고 물어야 했다. 학교를 더 많이 세워줄 수 있냐고, 일본인들과 똑같이 잘살 수 있게 해 줄 거냐고 물어야 했다. 또한 '병사님'들을 향해서는 '우리'를 위해 잘 싸워 달라고 위로하고 응원해야 했다. 조선인 어린이들은 차별받지 않는 인간으로 살기 위해 일본과 조선을 구별하는 대신 '우리(하나의) 일본'이라는 개념을 받아들여야 했던 것이다.

결국 언어 능력, 생활 수준, 국가를 향한 충성도 등 확연한 차이 속에서도 양국 어린이들은 서로 다른 목적을 품고 하나로 뭉쳐져 갔다. 그 중심에는 일본을 위해 싸우는 '병사님'들이 있었다. 조선총독상 글짓기 경연대회에서 선정된 작품들에는 이러한 국가주의적 표현들이 수없이 담겨 있다. 다음은 그러한 사례에 해당하는 문장들을 발췌한 것이다.

- 천황 폐하를 위해, 정의의 나라 일본을 위해, 병사님은 자신을 잊고 일하고 계십니다.
- 병사님이 천황 폐하를 위해 한 몸 바쳐 주신 것을 매우 감사하게 생각하고 있습니다.
- 병사님들은 어떠한 강한 적들이 도전해 와도 지지 않을 만큼 강력한 대일본제국 군인이라고, 세계 어디에도 이런 병사님은 없다고 생각했습니다.
- 병사들이 전쟁터에서 한마음으로 나라를 위해, 천황 폐하를 위해 피와 땀을 흘리며 일하시는 것을 생각하니, 나의 하루도 한가로울 수 없다.
- 천황 폐하를 위해, 동양 평화를 위해 몸바쳐 용전분투[勇戰奮鬪]하고 있는 황군 장병의 노고에 만분

의 일이라도 도움이 될 수 있으면 좋겠다.

- 훌륭한 군인이 되어 주세요. 그리고 오빠가 항상 저희에게 이야기해 주신 것처럼 힘차게 천황 폐하께 충의를 다합시다.
- 이것도 다 천황 폐하의 보은이다. 나도 이제 커서 아버지에게 지지 않는 훌륭한 군인 되어서 나라를 위해 최선을 다할 각오이다.
- 나도 열심히 공부해서 강하고 강한 일본 남자가 되어서 천황 폐하에 충의를 다하겠다고 생각했다.
- 아, 감사한 신이시여. 대일본제국에서 태어나게 된 것은 무엇보다 기쁜 일입니다. 대일본제국의 신민으로 태어난 저는 천황 폐하에게 바치는 생명입니다.
- 여러분, 일본의 병사들은 강합니다. 결코 지는 전쟁은 하지 않습니다. 모두 천황 폐하를 위해 죽을 각오로 싸우고 있습니다.
- 내 위문 주머니를 받으신 병사님은 그림책에서 본 것처럼 천황 폐하 만세! 하고 외치며 전사하신 것인지도 몰라.
- 삼촌은 머리에 총알을 맞고 즉사하셨기 때문에 입 밖으로 내뱉지는 못했겠지만, 분명 마음속으로 '천황 폐하 만세'를 외쳤을 것이다.
- 연대장이 단상에 올라가 "일본은 강합니다. 여러분도 어른이 되면 강한 병사가 돼야 합니다." 하고 말씀하셨다.

• 앞으로 언제나 이 신사에 참배하여 강하고 올바른 황국 신민이 되고 싶습니다.

• 선생님과 친구들의 은혜를 갚기 위해 앞으로는 더욱 주의하고 심신을 단련하여 훌륭한 황국 신민이 되고, 또 강한 군인이 되어야겠다.

• 전쟁터에 계신 병사님들이 강하더라도, 결국에는 총후의 우리들이 강하지 않으면 안 된다는 것을 깨달았습니다.

• 저는 대일본제국 신민으로 태어나 천황 폐하에게 바치는 목숨입니다.

• 천황 폐하를 위해, 나라를 위해 힘쓰며 야스쿠니 신사에 모셔지고 싶습니다.

위와 같이 양국 어린이들의 문장을 검토하고 재구성한 어른들의 영향력은 아이들의 실제 생활 속 감정 역시 지배하고 압도했다. 전쟁 놀이를 하느라 해가 지는 줄 모르는 아이들, 공습에 대비해 등화관제를 연습하는 아이들, 전쟁 승리를 축하하는 퍼레이드에 웃으며 동참하는 아이들. 황국 신민 맹세를 죽은 형 몫까지 두 번씩 외치고, 용돈을 모아 구입한 신단에 가족의 행복을 빌고, 총을 처음 쏴 보는 순간 군인이 된 것 같은 마음에 설레는 아이들. 가까운 사람이 머나먼 전장에서 죽거나 장애를 얻어 오는 모습을 흔히 목격하는 아이들.

이후 일본은 진주만 기습을 시작으로 연합군과 전면전을

벌인 뒤 참패했다. 일본인 310만 명, 조선인 20만 명이 희생되었다. 일본의 패전은 그동안 일본인과 조선인 사회를 하나로 묶어 왔던 제국의 이념과 가치관을 한꺼번에 무너트렸고, 이 변화는 조선 반도에 커다란 혼란을 가져왔다. 패전을 며칠 앞뒀을 때부터 하얀 옷을 입고 길거리를 당당하게 걷던 조선인들을 보며 불안을 느끼던 재조 일본인들은 두려움 속에서 숨죽여 지내다 일본으로 돌아가야 했다. 재조 일본인들은 자신들의 정치적·사회적 입지가 사실은 얼마나 취약하고 허술한 것이었는지 절감했을 것이다. 무력해진 총독부의 주요 인사들이 재산을 챙긴 뒤 은밀히 귀국하는 모습을 지켜본 일본인들은 대일본제국이라는 시스템이 순식간에 무너져 버렸음을 깨달았다. 그들은 미 군정의 통솔 아래 얼마 되지 않는 재산만을 가지고 귀환선에 올랐다.

 귀국한 일본인들은 앞으로 경계인 취급을 받게 될 터였다. 패전 때문에 쫓겨나거나 도망쳐 온 이재민이라는 낙인. 외지에서 호사를 누렸으니 내지에 와서는 고생 좀 해도 된다는 '내지 일본인'들의 냉대와 멸시. 이런 상황은 특히 식민지 조선에서 유년기를 보낸 일본인들에게 향수와 상실이 뒤섞인 복잡한 감정을 안겼다. 조선의 지배 세력이었다가 조선 출신의 이재민이 된 그들에게, 조선은 번영과 고통을 모두 안겨 준 '과거'로 영영 남게 되었던 것이다. 패망 이후, 그렇게 그들의 '현재'는 조선과 단절되었다. 조선 땅에서 '현재'를 살아가야 하는 조선인들 역시 과거를 파묻어야 하기로는 마찬가지였다. 특히 식민지 조선에 살던 일본인들이 번영의 시기로 기억했던 기간 동안 가장 약한 존재로 살아야 했던 가난한 조선인 아이들의 목소리는 가장 깊고 어두운 곳에 파묻혔다.

전시 체제에 강제로 동원돼 사망한 조선인 아이들이 수도 없었고, 심지어 그 가운데는 아홉 살 여자 어린이도 있었다. 식민기구가 내려 준 노동 할당량을 맞추기 위해 면장 손에 이끌려 나온 아이들은 그대로 전업 노무자가 되었다. 아이들은 맨손으로 자갈과 모래를 나르고, 돌을 분쇄기에 넣고, 공장 기계가 잘 돌아가도록 막대기로 쑤시는 일을 했다. 공장을 청소하고, 실을 잣기 위해 물레를 돌렸다. 어른이 들어가지 못하는 좁은 탄광에 들어가 탄을 캐고, 그런 다음 그것을 싣고 날랐다. 그렇게 혹독한 노동을 해 내야 했던 아이들은 춥고 어둡고 습한 곳에서 졸린 눈을 비비며, 배고픔에 허덕이다가, 혹은 도망가려고 발버둥치다가 목숨을 잃었다. 일본의 아동 노동법은 14세 미만 아이들에게 일을 시키면 처벌받게 되어 있었지만, 조선인 아이들은 그 법의 보호를 받을 수 없었다. 특히 식민지 교육 제도 바깥에 있던 아이들은 사회에 존재하지 않는 것이나 다름없었다.

이 아이들이 남기지 못한 기억은 어떤 것들이었을까? 일본어도 조선어도 쓸 줄 모르던 아이들은 어떤 시간을 보냈을까? 어떤 생활을 했을까? 무엇을 두려워하고 무엇을 고민했을까? 무엇에 기뻐하고 또 슬퍼했을까? 아이들 본인을 포함해 그 누구도 기록하지 못했던 이 아이들의 삶은 조선총독상 글짓기 경연대회가 다루지 못했던, 혹은 의도적으로 회피해 왔던 현실이었다. 하지만 글짓기 대회에 참여한 어린이들, 특히 조선인 아이들의 표현과 주제 의식 속에 담긴 여러 부류의 고난 속에서 이 대회 너머를 장악한 어둠의 흔적을 느낄 수 있을 것이다. 그 무렵 유난히 추웠던 조선 반도의 바람을 타고 흩어졌던 그 어둠은 어쩌면 지금도 이 땅 위에서 특유의 소리를 내고 있는지도 모르겠다. 마치 심장 소리와도 비슷한, 우리가 결코 벗어나지 못하는, 우리의 삶과 직접 이어져 있는 어둠. 조선 반도의 제국 어린이들은 그것을 바라보고 있었다. 아마 지금의 어린이들도 그와 같은 것을 감지하고 있을 것이다.

(끝)

참고 문헌

한국

단행본

구자황·문혜윤 편『근대독본총서3 어린이독본』, 도서출판 경진, 2009.

『근대독본총서5 중등조선어작문』, 도서출판 경진, 2011.

『근대독본총서6 조선어작문학습서』, 도서출판 경진, 2011.

김진기『제국의 건설과 전쟁: 청일 전쟁에서 아시아 태평양 전쟁까지』, 한국학술정보, 2023.

김천수『우리가 몰랐던 용산기지 일제침탈사』, 동북아역사재단, 2023.

류덕제『일제강점기 아동문학 작가와 매체』, 역락, 2023.

박상빈·최형수·김혜민·박주연·김진영·김천수·박선영·이순우『미 국립문서기록관리청(NARA) 소장 1945·1946 서울 항공사진』, 서울역사박물관, 2024.

박유희『한국영화 표상의 지도: 가족, 국가, 민주주의, 여성, 예술 다섯 가지 표상으로 보는 한국영화사』, 책과함께, 2019.

방정환『방정환 작품집』, 종합출판 범우(주), 2022.

염복규『서울의 기원 경성의 탄생 1910~1945 도시계획으로 본 경성의 역사』, 이데아, 2016.

이연식『조선을 떠나며: 1945년 패전을 맞은 일본인들의 최후』, 역사비평사, 2012.

이정현『방정환 번역동화 연구』, 청동거울, 2023.

정재정『일제침략과 한국철도(1892~1945)』, 서울대학교출판문화원, 1999.

『일제의 조선 교통망 지배: 해운·철도·소운송·도로·항공』, 동북아역사재단, 2022.

정혜경 『아시아태평양전쟁에 동원된 조선의 아이들-태평양전쟁에서 남사할린까지 침략전쟁에 희생된 조선의 작은 사람들』, 선앤섬, 2019.

조선헌병대사령부 『조센징에게 그러지마!』, 이정욱, 변주승(역), 흐름, 2017.

한중일3국 공동역사편찬의원회 『한중일이 함께 쓴 동아시아 근현대사』 1,2, 휴머니스트, 2012.

허수열 『개발 없는 개발』, 은행나무, 2019.

논문

기세찬 「중일전쟁 중기(1939~1941)국민정부의 항전전략과 실적」, 『역사와 담론』, 호서사학회, 2010, 591-631.

김광식, 이시준 「재조일본인 아동용 심상소학교 보충교본의 내용과 그 성격」, 『일본언어문화』, 일본언어문화학회, 2013, 425-442.

김두리 「근대 교육의 국가주의적 성격과 역사학습」, 한국교원대학교석사학위논문, 2018.

김백영 「식민지 유산과 현대 한국 도시 변동」, 『도시연구』, 도시연구회, 2011, 7-35.

박수현 「일제하 수리조합 항쟁 연구 - 1920~1934년 산미증식계획기를 중심으로」, 중앙대학교박사학위논문, 2001.

이규슈 「재조일본인의 추이와 존재 형태 수량적 검토를 중심으로」, 『역사교육』, 역사교육연구회, 2013, 37-64.

이규주 「한말·일제초 대구 일본인 학교조합의 운영과 성격』, 경북대학교 석사학위논문, 2018.

이동훈 「'경성'의 일본인 사회와 자녀교육 통감부 시기와 1910년대를 중심으로」, 『서울학연구』, 서울시립대학교 서울학연구소, 2011, 105-141.

이병담 「식민지 아동의 의식작용과 식민성의 환원 조선총독부 보통학교 수신서를 중심으로」, 『일어일문학』, 대한일어일문학회, 2006, 261-277.
이상의 「1930년대 일제 노동정책과 노동력 수탈」, 『한국사연구』, 한국사연구회, 1996, 151-191.
정종화 「조선영화〈수업료〉의 영화화 과정과 텍스트 비교 연구」, 『영화연구』, 한국영화학회, 2015, 201-236.
정재정 「일제하 동북아시아의 철도교통과 경성」, 『서울학연구』, 서울시립대학교 서울학연구소, 2013, 177-217.
정재철 「제3차 조선교육령 시행기의 일제식민지주의 교육정책 1938~1943」, 『한국교육문제연구』, 중앙대학교 한국교육문제연구소, 1985, 1-43.
정진오 「일제와 조선 교육정책: 조선 교육령을 중심으로」, 『일본문화학보』, 한국일본문화학회, 2011, 255-271.
하지연 「일제하 일본인 지주회사의 농장관리조직을 통해 본 식민지 지주제의 성격」, 『한국문화연구』, 이화여자대학교 한국문화연구원, 2015, 39-79.

자료

경성일보사 경일소학생신문편 『총독상모범문집』, 조선도서출판주식회사, 1939.
경성일보사 경일소학생신문편 『총독상모범문집』, 조선도서출판주식회사, 1940.
조선총독부 관보 1910~1945년
조선총독부 통계연보 1908~1943년
조선총독부 간이국세조사보고 1925년, 1944년
조선국세조사보고 1930년, 1935년
국세조사보고 1940년

일본

단행본

京城公立中学校第十八回卒業生『ぼく八十歳』、ことど社、一九九二年。 (경성공립중학교제18회졸업생『나 80살』, 코토도샤, 1992.)

金昌國「ボクらの京城師範付属第二国民学校」、朝日新聞出版社、二〇〇八年。(김창국『우리의 경성사범부속제2국민학교』, 아사히신문출판사, 2008.)

三ッ井崇『朝鮮植民地支配と言語』、明石書店、二〇一〇年。(미츠이 타카시『조선 식민지 지배와 언어』, 아카시서점, 2010.)

下川正治「日本統治下の朝鮮シネマ群像―戦争と近代の同時代史」、弦書房、二〇一九年。(시모가와 마사하루『일본 통치하 조선씨네마군상 ― 전쟁과 근대의 동시대사』, 겐쇼보, 2019.)

山田寛人「植民地朝鮮における近代化と日本語教育」、一四七 - 一七〇ページ、日韓歴史共同研究委員会『日韓歴史共同研究報告書』、日韓歴史共同研究委員会、二〇一〇年。(야마다 히로토「식민지 조선의 근대화와 일본어 교육」, 147~170쪽. 일한역사공동연구위원회『일한역사공동연구보고서』, 일한역사공동연구위원회, 2010.)

日本戦没学生手記編集委員会『きけわだつみのこえ: 日本戰没學生の手記』、東大協同組合出版部、一九四九年。(일본전몰학생수기편집위원회『들어라 와다쓰미의 소리를: 일본 전몰 학생의 수기』, 동대협동조합출판부, 1949.)

한국 번역본: 일본전몰학생기념회 편,『들어라 와다쓰미의 소리를』, 한승동 옮김, 서커스, 2018.

唐澤富太郎「図説明治百年の児童史」、講談社、一九六八年。(카라사와 토미타로『그림 설명 메이지 백년 아동사』, 코단샤, 1968.)

加藤陽子『戦争の論理 - 日露戦争から太平洋戦争まで』勁草書房´二〇〇五年。(카토우 요코『전쟁의 윤리 - 러일 전쟁에서 태평양 전쟁까지』, 케이소쇼보, 2005.)

『戦争を読む』、勁草書房、二〇〇七年。(『전쟁을 읽다』, 케이소쇼보, 2007.)

『それでも、日本人は「戦争」を選んだ』、朝日出版社、二〇〇九年。(『그래도 일본은 전쟁을 선택했다』, 아사히출판사, 2009.)

    한국 번역본: 카토우 요코『청일 전쟁부터 태평양 전쟁까지 그럼에도 일본은 전쟁을 선택했다』, 윤현명·이승혁 옮김, 서해문집, 2018.

『とめられなかった戦争』、文春文庫、二〇一七年。(『멈추지 못한 전쟁』, 문춘문고, 2017년.)

    한국 번역본: 카토우 요코『일본은 왜 점점 더 큰 전쟁으로 나아갔을까』, 윤현명 옮김, 소명출판, 2022.

加藤聖文『海外引揚の研究―忘却された大日本帝国』、岩波書店、二〇二〇年。(카토우 후미코『해외 인양의 연구-망각된 대일본제국』, 이와나미서점, 2020.)

広瀬玲子『帝国に生きた少女たち: 京城第一公立高等女学校生の植民地経験』、大月書店、二〇一九年。(히로세 레이코『제국에 산 소녀들: 경성제일공립고등여학교생의 식민지 경험』, 오오츠키서점, 2019.)

    한국 번역본: 히로세 레이코『제국의 소녀들: 경성제일공립고등여학교생의 식민지 경험』, 서재길·송혜경 옮김, 소명출판, 2023.

논문

金ボイェ「言語教育の観点からみた日本語教育史の研究: 1900~1920年代の韓国における教授法と教授方針の転換」、筑波大学博士学位論文、二〇二二年。(김보예「언어 교육의 관점으로 본 일본어 교육사의 연구: 1900~1920년대 한국의 교수법과 교육 방침의 전환」, 츠쿠바대학박사학위논문, 2022.)

中谷いずみ「『赤い鳥』から『綴方教室』へ-教師という媒介項」、『日本文学』、日本文学協会、二〇〇四年、三六-四六ページ。(나카타니 이즈미「『아카이토리(붉은 새)』에서『글짓기 생활』에: 교사라는 매개항」,『일본문학』, 일본문학협회, 2004, 36~46쪽.)

高橋建司「戦時下における生活綴方運動の展開と変容」、『中等社会科

教育研究』、中等社会科教育学会、二〇〇六年、一三 - 二五ペー
ジ。(다카하시 켄지「전시하 생활 글짓기 운동의 전개와 변용」,『중
등사회과교육연구』, 중등사회과교육학회, 2006, 13~25쪽.)

元森絵里子「近代日本における「子ども」の成立と教育の自立化: 戦前期
綴方教育の分析から」、『教育社会学研究』、日本教育社会学会、
二〇〇八年、四五 - 六三ページ。(모토모리 에리코「근대 일본의
'어린이' 성립과 교육의 자립화: 전쟁 전기 글짓기 교육의 분석으
로」,『교육사회학연구』, 일본교육사회학회, 2008, 45-63쪽.)

稲葉継雄「京城日出小学校について - 在朝鮮「内地人」学校の事例研
究」、『九州大学大学院教育学研究記要』、九州大学大学院人間環
境学研究科発達·社会システム専攻教育学コース、二〇〇二年、
一〇五 - 一二一ページ。(이나바 츠기오「경성일출소학교에 대해:
재조선「내지인」학교의 사례연구」,『큐슈대학대학원교육학연구
기요』, 큐슈대학대학원 인간환경학연구과 발달·사회시스템전공
교육학 코스 , 2002, 105~121쪽.)

日韓歴史共同研究委員会『日韓歴史共同研究報告書』、日韓歴史共同研
究委員会、二〇一〇年。(일한역사공동연구위원회『일한역사공
동연구보고서』, 일한역사공동연구위원회, 2010.)

川﨑陽「戦時下朝鮮における日本語普及政策」、『史林』、京都大学文学
部史学研究会、二〇一六年、九七 - 一三二ページ。(카와사키 아
키라「전시하 조선의 일본어 보급 정책」,『사림』, 교토대학문학부
사학연구회, 2016, 97~132쪽.)

川地亜弥子「一九三〇年代の生活綴方における知の創出: 子供の生活と
表現にねざす教育論を目指して」、『日本の科学者』、日本科学者
会、二〇二二年、四 - 九ページ。(카와지 아야코「1930년대 생활
글짓기의 지 창출: 어린이의 생활과 표현에 근거한 교육론을 목표
로」,『일본의 과학자』, 일본과학자회, 2022, 4~9쪽.)

北田晃司「植民地時代の朝鮮の主要都市における中枢管理機能の立地と
都市の類型」、『地理学評論』、日本地理学会、一九九六年、六五一
- 八八九ページ。(키타다 고우지「식민지 시대 조선 주요 도시의

중핵관리기능의 입지와 도시유형」,『지리학평론』, 일본지리학회, 1996, 651~889쪽.)

「植民地時代の朝鮮における鉄道網の発達と都市システムの変遷」,『北海道地理研究』, 北海道地理研究会, 一九九九年, 二三 - 三七ページ。(「식민지 시대 조선 철도망의 발달과 도시 시스템 변천」,『북해도지리연구』, 북해도지리학연구회, 1999, 23~37쪽.)

戸部良一「日中戦争の拡大と日本陸軍―1937年7月~1938年10月」,『令和元年度 戦争史研究国際フォーラム報告書』, 防衛庁防衛研究所, 二〇一九年, 二五 - 三二ページ。(토베 료이치「중일 전쟁의 확대와 일본 육군-1937년 7월~1938년 10월」,『레이와 원년도 전쟁사연구국제포럼보고서』, 방위청방위연구소, 2019, 25~32쪽.)

자료

근대교과서 디지털 아카이브(국립교육정책연구소 교육도서관)
https://www.nier.go.jp
NHK아카이브 전쟁편
https://www.nhk.or.jp/archives/sensou
全国小学児童綴方展覧会事務所『全国小学児童綴方展覧会』, 教育事業出版部, 一九三六年。(전국소학아동글짓기전람회사무소『전국소학아동글짓기전람회』, 교육사업출판부, 1936.)